Jutta Ramin / Alexander Ramin

Entdeckertouren mit dem Wohnmobil

Island

Die Anleitung für
einen Erlebnisurlaub

WOMO®
Der Wohnmobil-Verlag

Die Deutsche Bibliothek – CIP-Einheitsaufnahme

Bibliografische Information der Deutschen Bibliothek

Die Deutsche Bibliothek verzeichnet diese Publikation in der Deutschen Nationalbibliografie.
Detaillierte bibliografische Daten sind im Internet über <http://dnb.ddb.de> abrufbar.

Titelbild: Siglufjörður (Tour 7)
Bild in vorderer Klappe: Leirhnjúkur (Tour 6)

Karten: Alexander Ramin
Fotos: Bildnachweise Seite 284

2. vollständig neu bearbeitete Auflage – 2023

Reihen- und Umschlaggestaltung:
www.martinveicht.de

Druck:
Beltz Grafische Betriebe GmbH, 99947 Bad Langensalza

Vertrieb:
GeoCenter GmbH, 70794 Filderstadt

Herausgeber:
WOMO-Verlag, OT Mittelsdorf, 36452 Kaltennordheim
GPS: N 50°36'38.2" E 10°07'55.6"

0049 (0) 36946-20691
verlag@womo.de
www.womo.de

MIX
Papier aus verantwortungsvollen Quellen
FSC® C089473

Autoren-E-Mail: ramin@womo.de

ISBN 978-3-86903-432-4

EINLADUNG

Willkommen auf Eisland – so heißt diese Insel. Großartige Naturwunder erwarten Sie, nicht nur aus Eis. Erleben Sie tosende Wasserfälle und reißende Flüsse, heiße Quellen und Geysire, Gletscher und Eisberge, traumhafte Strände, naturbelassene Berge und eine sehr besondere Atmosphäre – einzigartig in Europa. Im Sommer ist es hier außerdem dauerhaft hell, so können Sie einen ganz besonderen Urlaub erleben.

Feuer und Eis sind das Motto der Insel. Vulkanausbrüche sind in letzter Zeit häufig aufgetreten. Aber auch ohne glühende Lava zu sehen, werden Sie zahlreiche Schwimmbäder und Hot-Pots mit geothermischem Wasser, den Geysir, heiße Quellen, Solfatare, Fumarole und Sinterterrassen hautnah erleben. Das Eis ist allgegenwärtig, daher heißt die Insel so. Der größte Gletscher Europas ist wirklich gigantisch. Allein die Gletscherlagune Jökulsárlón mit all den Eisbergen ist schon einen Besuch der Insel wert.

Wir haben für Sie ein abwechslungsreiches Programm zusammengestellt. Neben den klassischen Sehenswürdigkeiten haben wir viel mit den Menschen vor Ort gesprochen und können Ihnen dadurch viele ganz besondere Tipps verraten.

Also, warm anziehen, Regen- und Badekleidung nicht vergessen, Kamera einpacken und los geht es.

Einzigartige Erlebnisse auf Island erwarten Sie

Jutta Ramin

Alexander Ramin

Gletscherlagunen

Auf der größten Gletscherlagune Islands treiben riesige Eisberge vor einer imposanten Gletscherkulisse. Der benachbarte Strand Diamond Beach ist ähnlich spannend.

Tour 3, Seite 70

Hveravellir

Das schönste Hochtemperaturgebiet Islands mit glasklaren Quellen, dazu Solfatare, Fumarole, Springquellen und ein brüllender Hügel mit Dampfmaschine.

Tour 7, Seite 162

Gletscherhöhle

»Into the Glacier« heißt diese Tour mitten in einen Gletscher hinein. Durch einen Tunnel geht es hinab in die Geschichte des Langjökull Gletschers.

Tour 9, Seite 207

Snæfellsjökull

Der mystische Vulkan mit seinem Gletscher hat viele Schriftsteller inspiriert, darunter Jules Verne. Als klassischer Stratovulkan macht er optisch viel her.

Tour 9, Seite 214

Mývatn

Die Gegend rund um den »Mückensee« ist ein Feuerwerk isländischer Naturwunder. Lava trifft auf Wasser und erzeugt so spannende Landschaften.

Tour 6, Seite 129

Dettifoss

Der mächtigste Wasserfall Europas ist schon ein wenig furchteinflößend, wenn man direkt davor steht. Die Wassermassen sind wahrlich gigantisch und imposant.

Tour 5, Seite 119

Laugafell Hot Pot

Einer der schönsten Hot-Pots mit traumhaftem Blick in die Landschaft und den Berg Snæfell. Der Hot Pot ist Teil des Hotels Laugarfell, das mitten im Hochland liegt.

Tour 4, Seite 99

Strokkur

Die höchste Springquelle Islands, die sehr regelmäßig alle 8 bis 10 Minuten ausbricht. Der inaktive Nachbar »Geysir« ist Namensgeber aller Springquellen der Welt .

Tour 1, Seite 33

Eyjafjörður

Der riesige Fjord sieht nicht nur toll aus, er beherbergt im Sommer Massen von Buckelwalen. Die Whale-Watching Touren sind ein einmaliges Erlebnis.

Tour 6, Seite 146

Vök Bath

Hier kann man in der Tat in einem isländischen See baden. Natürlich ist das ziemlich kalt, aber das wunderschöne Thermalbad mit 40 °C warmen Wasser ist nebenan.

Tour 5, Seite 104

Gebrauchsanleitung

Karten, Symbole und Kilometerangaben

Alle WOMO-Reiseführer sind nach Touren untergliedert, die mit den wichtigsten Ortschaften auf der Übersichtskarte im hinteren Bucheinband dargestellt sind. Einzelheiten zu diesen Touren, insbesondere die dort empfohlenen Stell- und Campingplätze, finden Sie in den jeder Tour vorangestellten Tourenkarten, deren verwendete Symbole auf der hinteren Einbandklappe erläutert sind. Die Kilometerangaben neben den Tourenüberschriften dienen als Orientierung, es handelt sich um die direkte Strecke.

Stellplätze und Farben

Die Stellplatzsymbole zeigen auf den ersten Blick, ob es sich um einen Campingplatz 124 (Zeltsymbol), oder um einen offiziellen WOMO-Stellplatz 101 (Wohnmobilzeichen) handelt.

Da in Island alles »Campingplatz« heißt, haben wir uns entschlossen, die Plätze wie folgt zu klassifizieren:

- **Campingplätze:** Große, organisierte Plätze mit Rezeption, sanitärer Vollausstattung, Ver- und Entsorgung. Campingplätze sind olivgrün markiert. Ganz selten ist keine Entsorgungsstation vorhanden, das ist dann im Text vermerkt.
- **Offizielle Stellplätze:** Kleinere Plätze ohne Rezeption (Geld wird gesammelt oder online bezahlt), Sanitäranlagen meist in kleinen Holzhütten oder Containern, teilweise mit Ver- und Entsorgung (ist dann angegeben und auf der Karte markiert). Duschen teilweise vorhanden - oft gegen Gebühr. Das ist auf der Karte und im Text vermerkt.

Typischer Stellplatz

- Die **Farben** zeigen die Besonderheiten der Stellplätze:
  - Wanderplätze: Stellplätze in ausgewiesenen Wanderregionen mit besonderen Wandermöglichkeiten.
  - Badeplätze: Da es in Island keine Bademöglichkeiten am Strand gibt, bezeichnen wir Plätze direkt neben einem interessanten Hot-Pot oder als Teil eines Schwimmbads als Badeplatz.
  - Normale Stellplätze: Hier fehlen die oben genannten Merkmale

- **WOMO Parkplätze** gibt es in diesem Buch nicht, denn das freie Übernachten in Wohnmobilen ist in Island verboten. Übernachten im Wohnmobil ist nur auf ausgewiesenen Stellplätzen erlaubt.

Die fortlaufenden Stellplatznummern sind im Text fett gedruckt, damit Sie sich auf der Karte auch ohne die komplizierten isländischen Ortsnamen gut zurecht finden.

Max. WOMOs nennt die Kapazität von Stellplätzen. Die Maßangaben sind eine Schätzung, basierend auf der Anzahl WOMOs, die zumutbar und verträglich auf einem Platz unterkommen. Wir bitten um Verständnis, dass wir auch einige Plätze erwähnen, auf die ausschließlich kleinere Fahrzeuge passen.

Bei Campingplätzen und offiziellen Stellplätzen nennen wir immer die Öffnungszeiten (die sich aber wegen des Wetters auch kurzfristig ändern können). Wir vermitteln Ihnen die Ausstattung der Plätze mit Toilette, Dusche, besonderen Ausstattungen und Ver-/Entsorgung. Fast alle Plätze in Island bieten eine Stromversorgung. Bei den wenigen Plätzen ohne Stromanschluss ist das in den Stellplatzbeschreibungen vermerkt.

Unter Beschreibung wird Ihnen Näheres zur Beschaffenheit, der Lage, dem Schutz vor Sturm, der Nutzungseignung und dem Umfeld und der Aussicht mitgeteilt. Wir geben trotz starker Veränderungen die Preise der Plätze mit an. Die Preise im Buch basieren auf dem Jahr 2022. In den letzten Jahren haben sich die Preise um ca. 100 Kr. pro Jahr erhöht.

Die **Tipps und Infos** am Ende des Buches erläutern noch intensiver die Benutzung dieses Reiseführers und geben weitere Details und Zusatzinformationen.

Reiseführer und der Zahn der Zeit
Bei allen Angaben kommt es im Laufe der Lebensdauer einer gedruckten Auflage immer wieder zu Veränderungen. Es lohnt sich deshalb regelmäßig ein Blick auf unsere Website island-womo.de oder das WOMO-Forum. Wir versorgen Sie dort mit aktuellen Informationen und Veränderungen. Sie können dabei helfen, Informationen für alle Leser aktuell zu halten, indem Sie melden, wenn sich irgendetwas verändert hat, vor allem wenn ein Platz nicht mehr existiert oder wenn Sie etwas Neues entdeckt haben. Sie erreichen uns dazu über die Mail-Adresse ramin@womo.de. Wir freuen uns über jede Zuschrift!

Reisegebiet

Um sich auf den Island-Urlaub vorzubereiten, braucht es nur die Vorstellung der Eigenarten der Insel: Feuer und Eis. Vor den Eismassen der Insel können Sie sich nicht verstecken. Elf Prozent der Inselfläche sind von Eis bedeckt, der größte Gletscher Europas, der Vatnajökull (dt. Wassergletscher), ist etwa halb so groß wie Schleswig Holstein. Womit klar ist - es wird kalt. Also die warmen Wintersachen einpacken, auch im Sommer.

Eisberge in der Gletscherlagune Jökulsárlón

Im Kontrast dazu: Es wird warm. Island ist die größte Vulkaninsel der Welt. Regelmäßig brechen Vulkane aus. Viele heiße Quellen und geothermische Schwimmbäder laden zum Baden und Staunen ein. Noch nie waren wir so oft baden. Also die Badesachen nicht vergessen.

Brodelndes Wasser im Hochtemperaturgebiet Hveravellir

Zur Tourplanung: Island selbst ist kleiner, als es auf den meisten Landkarten aussieht (denn dort werden Gebiete im Norden aufgrund der Projektion der Erdkugel aufgebläht). Die Größe beträgt 105.000 Quadratkilometer, was etwa der Fläche von Bayern und Baden-Württemberg zusammen entspricht. Einmal rund um die Insel auf der Ringstraße sind es 1.200 Kilometer, also ideal für einen normalen Urlaub von zwei bis vier Wochen. Selbst in zwei Wochen bekommen Sie die meisten Naturwunder zu sehen und können locker einmal herum fahren. Bei drei Wochen können Sie auch den einen oder anderen Schlenker in den Osten, Norden oder Westen machen oder das Hochland besuchen. Wenn Sie mehr Zeit haben - genießen Sie die besonders schönen Orte länger oder warten auf besseres Wetter, wenn es mal regnen sollte. Die Hauptreisezeit in Island ist Anfang Juni bis Ende August. Die Campingplätze haben dann alle geöffnet. Im Sommer ist es frisch, rechnen Sie mit 10-15 °C am Tag und 5 Grad in der Nacht. Mit Glück wird es 20 Grad im Sommer, mit Pech friert es in der Nacht, besonders im Hochland. Der Winter ist weniger kalt als gedacht. Da Island mitten im Atlantik liegt, wird es nicht extrem kalt, die Temperaturen liegen um den Gefrierpunkt, allerdings mit großen Schwankungen. Weitere Informationen zur Reisezeit finden sie im Kapitel »Tipps und Infos «.

Lavafeld im Winter

Island liegt zwischen dem 63. und 66. Breitengrad und damit knapp unter dem Polarkreis. Im Sommer zur Hauptreisezeit ist es daher fast immer hell. Von Mitte Juni bis Mitte Juli wird es gar nicht dunkel, auch wenn die Sonne kurze Zeit untergeht. Die Dämmerung setzt kaum wahrnehmbar ein, auch nachts können Sie die vielen Naturwunder besuchen. Nutzen Sie das! Als Wohnmobilurlauber sind Sie unabhängiger als die meisten anderen Touristen, die mit den organisierten Touren auf die Tageszeit angewiesen sind. Die helle Nacht erlaubt oft spontane Reiseerlebnisse. Im Juni ist die Tageslänge 21 Stunden, im Winter 3. Während das Licht Ihnen zugutekommt, kann das Wetter doch oft Ihre Pläne durchkreuzen. In dieser Klimazone merkt man schnell, es ist kalt und regnerisch. Das Islandtief heißt nicht zufällig so. Wer einen warmen, sonnigen Urlaub möchte, der fährt hier nicht hin. Das Wetter macht aber vielleicht genau den Entspannungsfaktor aus, denn wenn es heftig regnet und stürmt, dann ist auch mal eine Zwangspause angesagt. Keine Sorge, das Wetter ist wechselhaft, aber auch nicht immer schlecht. Gute Kleidung vorausgesetzt kommt man jeden Tag an die frische Luft. Und das viele Wasser, was hier spektakulär die tollen Wasserfälle hinunter rauscht, muss ja irgendwo herkommen. Genießen Sie es.

Mitternachtssonne im Sommer

Apropos Wasser: Island ist neben Norwegen das einzige Land Europas, welches Strom zu 100 Prozent aus regenerativen Quellen erzeugt. Während Norwegen komplett auf Wasserkraft setzt, sind es in Island nur 75 Prozent, der Rest kommt aus Geothermie. Sehr eindrucksvoll wird hier die heiße Erde zur Stromgewinnung genutzt. Und übrigens: Die sehr beliebte Touristenattraktion Blue Lagoon ist eigentlich nur das Abwasser eines Kraftwerkes. Dazu aber mehr in Tour 10. Und noch mehr Wasser: Bringen Sie unbedingt Badesachen mit. Nicht, dass die unzähligen, wunderschönen Strände zum Baden geeignet wären, aber es gibt 169(!) Freibäder auf der Insel. Alle wunderbar warm und jedes mit mindestens einem Hot-Pot ausgestattet (isländisch »heitur pottur« - auf Deutsch »heißer Topf«, so heißen die heißen Becken hier). Zusätzlich gibt es mitten in der Natur oft natürliche oder halbnatürliche Hot-Pots, die zum Baden einladen. Und die werden Sie zu schätzen wissen. Viele der heißen Quellen sind hier im Buch beschrieben. Für WOMO-Reisende sind die Schwimmbäder nicht nur aus sportlichen Gründen ein Segen. Da die Campingplätze oft sehr einfach sind, ist eine Dusche im Schwimmbad meistens die bessere Alternative, denn diese sind extrem gut ausgestattet. Die Schwimmbäder gehören zu Islands Kultur und sind mit ihren Hot-Pots wichtige Kommunikationszentren. Die Regeln in den Schwimmbädern sind den Isländern sehr wichtig, respektieren Sie diese bitte. Details zu den Schwimmregeln finden Sie im hinteren Teil des Buches.

Sie werden oft im Wasser sein

Schwimmbad mit Meerblick

Island ist ein kleines, spärlich bevölkertes Land. Knapp über 300.000 Menschen leben auf der Insel, die meisten in der Region um Reykjavík. Dabei ist zu bedenken, dass in den Sommermonaten mehr Touristen auf der Insel sind als Einwohner.

Anreise

Es gibt genau drei Möglichkeiten für die Anreise nach Island: Mieten, Verschiffen oder die Fähre. Alle drei Alternativen sind bei einem zwei bis drei Wochen Urlaub ähnlich teuer, haben aber alle ihre Vor- und Nachteile. Wer ein eigenes Wohnmobil hat und es Island zutraut, der sollte ernsthaft überlegen, es dorthin mitzunehmen - mehr dazu in den folgenden Kapiteln.

Flugzeug und Mieten

Diese Alternative werden viele Leser nutzen, vor allem natürlich diejenigen ohne eigenes WOMO. Aber auch wenn die beiden anderen Optionen für Sie nicht geeignet sind oder das eigene Wohnmobil für Island unpassend ist, werden Sie die Vermietung wählen. Aber Achtung: Die Preise zur Wohnmobilvermietung sind in Island wirklich hoch. Die Preise liegen in der Hochsaison bei 150 Euro pro Tag für einen kleinen Hochdachkombi und 300 Euro für einen Van oder 4x4 Camper und über 400 Euro für größere Modelle. Wer ein eigenes Wohnmobil besitzt, sollte daher die beiden anderen Optionen unbedingt prüfen. Studieren Sie die Angebote im Internet, die Preisunterschiede sind nicht enorm, aber deutlich. In der Nebensaison ist es deutlich günstiger, allerdings müssen dann Abstriche beim Wetter gemacht werden. Der hohe Preis ist übrigens keine einfache Touristenabzocke. Durch die sehr kurze Saison muss das Geld halt einfach in kurzer Zeit verdient werden. Viele Informationen zur Vermietung finden sie am Ende des Buches.

Mit dem Flugzeug kommen Sie mit Icelandair und Eurowings von vielen deutschen Flughäfen direkt nach Island. Die Flugzeit ab Deutschland beträgt zirka 3,5 Stunden. Bei früher Buchung betragen die Kosten weniger als 300 € pro Person und Strecke. PLAY, die isländische Billigfluglinie, bietet ab Berlin sogar Flüge unter 150 €. Auch Lübeck-Air bietet günstige Direktflüge ab Lübeck.

Mieten macht Sinn, wenn Sie kein eigenes WOMO haben, ihr eigenes WOMO für Island nicht geeignet ist oder wenn Sie weniger als zwei Wochen auf der Insel verbringen.

Auf Island werden Hochdachkombis als Wohnmobil vermietet

Mit der Fähre

Die Fähre kommt auf Island an

Das eigene Wohnmobil in Island hat viele Vorteile: Da die Mietpreise sehr hoch sind, lohnt das eigene WOMO schon allein finanziell. Außerdem kennen Sie ihr eigenes Wohnmobil viel besser und so ist das Fahren auf Island einfacher. Zusätzlich können Sie viel mehr mitnehmen, von warmer Kleidung bis hin zu persönlichen Gegenständen. Auch die Fahrbeschränkungen für viele Straßen entfallen. Und wer hat nicht gern ein Foto von seinem eigenen Wohnmobil vor isländischer Kulisse. Die Smyril-Line (www.smyrilline.de) fährt wöchentlich von Hirtshals (Dänemark) direkt oder über Torshaven (Färöer-Inseln) nach Seyðisfjörður im Osten Islands. Die Route und Abfahrtzeiten wechseln je nach Saison, erkundigen Sie sich im Internet. Die direkte Fahrt dauert zwei Tage. Die Kosten betragen in der Hauptsaison für ein kleines Wohnmobil und Außenkabine etwa 4000 Euro für Hin- und Rückreise. In der Nebensaison ist es mit knapp 2000 Euro deutlich günstiger.

Mit der Fähre kommen Sie auf Island in Seyðisfjörður an, Sie beginnen die Reise bei unserer Tour 5. Wir haben die Touren extra so geschnitten, dass in Seyðisfjörður die Tour beginnt. Nutzen Sie die Fähre, wenn Hirtshals für Sie gut zu erreichen ist, Sie genug Zeit haben, Sie gerne auf den Färöern bleiben möchten oder Fliegen für Sie keine Alternative ist. Wir haben die Fähre bisher einmal genutzt und fanden die Anreise sehr entspannt und die Ausstattung der Fähre sehr gut.

Verschiffung

Die Firma Kria-Tours (www.kria-tours.de) bietet ein Komplett-Paket für eine Fahrzeugverschiffung von Cuxhaven oder Rotterdam nach Reykjavík an. Dadurch können Sie mit dem Flugzeug anreisen, während ihr WOMO schon vorab in Island ankommt. Sie verlieren dadurch keinerlei Urlaubszeit. Alle Formalitäten, Verzollung etc. übernimmt die Firma Kria-Tours. Sie können

Das eigene Wohnmobil auf Island hat viele Vorteile

sogar einen Transfer zum Flughafen buchen, ihr WOMO steht dann am Flughafen, wenn Sie ankommen. Praktischer geht es kaum. Zu beachten ist, dass wegen der Verzollung ohne Begleitung keinerlei Lebensmittel oder Getränke/Alkohol im WOMO sein dürfen. Da Sie aber all Ihre persönlichen Gegenstände, Kleidung etc im WOMO unterbringen können, reisen Sie mit dem Flugzeug dann mit leichtem Gepäck. So können Sie Ihre Zoll-Freimenge im Fluggepäck mitnehmen.

Die Vorteile sind bei der Verschiffung identisch mit der Fähr-Variante (siehe vorherige Seite). Sie sparen sich aber die lange Fährüberfahrt, für einen kürzeren Urlaub ist es daher sicher die bessere Alternative. Bedenken Sie aber die Abgabe des Wohnmobils in Cuxhaven (Alternativ auch Rotterdam), von dort müssen Sie ohne Wohnmobil wieder nach Hause zurück. Es gibt gute Bahnverbindungen von Cuxhaven nach Hamburg oder Bremen. Die Verschiffung ist in der Hauptsaison meist die preiswerteste Variante.

Nutzen Sie die Verschiffung, wenn Ihnen die Urlaubszeit auf Island sehr wichtig ist, Sie nicht unbegrenzt Zeit haben und wenn Sie ihr WOMO gerne dabei haben. Wir haben bereits zweimal die Verschiffung gewählt und waren sehr zufrieden. Für uns ist dies die praktischste Alternative. Da auch Mietmobile am Flughafen übernommen werden, beginnt unser Buch mit der Tour 1 in Reykjavík.

Mit dem eigenen Wohnmobil unterwegs

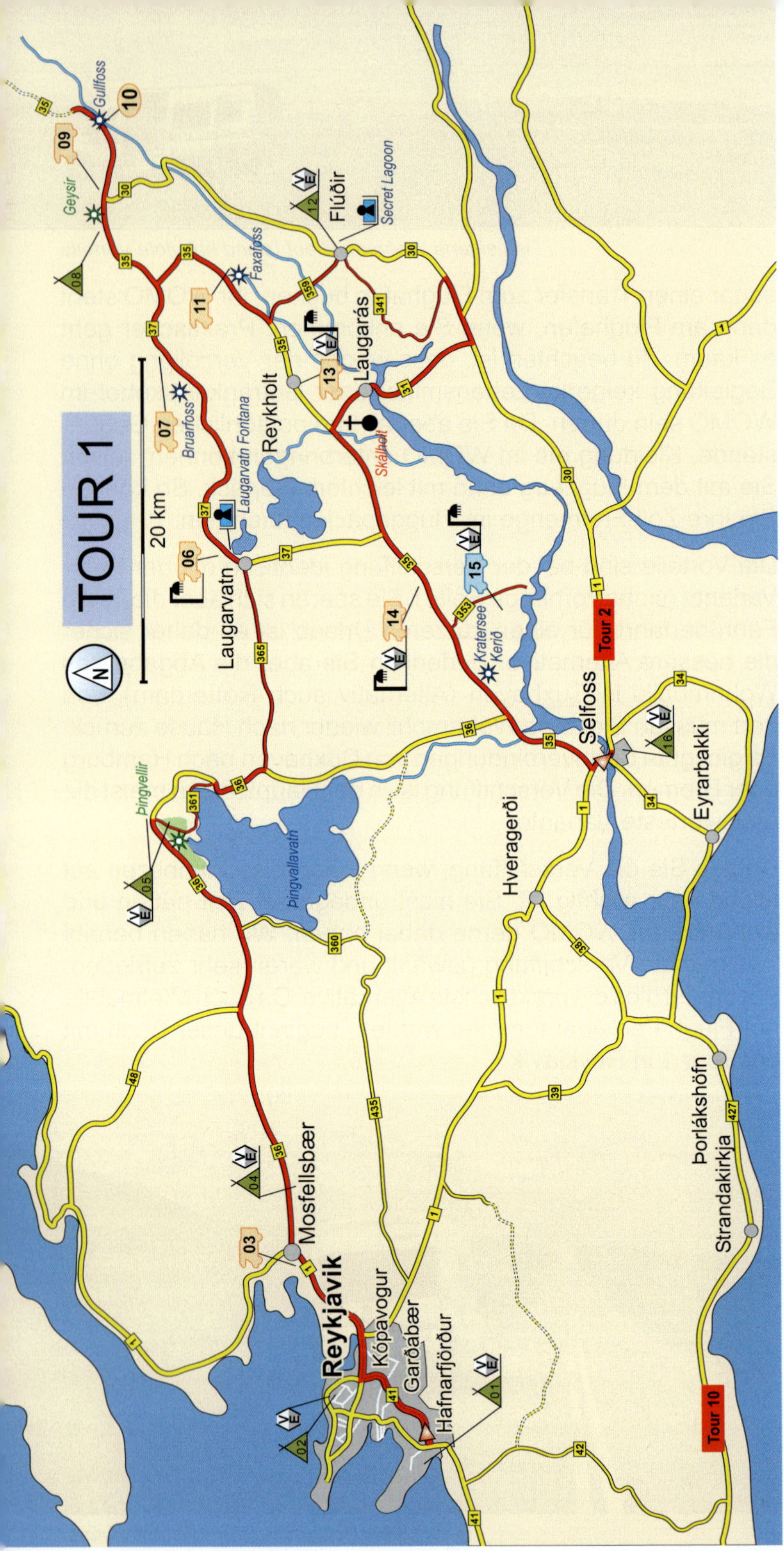
TOUR 1
20 km
N
Gullfoss
10
09
Geysir
Flúðir
Secret Lagoon
Faxafoss
11
Laugarás
Reykholt
13
Bruarfoss
07
Laugarvatn Fontana
Skálholt
06
Laugarvatn
15
14
Kratersee Kerið
Tour 2
Selfoss
16
Eyrarbakki
Þingvellir
Þingvallavatn
Hveragerði
Þorlákshöfn
Strandakirkja
Mosfellsbær
03
04
Reykjavík
Kópavogur
Garðabær
Hafnarfjörður
01
02
Tour 10

TOUR 1: Reykjavík und Golden Circle 280 km

Reykjavík – Þingvellir – Laugarvatn – Geysir – Gullfoss Faxifoss – Flúðir – Selfoss

Stellplätze:	Mosfellsbær, Laugarvatn, Uthlid, Skjòl, Gullfoss, Faxi, Reykhold, Borg, Hraunborgir
Campingplätze:	Reykjavík, Mosskogar, Þingvellir, Geysir, Flúðir,
Besichtigungen:	Reykjavík (Hauptstadt), Þingvellir (Nationalpark), Geysir (Hochtemperaturgebiet), Gullfoss (Wasserfall), Faxifoss (Wasserfall), Kerið (Kratersee)
Wanderungen:	Bruarfoss (7 km zum Wasserfall), Kerið (um den Kratersee)
Baden:	Nauthólsvík (Strand, Hot-Pot), Sky-Lagoon (Spa), Laugarvatn (im See, Fontana), Flúðir (Secret Lagoon), Hrunalaug (Hot-Pot), Borg, Hraunborgir (Schwimmbäder)

Angekommen in Island. Wer sein WOMO verschifft und einen praktischen Transfer vom Hafen zum Flughafen dazu gebucht hat, übernimmt das Fahrzeug direkt vor der Ankunftshalle. Die Übergabe der Schlüssel und der nötigen Zolldokumente dauert nur wenige Minuten. Nur 30 Minuten nach Ankunft des Fliegers sind wir unterwegs.

Auch wer in Island ein WOMO mietet, wird hier ankommen und sucht nun in der Ankunftshalle die Person des jeweiligen Camper-Vermieters. Die Mietstationen liegen etwas außerhalb des Flughafens im Gewerbegebiet Keflavík. Daher trifft man sich hier in der Eingangshalle des Flughafens und wird per Shuttle zur Mietstation gefahren. Dort wird das Wohnmobil übernommen, ausgestattet, geprüft und dann kann es auch schon losgehen. Tipps zur Ausstattung und Prüfung des Wohnmobils gibt es im Kapitel »Tipps und Infos«.

Die erste Aktion für uns ist einkaufen. Auf der Fahrt vom Flughafen nach Reykjavík gibt es mehrere Optionen direkt an der Straße 41. Wer nicht weit fahren möchte und eventuell erst einmal die Halbinsel Reykjanes erkunden möchte (Tour 10) findet direkt in Keflavík, nur zwei Kilometer vom Flughafen, einen kleineren Netto-Markt *(Aðalgata, 230 Keflavík, GPS N 64°00'00" W 22°34'36")*. Die beste Einkaufsmöglichkeit ist in sechs Kilometer Entfernung auf der 41 Richtung Reykjavík. Dort gibt es einen großen Bónus und Krónan Supermarkt *(Fitjar 260, Reykjanesbær, GPS N 63°58'21" W 22°32'27")* von der 41 gut zu sehen, direkt neben der Tankstelle. Hier kann man auch eine Gasflasche kaufen. Einkaufstipps stehen im »Tipps und Infos« Teil im hinteren Bereich des Buches. Eine Karte für die Fahrt vom Flughafen nach Reykjavík finden Sie in Tour 10.

Unsere Tour 1 startet in **Reykjavík**. Für einen Besuch in der Stadt eignen sich zwei Campingplätze, wenn Sie in oder nahe der Stadt übernachten möchten. Der zentrale Platz Tjaldsvæðið Laugardal nah an der Innenstadt neben dem Schwimmbad **(02)** oder der etwas außerhalb liegende Hafnarfjörður Camping im Süden **(01)**. Vom stadtnahen Platz kann man leicht zu Fuß das Zentrum erreichen (2,5 km, 30 min Fußweg) oder auch in acht Minuten mit dem Bus (Route 14 Richtung Grandi, alle 30 min). Ein weiterer Vorteil ist das riesige Schwimmbad Laugardalslaug gleich neben dem Campingplatz, das größte Schwimmbad Islands. Allerdings ist dieser Platz sehr laut und voll, teilweise regelrecht überlaufen mit einer Menge Partystimmung. Wer etwas mehr Ruhe möchte, nimmt den Platz in Hafnarfjörður. Von hier aus kommt man mit dem Bus Nummer 1 (vom Campingplatz einen Kilometer durch den Park Richtung Osten, Station Hraunbrún, alle 15 Minuten, Linie 1 Richtung Centrum) in 35 Minuten in die Stadt. Tipps zum Bus fahren gibt es im hinteren Teil des Buches. Eine gut ausgestattete Ver- und Entsorgungsstation befindet sich im Norden Reykjavíks.

Wer nur einen Tag ohne Übernachtung in Reykjavík bleiben möchte, muss erst einmal einen Parkplatz finden. Kleinere

(001) WOMO-Campingplatz: Hafnarfjörður

GPS/Kontakt: N 64°4'30" W 21°57'53", Hjallabraut 51, 220 Hafnarfjörður, Tel: +354 565 0900, info@lavahostel.is, www.lavahostel.is.
Öffnungszeit: 15.5. - 15.9.
Ausstattung: Großer Sanitärblock (WC, Duschen, Waschmaschine), free WiFi im Hostel, Entsorgung, große Küche und Aufenthaltsraum vom Hostel können genutzt werden.
Beschreibung: Wiesenplatz in einem Park südlich der Stadt, Teil des Lava-Hostel (hier auch Rezeption).
Preise: 1.800 Kr pP, Kinder 1.200 Kr, frei bis 13 Jahre, Strom 1000 Kr, zahlbar über parka.is.
Zufahrt: Von Süden die 41 an der Ausfahrt Hafnarfjörður C verlassen, hier Camping ausgeschildert, am Hafen vorbei, dann links.
Hinweis: 30 min mit dem Bus in die Innenstadt (Linie 1 ab Haltestelle Hraunbrún), Park wird zeitweise für Veranstaltungen genutzt.

(002) WOMO-Campingplatz: Reykjavík Campsite

GPS/Kontakt: N 64°8' 43" W 21° 52' 27", Sundlaugarvegur 32, 105 Reykjavík, Tel: +354 568 6944, info@Reykjavíkcampsite.is, www.reykjavikcampsite.is. **Öffnungszeit:** Ganzjährig.
Ausstattung: Großer Sanitärblock (WC, Duschen, Waschmaschine/Trockner), großer Aufenthaltsraum mit Küche, Entsorgung nur beim 1,5 km entfernten Entsorgungsplatz.
Beschreibung: großer Stadtplatz, fußläufig in die Innenstadt, direkt neben dem größten Schwimmbad Islands.
Preise: 6.400 Kr pC, frei bis 13 Jahre, Strom 1.250 Kr, Frühstück 1.600 Kr, für große Wohnmobile teurer, Vorabbuchung sinnvoll.
Zufahrt: Immer die 40 nordwärts, dann rechts in den Sundlaugavegur.
Hinweis: Ausgangspunkt für Bustouren, zeitweise überlaufen und laut.

WOMOs, die auch auf PKW-Stellplätze passen, können die kostenpflichtigen Parkplätze direkt in der Innenstadt an der Sæbraut in der Nähe der Harpa nutzen. Größere Parkplätze finden Sie im Süden der City am Busterminal oder gegenüber am Universitätskrankenhaus (einen Kilometer Entfernung zur Innenstadt). Sehr gut parken kann man auch am Perlan, von dort fährt ein Shuttlebus alle 30 Minuten direkt zur Harpa. Wer nur die Highlights der Stadt sehen möchte und einfach mal reinschnuppern will, der ist mit einem Tagesausflug gut beraten und kann dann spät abends Richtung Golden Circle weiterfahren. Bei unserem ersten Islandbesuch sind wir sogar gleich bis nach Laugarvatn gefahren, das sind keine 80 Kilometer und in etwas mehr als einer Stunde zu machen. Auch nördlich von Reykjavík gibt es zwei preiswertere Campingplätze in Richtung Golden Circle.

WOMO-Entsorgungsplatz Reykjavík

GPS/Kontakt: N 64°09'19" W 21°52'28", Klettagarðar 14
Öffnungszeit: ganzjährig.
Zufahrt: Die 41 (Saebraut) Richtung Norden, dann nördlich in die Klettagarðar abbiegen. Schild (Entsorgung) ist gut sichtbar.
Preise: kostenlos.

Parkplätze in Reykjavík für Stadtbesichtigung

Busterminal: (N 64°08'17" W 21°56'03")
Krankenhaus: (N 64°08'15" W 21°55'34")
Schwimmbad: (N 64°08'47" W 21°52'53")
Perlan: (N 64°07'45" W 21°54'56")

Reykjavík (dt. Rauchbucht) ist die nördlichste Hauptstadt der Welt und mit etwa 150.000 Einwohnern (in der Metropolregion zirca 200.000) die größte Stadt Islands. Zwei Drittel der Einwohner der Insel leben in der Gegend um die Hauptstadt. Die vier großen Gemeinden Hafnarfjörður, Garðabær, Kópavogur und Reykjavík (von Süden nach Norden) sind dabei mittlerweile fast zusammengewachsen und kaum mehr als einzelne Orte erkennbar. Reykjavík ist die Größte der Städte. Dabei war die Stadt Anfang des 19. Jahrhundert ein kleines Dorf mit 600 Einwohnern. Erst Anfang des 20. Jahrhunderts wurde sie zum kirchlichen und kulturellen Zentrum des Landes und erlebte ein großes Wachstum von ca. 11.000 Einwohnern um 1900 bis hin zu 40.000 Einwohner Mitte des Jahrhunderts. Am 17. Juni 1944 wurde in Þingvellir die Republik Island ausgerufen. Reykjavík wurde Hauptstadt. Mit der Landflucht nach dem 2. Weltkrieg wuchs die Stadt explosionsartig zu ihrer heutigen Größe.

Heute präsentiert sich die Stadt als moderne, internationale Hauptstadt und beheimatet neben Regierungssitz und Universität alle großen kulturellen Angebote des Landes. Die Innenstadt ist keine riesige Metropole, aber größer als gedacht und hat einen besonderen nordischen Stil. Gemütliche Holzhäuser säumen die Straßen und viele Geschäfte locken die Touristen. Was auffällt: Alles ist lokal – keine internationalen Modeketten oder sonstige Geschäfte sind hier zu finden. Dafür finden Sie eine große Auswahl an wärmenden Kleidungsstücken, meist aus Schaf. Und Daunenjacken. Und Regenjacken. Natürlich auch viele Souvenir- und Andenkenläden, der touristische Aspekt Islands ist hier deutlich zu spüren. Trotzdem kommt die Stadt sehr heimelig und typisch daher und ist auf jeden Fall einen Besuch wert. Auch wenn Sie hauptsächlich wegen der Naturwunder auf Island sind - geben Sie der Hauptstadt eine Chance. Der Kontrast der übrigen Insel zu Reykjavík ist schon ein Erlebnis für sich. Immerhin leben hier fast zwei Drittel der Einwohner Islands. Im Sommer bei gutem Wetter ist am Sonntagmorgen gegen drei Uhr mehr los als in mancher deutschen Großstadt. Auch der Autoverkehr übersteigt manche Vorstellung. Beides ist leicht erklärt. Im Sommer geht der Isländer bei gutem Wetter nicht ins Bett. Niemals. Dann ist die Kneipenszene in Reykjavík lebendiger als Berlin - na fast. Am Wochenende gibt es keine Schließzeiten der Clubs, die in der Woche bereits alle um 1 Uhr schließen müssen.

Die Einkaufsstraße Laugavegur und die Verlängerungen Bankastræti und Austurstræti sind dabei die zentralen Straßen der Stadt und mittlerweile sehr touristisch geprägt. Ein Bummel

Perlan: (dt: die Perle) ist ein Warmwasserspeicher, er versorgt die Stadt mit Warmwasser, also die Häuser sowie die beheizten Gehwege und Straßen. 5 Warmwassertanks mit je 4 Mio Litern 85 °C warmen Wasser sind hier beherbergt. Im Gebäude befindet sich das beeindruckende Museum der Naturwunder Islands mit einem künstlichen Gletscher samt Eishöhle. Auf dem Dach ist eine Aussichtsplattform.

Hallgrímskirkja: Die Kirche ist die größte Islands und steht beeindrukkend auf einem Berg. Vom Turm hat man eine fantastische Aussicht auf Reykjavík. Die Kirche wurde 1945 gebaut und ist architektonisch an die Naturwunder Islands (Gletscher, Basaltsäulen) angelehnt. Vor der Kirche steht die Skulptur des Leif Eriksson, der als Entdecker Amerikas gilt.

Die Innenstadt von Reykjavík

über die bekannte Straße ist ein guter Beginn eines Reykjavík-Besuchs. Von hier erreichen Sie schnell die beliebten Sehenswürdigkeiten der Stadt. Die Top-Sehenswürdigkeiten sind die Hallgrímskirkja (das größte Kirchengebäude Islands), das Konzerthaus Harpa (moderne Architektur), die Skulptur Sólfar (beliebtes Fotomotiv), Perlan (ein Warmwasserspeicher, der das Museum der Naturwunder Islands beheimatet), das Rathaus am Stadtsee Tjörnin und die Domkirche Dómkirkja. In der Stadt finden sich viele Museen (das Nationalmuseum, Kulturmuseum, Nationalgalerie und viele andere). Alle Sehenswürdigkeiten sind dicht beieinander und bequem zu erlaufen. Lediglich Perlan liegt 30 Minuten zu Fuß südlich des Stadtzentrums (kos-

Harpa: (dt: Harfe) Das 2011 errichtete moderne Konzerthaus war beim Bau bei der Bevölkerung sehr umstritten, gilt aber mittlerweile als Symbol für die Zukunft nach der Finanzkrise. Auffallend sind die 2 quaderförmigen, versetzten Teile sowie die wabenförmige Umhüllung aus einem Spezialglas. Tagsüber schimmert das Glas in verschiedenen Farben, je nach Wetter und Lichteinfall.

Sólfar: (dt: der Seefahrer) oder neudeutsch auch Sun Voyager genannt ist eine Skulptur südlich des Hafens an der Promenade Sæbraut. Sie wurde vom Künstler Jón Gunnar Árnason 1986 geschaffen und ist das wohl meistfotografierte Motiv der Stadt. Die Skulptur stellt ein Wikingerschiff dar, welches zum Sonnenuntergang der Sommersonnenwende nach Norden zeigt. (www.sunvoyager.is/)

Rathaus am Stadtsee Tjörnin

tenloser Shuttlebus alle 30 Minuten von Harpa). Da die Einkaufsstraße durch die vielen Andenkenläden (von den Isländern abwertend »Puffin-Stores« genannt) sehr touristisch geworden ist, kaufen die Isländer selbst in den großen Einkaufszentren ein. Das Größte ist das Smáralind in Kópavogur. In Reykjavík selbst lockt das Kringlan - hier finden Sie dann auch die großen Modeketten und bekannte Einkaufsläden - einen Unterschied zum Rest Europas werden Sie kaum feststellen.

Dazu gibt es an vielen Ecken einen Hot Dog Stand. Das isländische Hot Dog ist übrigens dem Dänischen sehr ähnlich, allerdings sind die Zutaten (Hot Dog Sauce und Ketchup, Zwiebel, Röstzwiebeln) alle unter der Wurst und es fehlen die Gurken. Nur der Senf ist oben drauf. Das liegt wohl an dem Wind hier, da die Zwiebeln sonst wegwehen. Und ehrlich, das ist auch viel einfacher zu essen. Die Wurst ist übrigens mit Lamm, was dem isländischen Hot Dog seinen besonderen Geschmack verleiht. Der berühmte Hot Dog Stand »Baejarins beztu pylsur« (dt: Die besten Hot Dogs der Stadt) befindet sich an der Ecke Tryggvagata/ Pósthússtræti *(GPS N 64°08'54" W 21°56'17")*. Hier haben schon Bill Clinton und die Band Metallica gespeist und die Bude zum Kult erhoben. Allerdings müssen Sie auch meistens lange anstehen.

Vom Hafen aus starten viele Waltouren. Wenn Sie auf Ihrer Island-Rundreise in den Norden kommen, nutzen Sie lieber die Waltouren in Húsavík oder Akureyri, denn hier in Reykjavík ist es durch die vielen Tagestouristen sehr voll und teuer und im Norden ist die Umgebung deutlich schöner.

Für den Beginn des Island-Urlaubs empfehlen wir unbedingt den Besuch des Museums im Perlan (dt: die Perle), ein Warmwasserspeicher, der die Stadt mit Warmwasser versorgt, also die Häuser sowie die beheizten Gehwege und Straßen. Fünf Warmwassertanks mit je vier Millionen Litern 85 Grad warmem Wasser, die von den Geothermiekraftwerken in der Nähe gespeist werden, sind hier untergebracht. Da aber einfache Tanks auf einem Berg nicht so schön aussehen, hat der Architekt Ingimundur Sveinsson eine Glaskuppel draufgeschraubt - daher auch der Name: Perle. Im Gebäude befindet sich das

Badetipps Reykjavik:

Auf jedem Fall sollten sie den Stadtstrand **Nauthólsvík** (oberes Bild) besuchen. Die Bucht ist beheizt und es gibt dort einige große Hot-Pots, im Meer wird gebadet und wir tauchen hier mitten in die Kultur der Isländer ein. Besucht wird das Bad nur selten von Touristen und ein Bad im Meer ist die Island-Geschichte schlechthin. Wer luxeriöser baden möchte besucht die Spa-Anlage **Sky-Lagoon** auf der Südseite der Bucht, die inmitten einer Lavalandschaft gebaut wurde.

beeindruckende Museum der Naturwunder Islands mit einem künstlichen Gletscher samt Eishöhle. Durch 100 Meter Eistunnel dürfen wir hier laufen, teilweise sehr eng und mit imposanten Soundeffekten. Es plätschert und knackt, es sind minus fünf Grad, wir fühlen uns wirklich wie in einem Gletscher. Weitere Attraktionen des Museums sind der Látrabjarg, der große Vogelfelsen, der hier teilweise nachgebaut wurde und

Die Eishöhle im Perlan

mit AR-Effekten die Vögel zeigt. Auch eine tolle Multimediaschau über die Entstehung Islands in 8K und eine interaktive (mit Handzeichen steuerbare) Info über Gletscher und Vulkane haben uns begeistert. Wir legen jedem Besucher das Museum ans Herz, denn hier lernt man viel über die Naturwunder und Besonderheiten dieses Landes: Feuer und Eis. Ein sehr interessanter Anfang.

Wir verlassen Reykjavík Richtung Norden auf der Ringstraße 1 und machen uns auf den Weg zum Golden Circle (isl. Gullni hringurinn, wörtlich: »Der goldene Ring« oder »Die goldene Rundfahrt«). So nennen die Isländer die beliebte Reiseroute mit den Top-Attraktionen der Insel. Es handelt sich um die historische Regierungsstätte Þingvellir im gleichnamigen Nationalpark, dem Geothermalgebiet Haukadalur mit dem Großen Geysir und dem Geysir Strokkur, dem Wasserfall Gullfoss dessen Name „»goldener Wasserfall« den Begriff Golden Circle geprägt hat. Bustouren von Reykjavík aus, die etwa acht Stunden dauern, stoppen oft auch noch am Vulkankrater Kerið und manchmal auch an der “Secret Lagoon”. Ebenfalls zum Gebiet

(003) Offizieller WOMO-Stellplatz: Mosfellsbær

GPS/Kontakt: N 64°10'20" W 21°41'28", Skólabraut, 270 Mosfellsbær, Tel: +354 566 6058, bolid@mos.is, tjalda.is/mosfellsbaer.
Öffnungszeit: 1.6. - 1.9. **Max. WOMOs**: 20.
Ausstattung: WC und Abwaschplatz (kaltes Wasser).
Beschreibung: Einfacher Wiesenplatz im Ort, teilweise Schotter, Schwimmbad 600 m entfernt.
Zufahrt: Die 1 nordwärts bis zur Abfahrt Mosfellsbær, Platz ist ausgeschildert.
Preise: 1.500 Kr pP, frei bis 12 Jahre, Strom 1.000 Kr (Geld wird morgens und abends eingesammelt, sonst im Sportcenter zahlen).
Hinweis: Preiswerte Alternative zu den teuren Plätzen in Reykjavík.

(004) WOMO-Campingplatz: Mosskogar Camping

GPS/Kontakt: N 64°10'46" W 21°37'03", Dalsgarður 1, Mosfellsdalur, Tel: +354-663 6173, mosskogar@simnet.is, facebook.com/mosskogar.johannsson.
Öffnungszeit: 1.3. - 15.12.
Ausstattung: Sanitärblock (WC, Duschen, Waschmaschine), free Wi-Fi an der Rezeption, großer, beheizter Aufenthaltsraum, Indoor-Zelten möglich (im Treibhaus).
Beschreibung: Flacher Kunstrasen unter Bäumen / im Wald bei einer Gärtnerei mit vielen Gewächshäusern, Blumen- und Gemüseverkauf.
Zufahrt: Die 36 Richtung Osten, Camping auf der rechten Seite gut ausgeschildert.
Preise: 2.000 Kr pP, frei bis 13 Jahre, Strom 1.000 Kr
Hinweis: Beliebt bei Campern mit Zelt durch das Indoor-Camping.

gehören die heißen Quellen um Laugarvatn und der ehemalige Bischofssitz Skálholt. Wir werden Sie alle zu Gesicht bekommen. Beim Kreisel mit der Abzweigung zur 36 (Richtung Þingvellir) verlassen wir die 1 und steuern geradezu den geschichtsträchtigen Nationalpark an. Die beiden Stellplätze auf der Route in **Mosfellsbær (03)** und Mosskogar **(04)** eignen sich für Reisende, die die teuren Plätze in Reykjavík meiden möchten und spät unterwegs sind. Der Nationalpark wurde bereits 1928 gegründet und ist seit 2004 Unesco Weltkulturerbe.

Im Nationalpark Þingvellir

Den **Nationalpark Þingvellir** erreichen Sie über zwei Wege. Die erste Abzweigung ist von der 36 rechts ab Richtung Þingvellir / Almannagjá. Hier geht es zum westlichen Teil des Parks zum Hakið Visitor Center (P1), von dort können Sie dann in die Almannagjá (dt. Allmännerschlucht) wandern. Wir empfehlen Ihnen aber die andere Möglichkeit, fahren Sie lieber vier Kilometer weiter bis zum nördlichen Visitor Center. Von hier führt die 361 Richtung Süden in den Park. In der Umgebung finden sich die Campingplätze (im Visitor Center buchen) und diverse kostenpflichtige Parkplätze. Von diesen gelangt man auch ohne längere Wanderung zu den wichtigsten Sehenswürdigkeiten. Sind Sie bis zum P5 gefahren, befinden Sie sich nur 100 Meter vom oben genannten Hakið Visitor Center entfernt, wenn auch 50 Meter tiefer. Empfehlenswert ist eine kurze Wanderung Richtung Norden von einem Kilometer durch die Schlucht bis zum Öxarárfoss. Sie wandern dann quer durch den Grabenbruch, vorbei am Parlamentsplatz bis hin zum kleinen, aber schönen Öxarárfoss. Danach sollten Sie noch 500 Meter weiter wandern, die Schlucht wird sehr eng und endet bei einer schönen Aussichtsplattform. Hier haben Sie eine tolle Aussicht über die Schlucht und den Lögberg bis hin zum idyllischen See Þingvallavatn in der Ferne.

Þingvellir (dt. Ebene der Volksversammlung) liegt am gleichnamigen See Þingvallavatn und hat gleich zwei Besonderheiten. Einerseits hat das Gebiet hohe historische Bedeutung. Hier wurde ab 930 jährlich für zwei Wochen im Juni die Versammlung des Freistaates Island »Althing« abgehalten. Sie hatte gesetzgeberische und gerichtliche Bedeutung und war nach den Parlamenten der Antike eines der ältesten Parlamente der Welt.

Aussicht in die Schlucht Almannagjá

Heute sind an verschiedenen Stellen in der Schlucht und am Rande des Parlamentsplatzes verwitterte Steinmauern aus der historischen Zeit zu sehen. Andererseits hat das Gebiet geologische Bedeutung. Es liegt mitten in der Grabenbruchzone der Kontinentalplatten. Eindrucksvoll können Sie hier die Risse und Felsspalten bewundern, die durch das Auseinanderdriften der Kontinentalplatten um zwei Zentimeter pro Jahr entstehen.

(005) WOMO-Campingplatz: Þingvellir

GPS/Kontakt: N 64°16'47" W 21°05'11", Thingvellir National Park Tel: +354 482-2660, thingvellir@thingvellir.is, www.thingvellir.is.
Öffnungszeit: Ganzjährig (der nördliche Platz).
Ausstattung: WC, Dusche, Abwaschplatz, Warmwasser, Waschmaschine/Trockner, Entsorgung auf dem südlichen Platz.
Beschreibung: Zwei große Wiesenplätze im Nationalpark, einer hinter dem Visitor Center nördlich der Hauptstraße, der südliche Platz gegenüber der Hauptstraße ist etwas ruhiger (weiter weg von der Straße).
Zufahrt: Die 36 bis zum nördlichen Punkt, das Visitor Center ist auf der nördlichen Seite gut zu sehen. Hier Anmeldung für beide Plätze.
Preise: 1.300 Kr pP, frei bis 17 Jahre, Strom 900 Kr.
Hinweis: Wanderungen vom südlichen Campingplatz in die Schlucht / ca 2,5 km.

In der Silfra-Spalte können Sie schnorcheln oder tauchen und haben so die Möglichkeit, die imposante Unterwasser-Spalte zwischen den Kontinenten zu besichtigen.

Das Althing ist auch heute das Parlament Islands, seit 1881 findet man es allerdings in Reykjavík. Das historische Althing, wo wir uns hier befinden, gibt es seit 930. Das Wort Thing ist in allen skandinavischen Sprachen das Wort für Versammlung, Zusammenkunft und Gericht. Hier versammelten sich die isländischen Goði (Goden) oder auch Höfðingar (Häuptlinge) genannt einmal im Jahr für zwei Wochen um die Sommersonnenwende, um Gesetze zu sprechen und Richtersprüche öffentlich zu tätigen. Ein uraltes Parlament des isländischen Freistaates. Der Ort hier wurde von Grímur Geitskór nach folgenden Kriterien sorgfältig ausgewählt: Der Platz hatte durch seine geologische Besonderheit eine hervorragende Akustik. Vom Gesetzesberg Lögberg, der heute durch eine isländische Fahne gut sichtbar ist, konnte die Stimme des Gesetzessprechers im ganzen Tal problemlos wahrgenommen werden. Weiterhin benötigte man viel Weideplatz für die Pferde, Wasser (wofür der Fluss Öxara extra umgeleitet wurde), fischreiche Gewässer (der nahe gelegene See) und die Nähe zu den Siedlungen im Südwesten. Also ein idealer Platz für das Althing. Übrigens war es nicht nur eine reine Volksversammlung, sondern auch ein Zwei-Wöchiges Volksfest mit Heiratsmarkt, Familientreffen und kulturelles Highlight. Um seinen Status zu zeigen, reiste man mit viel Begleitung, Bier und allem, was die jeweilige Landwirtschaft an Delikatessen hergab. Immerhin war ganz Island anwesend. Es gab Ringkämpfe und Ballspiele und die Skalden machten Gedichte darüber. Wenn Sie am Lögberg stehen, versuchen Sie, sich einmal in diese Stimmung hineinzuversetzen.

Öxarafoss

Schnorcheln zwischen den Kontinentalplatten: Ein ganz besonderes Highlight ist das glasklare Wasser der Silfra-Spalte. Dort, wo sich die beiden Kontinentalplatten auseinander bewegen, empfehlen wir eine Schnorchel- (für jedermann) oder Tauchtour (wer einen Tauchschein hat). Das ist abenteuerlich und aufregend. Einerseits, weil das Wasser nur zwei Grad hat - und das ist wirklich kalt. Andererseits, weil das Wasser das Klarste der Welt sein soll. Es kommt unterirdisch vom Gletscher Langjökull und fließt die 50 Kilometer durch Lavagestein. Das so gefilterte und superreine Wasser kommt dann hier wieder zum Vorschein. Die Sichtweite soll bis zu 100 Meter betragen, was ich mangels Zollstock nicht nachmessen konnte. Aber ja, es ist sehr, sehr klar. Gutes Quellwasser halt. Was praktisch ist, denn Wasser im Schnorchel ist hier kein Problem, ich konnte es einfach trinken. Die Kälte ist zu ertragen, man bekommt eine gute Ausrüstung. Einen Polar-Einteiler, darüber einen sehr dicken Trockenanzug, Handschuhe und eine Haube. Mit dem Wasser kommt nur das Gesicht in Berührung, da wo keine Maske ist. Schlimm ist das nicht, es wird alles sofort taub. So richtig schnorcheln musste

Schnorcheln in der Silfra Spalte

ich auch nicht, denn durch die Strömung in der Spalte wurde ich vorwärts getrieben und konnte mir die bis zu 80 Meter tiefe Silfra in Ruhe ansehen. Am Ende geht es wieder raus. Die Spalte ist eine Taucher-Einbahnstraße. Gut so, denn es ist sehr voll. Ich bin hier nicht der Einzige, der diese Tour klasse findet. Tipp: Auf dem Campingplatz übernachten und eine Tour früh am Morgen buchen, dann müssen Sie nicht so lange anstehen. Touranbieter gibt es eine ganze Reihe, einfach im Internet nach »Dive Silfra« suchen und nach eigenem Geschmack auswählen. Einige Anbieter bieten Umkleidekabinen, andere kostenlose Fotos inklusive. Im Sommer ist vorherige Buchung

Þingvallarvatn

erforderlich und oft mehrere Tage im Voraus ausgebucht. Wer noch weiter am See Þingvallavatn entlang fahren möchte, nutzt die 361, die landschaftlich traumhaft ist. Gerade haben wir uns noch mit Tausenden anderen Besuchern den Öxarárfoss oder den Lögberg geteilt. Hier, nur wenige Minuten weiter, treffen wir dann Einsamkeit und teilen uns den spiegelglatten See nur mit ein paar Anglern und Vögeln. Eine ganz besondere, idyllische und beruhigende Atmosphäre. Es gibt viele Picknickplätze und so kommen wir oft direkt an den See um eine Pause zu machen. Wer mag, kann ja mal die Wassertemperatur testen. Nur zum Vergleich, denn unser nächster Stopp ist Laugarvatn. Um dorthin zu kommen, müssen wir zurück zum Vistor Center und fahren über die 36 Richtung Geysir und dann auf die Straße 365, Laugarvatn ist hier ausgeschildert. Laugarvatn heißt auf Deutsch »lauwarmes Wasser« oder »Badesee« und in der Tat ist der See deutlich wärmer als seine Nachbarn. Warum das so ist, können Sie in der Gemeinde Laugarvatn am Seeufer schön sehen. Hier kocht der See und es tritt warmes Wasser aus der Erde. So wird der See natürlich beheizt und ist in der Tat zum Baden geeignet. Übrigens,

Laugarvatn Fontana

hier ließen sich die Häuptlinge Islands bei der Christianisierung im Jahre 1000 taufen, obwohl sie dafür die 25 Kilometer von Þingvellir reiten mussten. Ihnen war der Þingvallavatn zu kalt. Für Isländer ist das Bad in kaltem Wasser damals wie heute ein Graus - kein Wunder, wenn warmes Wasser in Hülle und Fülle zur Verfügung steht.

Badetipp: Am See angekommen nehmen wir unsere Badetasche und besuchen das Laugarvatn Fontana. Hier steigen wir bequem von einem Steg ins Wasser des Sees um in dem 10-12 Grad warmen Wasser zu baden. Das ist schon ein einzigartiges Erlebnis und eine schöne Geschichte wert. Immerhin können wir uns danach wieder in den vielen Hot-Pots von bis zu 42 °C aufwärmen, was nach dem Bad im See auch unbedingt notwendig ist. Die Fontana ist ein schön gestaltetes Thermalbad mit toller Aussicht auf den See und vier verschiedenen, modern angelegten Thermalbecken mit unterschiedlicher Temperatur von 32 °C bis 42 °C, eine Sauna, mehrere Dampfbäder und ein Restaurant. Auch ein Bier können wir draußen im Hot-Pot genießen, dazu muss die Kreditkarte beim Eingang hinterlegt werden. (geöffnet im Sommer 11-21 Uhr, Eintritt 4.500 Kr, www.fontana.is).

(006) Offizieller WOMO-Stellplatz: Laugarvatn

GPS/Kontakt: N 64°13'19" W 20°43'52", Dalbraut, Lagarvatn, Tel: +354 771 4777, laugarvatncamping@gmail.com, http://tjalda.is/en/laugarvatn.
Öffnungszeit: 20.5. - 1.10. **Max. WOMOs:** 50.
Ausstattung: Geräumiger, beheizter Sanitärcontainer mit WC, Dusche, Waschmaschine, Abwaschplätze offen, Entsorgung an der N1-Tankstelle in ca 200 m Entfernung.
Beschreibung: Großer, offener Wiesenplatz außerhalb des Ortes, teilweise Schotter, niedrige Büsche, großer Kinderspielplatz.
Preise: 2000 Kr pP, Kinder 1000 Kr pP, frei bis 10 Jahre, Strom 1000 Kr, zahlbar über parka.is.
Zufahrt: Die 37 durch Laugarvatn hindurch, dann links kurz vor dem Ortsende in die Dalbraut (Campingplatz ausgeschildert).

Wer vom vielen Baden im heißen und kalten Wasser jetzt ein wenig Ruhe braucht, ist auf dem Campingplatz am Ende des Ortes gut aufgehoben **(06)**. Wer noch Energie hat, dem empfehlen wir die Weiterfahrt zum Geysir, denn hier ist es spät abends wunderbar leer. Es sind nur noch 30 Kilometer auf der 37 Richtung Osten.

Davor haben wir aber noch einen schönen Wandertipp zu einem besonderen Wasserfall, dem Bruarfoss, den man auch gut am nächsten Morgen erwandern kann. Es ist nicht weit vom Geysir wieder zurück. Er ist durch seine tief eingeschnittene, trichterförmige Form von ganz besonderer Schönheit. Der Bruarfoss ist durch seine Struktur und das tiefblaue Wasser ein Traum für Fotografen. In der Nähe befindet sich auch ein einfacher Stellplatz in Uthlid **(07)**.

(007) Offizieller WOMO-Stellplatz: Uthlid Cottages

GPS/Kontakt: **N** 64°16'34" W 20°26'32", Tel: +354 699 5500, uthlid@uthlid.is, https://uthlid.com.
Öffnungszeit: Ganzjährig . **Max. WOMOs:** 30.
Ausstattung: Sanitärhäusschen auf der Campingwiese mit WC und Abwaschplatz mit kaltem Wasser, Dusche und Waschmaschine bei den Cottages (ca 500 m entfernt), Entsorgung hinter dem WC-Haus.
Beschreibung: Naturnaher Wiesenplatz von Bäumen umringt. Der Stellplatz ist Teil der Uthlid Cottages (Pool und Hot-Pot können kostenlos genutzt werden), Restaurant, Pferdeverleih.
Preise: 1.800 Kr pP, Kinder 800 Kr pP, frei bis 6 Jahre, Strom 1.000 Kr
Zufahrt: An der 37 in Uthlid links in den Skyggnisskógur (Schild), Rezeption bei den Cottages, Campingplatz ca 500 m vor den Cottages.

Wandertipp: Zum Bruarfoss. 6,2 km hin und zurück, ca 2,5 Std (mit Fotostopps). GPS-Track unter www.island-womo.de

Parken Sie bitte auf dem eigens dafür angelegten Parkplatz direkt an der Brücke (N 64°14'24" W 20°31'24"). Fahren Sie nicht in die Straße Brekkuskógur, auch wenn das kürzer ist. Es ist eine Privatstraße mit Ferienhäusern. Vom o. g. Parkplatz aus geht es gut ausgeschildert immer am Fluss entlang die 3,1 km bis zum Bruarfoss. Der Weg ist anfangs einfach und ausgeschildert, wird später aber sehr matschig und rutschig. Gute, wasserdichte Wanderstiefel sind empfehlenswert. Der Weg ist landschaftlich wunderschön und führt teilweise durch lichten Birkenwald. Auf dem Weg treffen wir noch zwei weitere, fotogene Wasserfälle. Zuerst den wirklich schönen und großen Hlauptungufoss, in dem die Wassermassen des Flusses durch einen engen Fall getrieben werden. Danach kommt noch der weniger spektakuläre Midfoss. Gegen Ende geht es dann wieder hinauf zu den Ferienhäusern und dann links über eine Brücke zu einer weiteren Brücke direkt am Bruarfoss. Den besten Blick haben Sie direkt von der Brücke, da hier der trichterförmige Einschnitt schön zu sehen ist.

Tagsüber ist hier viel los: Der Geysir »Strokkur«

Das **Hochtemperaturgebiet Haukadalur** (dt. das Tal der Greifvögel) beheimatet den Namensgeber aller heißen Wasserfontänen - den **Geysir** (von isl. »gjósa«, dt. hervorsprudeln). Der große Geysir selbst bricht aber derzeit nur sehr unregelmäßig aus. Im Jahr 2000 erreichte er eine Höhe von 122 Metern und ist damit der größte Geysir der Welt. Er ist auch der Älteste und wurde bereits im 13. Jahrhundert beschrieben und ist daher auch Namensgeber. Wie gesagt, seine Ausbrüche sind extrem selten. Dafür ist sein kleiner Bruder, der gleich benachbarte Strokkur (dt: durchwirbeln) sehr pünktlich und bricht alle 5-10 Minuten aus, er erreicht dabei eine Höhe von 25 bis 35 Meter, was wirklich sehr beeindruckend ist. Verpassen sollten Sie dieses Spektakel also nicht. In dem Hochtemperaturgebiet gibt es noch andere heiße Quellen wie den tiefblauen Blesi. Es gibt auch einige Wanderwege durch das Gebiet und auf den Berg, von dem man einen herrlichen Ausblick hat.

Strokkur

Der Geysir zieht täglich abertausende Besucher an und daher wird es um die Mittagszeit extrem voll. Der Parkplatz gegen-

(008) WOMO-Campingplatz: Camping Geysir

GPS/Kontakt: N 64°18'35" W 20°18'18", Haukadal Tel: +354 480 6800, geysir@geysircenter.is, tjalda.is/en/geysir.
Öffnungszeit: 30.5. - 1.9.
Ausstattung: Sanitärhaus (WC, Dusche, Waschmaschine).
Beschreibung: Ebener Wiesenplatz in der Nähe der Geysir-Parkplätze, viele Touristen-Angebote drumherum.
Zufahrt: Direkt an der 35 kurz vor dem Geysir auf der linken Seite.
Preise: 2.000 Kr pP, Kinder 500 Kr pP, frei bis 7 Jahre, Strom 1000 Kr.
Hinweis: Vom Campingplatz nur 5 Gehminuten zum Strokkur / Geysir, guter Ausgangspunkt für Strokkur bei Nacht (nicht so überlaufen). Tagsüber wird der Platz als Parkplatz für den Geysir missbraucht.

(009) Offizieller WOMO-Stellplatz: Skjòl

GPS/Kontakt: N 64°18'38" W 20°14'01", Kjóastaðir 1, Biskupstungur, Tel +354 899 4541, info@skjolcamping.com, www.skjolcamping.com.
Öffnungszeit: Ganzjährig. **Max. WOMOs:** 200.
Ausstattung: WC, Dusche (kostenpflichtig), free WiFi.
Beschreibung: Einfacher, großer, offener Wiesenplatz bei einer Bar (hier auch Rezeption), direkt an der 35.
Preise: 1.500 Kr pP, Kinder 750 Kr pP, frei bis 4 Jahre, Strom 1.000 Kr.
Zufahrt: Die 35 ostwärts, dann links Ausschilderung Kjóastaðir, gleich links zur Bar.

über quillt dann über vor Tourbussen. Nutzen Sie als WOMO-Reisender die frühen Morgen- oder die späten Abendstunden. In der tiefen Sonne sieht der Strokkur auch noch besser aus. Der gleich am Geysir liegende Campingplatz **(08)** eignet sich übrigens gut für den Besuch des Strokkur, es sind nur 300 Meter Fußweg. Alternativ führt auch ein kleiner Wanderweg vom Campingplatz auf den Berg und wieder hinunter direkt zum Hochtemperaturgebiet. Ein weiterer Stellplatz bei einer Bar liegt fünf Kilometer weiter Richtung Norden **(09)**.

Nur zehn Kilometer weiter nördlich liegt die nächste Attraktion des Golden Circle, der Wasserfall, der dem Circle seinen Namen gab: Der **Gullfoss** (dt. Goldfall). In zwei fast rechtwinklig versetzten Stufen von 11 und 21 Metern Höhe fließen pro Sekunde 100 Kubikmeter Wasser herunter und erzeugen ein gewaltiges Schauspiel. Es gibt zwei Parkplätze, einen im unteren Bereich und einen größeren Parkplatz oben am Café. Es ist eigentlich egal, wo Sie stehen, eine Treppe verbindet beide Bereiche. Von oben haben Sie von einem Holzsteg einen schönen Überblick, von unten kommen Sie auf einem Weg links vom Wasserfall sehr nah an den Gullfoss heran. Tragen Sie auch im Sonnenschein regenfeste Kleidung. Der Weg un-

Gullfoss

ten entlang ist extrem nass. Der Gullfoss erzeugt wahnsinnig viel Spray, da er in ein sehr enges Tal fällt. Am oberen Parkplatz sind ein Café und ein Souvenirgeschäft. Auf Nachfrage durften wir auf dem Parkplatz auch die Nacht verbringen **(11).**

(010) WOMO-Parkplatz: Gullfoss

GPS/Kontakt: N 64°19'30" W 20°07'47", Tel +354 486 6500, gullfoss@gullfoss.is http://gullfoss.is.
Öffnungszeit: Ganzjährig. **Max. WOMOs:** 50.
Beschreibung: Riesiger Parkplatz direkt am Gullfoss, Café, zur Übernachtung im Café nachfragen.
Zufahrt: Die 35 ostwärts bis zum oberen Parkplatz Gullfoss.
Preise: Kostenlos, im Café Genehmigung einholen.

Um den Gullfoss gibt es auch eine interessante Geschichte, die als Ursprung des Naturschutzes in die isländische Historie eingeht. Um 1920 herum sollte der Wasserfall zugunsten eines Kraftwerks weichen, eine englische Gesellschaft hatte das Land um den Wasserfall gepachtet. Sigríður Tómasdóttir protestierte dagegen mit einem Barfußmarsch nach Reykjavík und drohte, sich in den Wasserfall zu stürzen. Daraufhin wurde der Vertrag gekündigt und der Wasserfall ging zurück an den isländischen Staat. Der Gullfoss ist seit 1978 Naturschutzgebiet. Sigríður Tómasdóttir gilt als erste Umweltaktivistin Islands.

Auf der 35 Richtung Norden

Die 35 (Kjölur, genauer: Kjalvegur) Richtung Norden: Von hier aus haben Sie nun die Wahl. Sie folgen uns auf unserer Tour oder fahren von hier eine Abkürzung in den Norden. Die 35 geht als Schotterpiste 160 Kilometer quer durch das Hochland und ist mittlerweile auch für normale Fahrzeuge freigegeben. Das heißt nicht, dass sie eine gute Qualität hat, es sind lediglich keine Flüsse mehr zu furten (bis auf ein paar kleine Bäche). Unser WOMO (ein normaler Pössl Kastenwagen) hat bereits mehrere Fahrten unbeschadet überstanden, mit vorsichtiger Fahrweise - teilweise sind nur 20 Stundenkilometer möglich. Dafür lockt im Hochland das wunderschöne Gebiet Hveravellir. Das haben wir in Tour 7 beschrieben, denn von Norden ist Hveralvellir über die 35 deutlich einfacher zu erreichen. Wer aber eine Abkürzung braucht und seinem Wohnmobil eine sehr raue Piste zutraut, kann sich an die 35 wagen.

(011) Offizieller WOMO-Stellplatz: Við Faxa

GPS/Kontakt: **N** 64°13'34" W 20°20'16", Biskupstungnabraut, Tel: +354-774 7440, vidfaxa@gmail.com, www.facebook.com/vidfaxa.

Öffnungszeit: 15.5. - 30.9. **Max. WOMOs:** 50.

Ausstattung: WC und Dusche, Strom auf ausgewählten Plätzen

Beschreibung: Großer, ruhiger Wiesenplatz direkt am Fluss, teilweise mit Büschen parzelliert, Restaurant, kurzer Fußweg zum Faxafoss.

Preise: 1.400 Kr pP, Kinder 500 Kr., frei bis 6 Jahre, Strom 1.000 Kr.

Zufahrt: Die 35 Richtung Süden, Camping auf der linken Seite ausgeschildert, Rezeption im Restaurant Vid Faxa.

Achtung: Mietfahrzeuge ohne Allradantrieb dürfen üblicherweise die 35 nicht befahren.

Wir fahren weiter Richtung Süden und machen wirklich einen Circle, biegen links auf die 27 Richtung Reykholt ab. Bis zum nächsten Campingplatz in Faxi **(11)** sind es nur noch sechs Kilometer von der Kreuzung. Der Campingplatz ist ein einfacher, aber sehr ruhiger und naturnaher Stellplatz und liegt wunderschön direkt am Ufer des Flusses Tungufljót und praktisch neben dem schönen, breiten Wasserfall Faxafoss. Wir sind hier gleich zwei Tage geblieben und haben die Gegend erkundet.

Faxafoss

Eingang in die Secret Lagoon

Dazu geht es weiter die 35 Richtung Süden, wir biegen fünf Kilometer hinter Faxi links auf die 359 nach Flúðir ab. Die kleine Stadt liegt in einem geothermisch sehr aktiven Gebiet und wir sehen hier viele Gewächshäuser. Überhaupt ist in dieser Gegend viel Landwirtschaft zu sehen, fast untypisch für Island. Viele tiefgrüne Felder und Wiesen zaubern wundervolle Farben in die Landschaft. Dazu viele Schafe und Pferde, wir sind in einem landwirtschaftlich intensiv genutzten Gebiet.

Ruhe am Morgen im Bad

Das Hochtemperaturgebiet Hveraholmi liegt nur 500 Meter östlich der Stadt Flúðir und beherbergt eine weitere Touristenattraktion: die sogenannte **»Secret Lagoon«** oder historisch »Gamle Laugin«. Nun ja, »secret« ist dieser Ort sicher nicht, da sogar Tourbusse aus Reykjavík hierher fahren. Das Bad hat eine lange Geschichte und ist wunderschön angelegt. Es ist das älteste Bad Islands und wurde bereits 1891 erbaut, seit 1909 wurde hier Schwimmunterricht erteilt. 1947 wurde dann in Flúðir ein normales Schwimmbad gebaut und so geriet Gamla

Litli Geysir

Laugin in Vergessenheit. Als »Secret Lagoon« wurde es modernisiert und wieder eröffnet. Es liegt mitten in einem tollen Hochtemperaturgebiet. Ein kleiner Geysir (der Litli Geysir) spuckt alle fünf Minuten eine zwei Meter Wasserfontäne und mehrere heiße, blubbernde Quellen speisen das Bad mit 100 Grad heißem Wasser. Und nicht nur das. Ein schöner Holzpfad führt direkt durch das Gebiet und so können wir uns diese Naturwunder aus der Nähe ansehen. Allerdings dürfen auch Nicht-Badegäste diesen Bereich besuchen, was die Atmosphäre wirklich stört. Das Bad selber ist 40 Meter lang und 20 Meter breit, also recht groß. Zum aktiven Schwimmen ist es wegen der 38-40 Grad ungeeignet. Dafür können Sie sich aber herrlich treiben lassen und die umliegende Natur genießen. Aber Vorsicht: Ab 12 Uhr wird es extrem voll, Busladungen von Menschen aller Nationalitäten ergießen sich in das Bad. *(Öffnungszeiten 10-22 Uhr im Sommer, 11-20 Uhr im Winter, 2.800 Kr. GPS N 64°08'16.3" W 20°18'38")*. Für die Übernachtung bietet sich dann der Campingplatz in der Stadt an **(012)**.

(012) WOMO-Campingplatz: Flúðir

GPS/Kontakt: N 64°08'12" W 20°19'33", Skeiða- og Hrunamannavegur, Flúðir, Tel: +354 618-5005, tjaldmidstod@fludir.is, www.tjaldmidstod.is.
Öffnungszeit: 15.5. - 15.9.
Ausstattung: Großer, beheizter Sanitärblock (WC, Dusche), Waschmaschine, Entsorgung, free WiFi, 15 min Fußweg zur Secret Lagoon.
Beschreibung: Großer Wiesenplatz im Ort, mit Büschen leicht parzelliert.
Preise: 1.750 Kr pP, Kinder 1.250 Kr pP, frei bis 10 Jahre, Strom 1.000 Kr.
Zufahrt: Direkt in Flúðir, Camping gut ausgeschildert

Wer statt der »Secret Lagoon« wirklich einen absolut natürlichen Hot-Pot nutzen möchte, dem empfehlen wir das **Hrunalaug** ganz in der Nähe. Dank Google ist ja heutzutage nichts mehr geheim und so ist auch dieser sehr kleine Pool oft überfüllt. Wir kamen in ein nettes Gespräch mit einer Anwohnerin. Sie hat uns erzählt, wie sie früher als Kinder hier baden waren, den Pool gepflegt haben, die Eltern Umkleiden gebaut haben. Heute kommen die Touristen, hinterlassen Müll und Zigarettenkippen. Am Wochenende sind bis zu 20 Personen in einem Pool, der kaum fünf Meter groß ist. Es steht eine Spendenbox am

Hrunalaug

Pool, aber leider hat niemand die 1.000 Kr. bezahlt. Mittlerweile versuchen die Anwohner im Sommer die 1.000 Kr. persönlich zu kassieren. Bitte zahlen Sie den Betrag, wenn Sie hier baden wollen. Die Anwohner pflegen den Bereich und kümmern sich um die Natur. GPS N 64°08'01" W 20°15'26". Wir verlassen Flúðir über die 341 Richtung S. Langholt, uns interessieren die vielen Gewächshäuser hier. Gleich beim Ortsausgang auf der linken Seite können Sie frisches Gemüse kaufen. Einen isländischen Hofladen mit frischen Tomaten, Paprikas, Gurken, Chilis und mediterranen Kräutern aller Art haben wir hier nicht vermutet.

Am Ende der 341 biegen wir auf die 30 rechts ab und nehmen dann kurz danach die 31 nach Norden Richtung Laugarás. Die Stadt liegt mitten in einem sehr dichten Wald, was nun wirklich einzigartig ist in diesem Land. Nicht die kleine Stadt ist unser Ziel, sondern der etwas nördlich liegende, ehemalige Bischofssitz **Skálholt** wo heute eine moderne Kirche steht. Es gibt viele Ausgrabungen zu sehen, die den historischen Bischofssitz von 1056 bis 1785 zeigen. Skálholt war neben Hólar einer der beiden Bischofssitze und als kulturelles und politisches Zentrum über viele Jahrhunderte ähnlich wichtig wie Þingvellir. 1550 wurde hier der letzte isländische Bischof mit seinen zwei Kindern durch die dänischen Besatzer geköpft, da er die Reformation nicht akzeptieren wollte.

Skálholt

(013) Offizieller WOMO-Stellplatz: Reykhold

GPS/Kontakt: N 64°10'36" W 20°27'02", Skólabraut, Reykholt ,Tel: +354 847 5057, husidguesthouse@gmail.com, www.aratunga.is.
Öffnungszeit: 15.5. - 15.9. **Max. WOMOs:** 30.
Ausstattung: WC, Dusche, Wasserversorgung, Entsorgung, Bodeneinlass für Grauwasser, Strom auf allen Plätzen.
Beschreibung: Große, offene Wiese (wenig Bäume) am Ortsrand.
Preise: 1.500 Kr pP, Kinder 500 Kr pP, frei bis 11 Jahre, Strom 1.200 Kr.
Zufahrt: Von der 35 beim Ortseingang / Tankstelle .

(014) Offizieller WOMO-Stellplatz: Borg

GPS/Kontakt: N 64°04'32" W 20°46'11", Tel: +354 767-3411, tjaldsvaedi.borg@gmail.com.
Öffnungszeit: 15.5. - 15.8. **Max. WOMOs:** 20.
Ausstattung: WC, Dusche, Waschmaschine, Entsorgung (Bodeneinlass).
Beschreibung: Wiesenplatz an der Hauptstraße neben dem Schwimmbad. teilweise Hecken.
Preise: 1.500 pP, Kinder 800 Kr pP, frei bis 11 Jahre, Strom 1.200 Kr, (Geld wird abends eingesammelt).
Zufahrt: Von der 35 in Borg hinter dem Kreisel Richtung Norden (Auschilderung folgen).

Wir fahren weiter auf der 31 und dann links in die 35 Richtung Laugarvatn / Selfoss. Auf dem Weg befinden sich 2 Campingplätze mit Schwimmbad. Ein einfacher Wiesenplatz neben der 35 verkehrsgünstig gelegen in Borg **(14)** und in Hraunborgir **(15)** knapp fünf Kilometer abseits der Hauptstraße ein schöner Platz in einem Feriengebiet mit Schwimmbad und Hot-Pot,

(015) Offizieller WOMO-Stellplatz: Hraunborgir

GPS/Kontakt: N 64°01'58" W 20°48'53" (64.0327 -20.8148), Hraunborgir, Tel: +354 863 0097, hraunborgir69@gmail.com, /www.lavavillage.is.
Öffnungszeit: 1.6. - 15.9. **Max. WOMOs:** 20.
Ausstattung: WC-Häuschen beheizt. Am Schwimmbad: Duschen, Abwaschplatz, großer Aufenthaltsbereich mit Wintergarten, Grillbereich / Terrasse, Entsorgung, überdachter Abwaschplatz, Waschmaschine, großer Kinderspielplatz.

Beschreibung: Parzellierter Wiesenplatz in einem Ferienhausgebiet, teilweise Schotter, incl. Schwimmbad, Hot-Pot, schöne Aussicht.
Preise: 4.500 Kr pC, Strom 1.000 Kr, Pool und Hot-Pot 900 Kr.
Zufahrt: Von der 35 Richtung Süden 3 km hinter Borg auf die 353 Richtung Kiðjaberg abbiegen, dann rechts Schotterstraße Richtung Hraunborgir (Schwimmbad ausgeschildert).

großem Aufenthaltsbereich mit Terrasse und Grillplatz, toller Aussicht und einem kleinen Restaurant.

Die nächste Sehenswürdigkeit ist der Kratersee **Kerið**. Da der Krater genau neben der Straße 35 liegt, ist ein Besuch unkompliziert. Von der Straße ist außer einem kleinen Hügel kaum etwas zu sehen, der Parkplatz auf der linken Seite ist aber unübersehbar. Vom Parkplatz sind es nur 50 Meter zum Kraterrand und plötzlich breitet sich der Kratersee weit unter uns aus. Die Form ist genau so, wie man sich einen Krater vorstellt. Er bietet einen besonderen Anblick, da er weder bewachsen ist, noch große Erosionen aufweist. Das Gebiet ist im Privatbesitz, der Besuch kostet 400 Kr. Der Vulkan ist ca. 5.000 Jahre alt und kein Explosionskrater. Man geht davon aus, dass der Krater nach Ende der eruptiven Phase zusammen sank und so den heutigen See hinterließ. Ein etwa ein Kilometer langer Wanderweg führt einmal um den Krater herum. Über eine Treppe gelangen Sie an den See, der ca. 270 x 170 Meter groß ist. Es ist ein leichter Spaziergang mit schönen Ausblicken.

Kerið

Und für das Ende der Tour geht es weiter auf der 35 nach Selfoss, dem Start der Tour 2. Selfoss ist der ideale Ort für Besorgungen aller Art. Der Ort ist groß und wächst derzeit stark. Tourismus und die Nähe zur Hauptstadtregion lässt die Stadt boomen. Wer mag, kann jetzt noch die nahe gelegene Stadt Hveragerði besuchen, dazu bitte am Start der Tour 10 nachlesen.

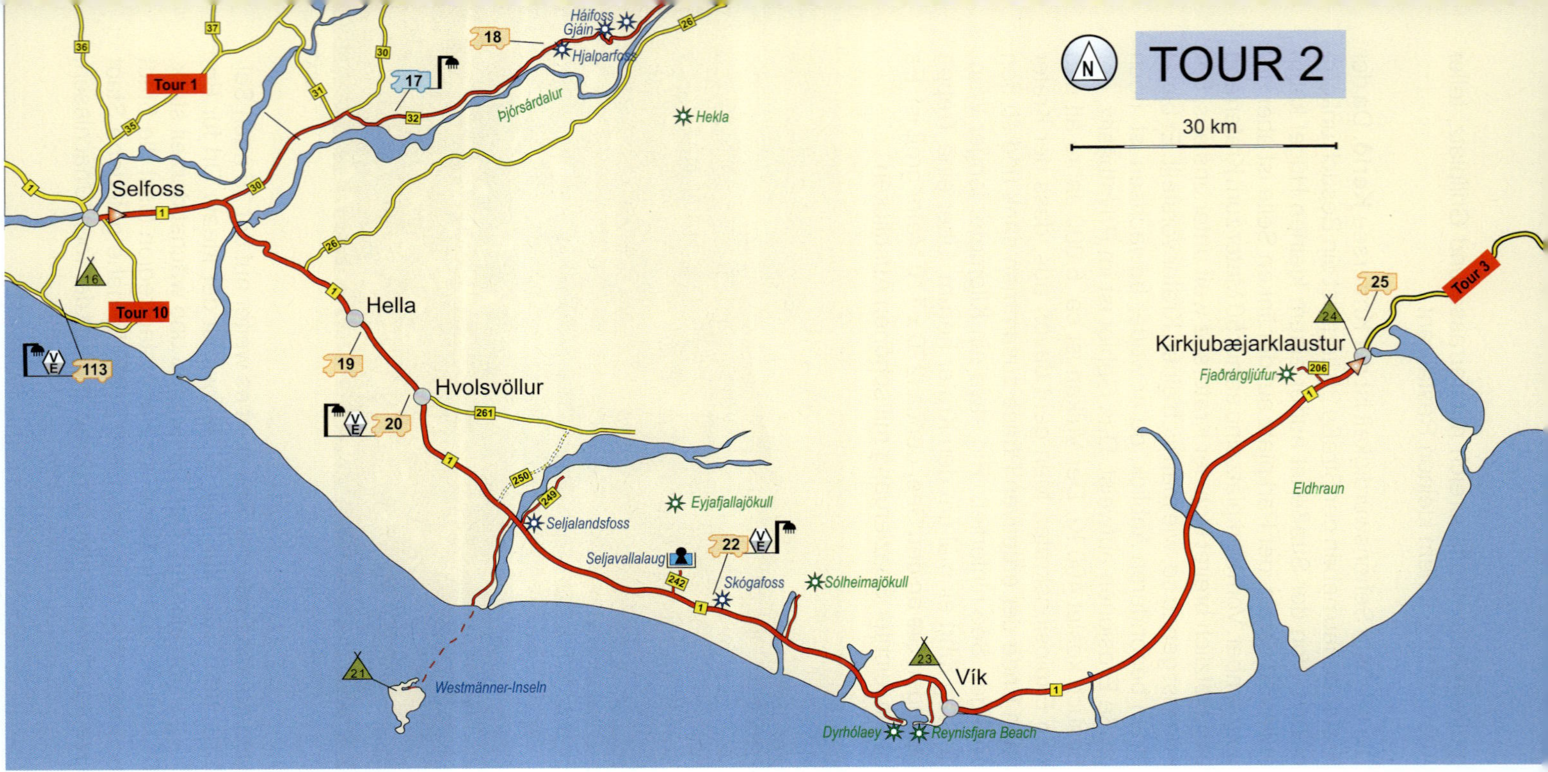
TOUR 2
N
30 km
Selfoss
Tour 1
Tour 10
Tour 3
Hella
Hvolsvöllur
Vík
Kirkjubæjarklaustur
Háifoss
Gjáin
Hjalparfoss
Þjórsárdalur
Hekla
Eyjafjallajökull
Seljalandsfoss
Seljavallalaug
Skógafoss
Sólheimajökull
Dyrhólaey
Reynisfjara Beach
Fjaðrárgljúfur
Eldhraun
Westmänner-Inseln
16
17
18
19
20
21
22
23
24
25
113

TOUR 2: Der Süden 340 km

Selfoss – Þjórsárdalur – Hella – Hvolsvöllur
Vík í Mýrdal – Kirkjubæjarklaustur

Stellplätze:	Árnes, Þjórsáladur, Hella, Hvolsvellur, Skogafoss, Kleifar
Campingplätze:	Selfoss, Vestmannaeyjar, Vik, Kirkjubæjarklaustur
Besichtigungen:	Hjálparfoss, Háifoss (Wasserfälle), Þjóðveldisbærinn (Museum), Seljalandsfoss, Skógafoss (Wasserfälle), Sólheimajökull (Gletscher), Reynisfjara (Strand), Dyrhólaey (Felseninsel)
Wanderungen:	Háifoss (14 km zum Wasserfall), Sólheimajökull (3 km zum Gletscher), Reynisfjall (10 km um die Felseninsel)
Baden:	Seljavallalaug (historisches Schwimmbad), Hella, Árnes, Vík (Schwimmbäder)

Wir beginnen die Tour in **Selfoss**. Die Stadt ist seit 1891 das wirtschaftliche Zentrum im Südwesten, als die erste Brücke über den Fluss Ölfusá durch private Finanzierung gebaut wurde. Vorher hatte die Hafenstadt Eyrarbakki diesen Status, den Selfoss durch seine Lage in der Region schnell gewann. Die größte Meierei Islands und viele weitere Firmen haben ihren Sitz in der Stadt. Rege Bautätigkeit zeugt auch heute von der aktuellen Wachtumssituation dieser zentral gelegenen Stadt. Hier gilt es nun die Vorräte aufzustocken, sofern es denn erforderlich ist. Alle großen Supermarktketten finden sich hier. Auch alle anderen Besorgungen oder WOMO-Reparaturen können Sie hier erledigen. Viele Touren, ob auf Gletscher, Paddeltouren, Snowmobile und was die isländische Tourismusbranche so alles anbietet, können hier gebucht werden. Wer mag, kann auch direkt in der Stadt übernachten, das Guesthouse Selfoss hat einen großen Campingplatz mit allen Annehmlichkeiten **(16)**.

(016) WOMO-Campingplatz: Gesthús Selfoss

GPS/Kontakt: N 63°56'00"W 20°59'19", Engjavegur, Selfossi, Tel:+354 482 3585, gesthus@gesthus.is, www.gesthus.is.
Öffnungszeit: Ganzjährig.
Ausstattung: Sanitärblock mit WC/ Dusche, Aufenthaltsraum mit Küche, Grill, Entsorgung, free WiFi, Waschmaschine, Hot-Pots (gebührenpflichtig).
Beschreibung: Großer Stadtplatz, für WOMO geschotterte Parzellen oder ebene Grasfläche.
Preise: 2.500 Kr pC (incl. 1 Person) + 1.500 Kr pP, frei bis 15 Jahre, Strom 1.000 Kr, Hot-Tub 500 Kr, Frühstück 1.900 Kr.
Zufahrt: Von der 1 im Stadtzentrum südlich in Rauðholt, dann am Ende rechts in Engjavegur, Campingplatz ausgeschildert auf der linken Seite.
Hinweis: In der Stadt gute Einkaufsmöglichkeiten.

Weiter geht es auf der Ringstraße Richtung **Hella**, nach 12 Kilometern biegen wir links auf die 30 Richtung Flúðir ab. Nein, das ist nicht unser Ziel, denn die Stadt kennen wir ja schon aus Tour 1. Wir wollen in das **Þjórsárdalur**, benannt nach dem gleichnamigen Fluss Þjórsá und biegen dafür rechts auf die 32 Richtung Àrnes ab. Der Fluss ist der längste Islands. Der Name des Tals stammt noch aus der Landnahmezeit und heißt »Rind« (altisländich: Þjór), da das Schiff des Entdeckers der Bucht Þórarinn einen Rindskopf auf dem Bug trug. In dem Tal gibt es einige schöne Wasserfälle zu sehen und historische Gebäude aus der Zeit vor dem Ausbruch des Vulkans Hekla im Jahre 1104.

Bevor wir das Tal erreichen, gibt es zwei Übernachtungsmöglichkeiten. Für Naturliebhaber empfiehlt sich der letzte Platz **(18)** in Sandártunga, landschaftlich reizvoll mit einsamen Stellplätzen in einem Wald gelegen und mit einem schönen Ausblick auf die Berge. Er bietet aber außer WC keine Einrichtungen. Wer mehr Service benötigt oder gerne das Schwimmbad nutzen möchte, kann den Platz in Árnes **(17)** aufsuchen. Bei der Fahrt in das Tal ist der Fluss auf der rechten Seite omnipräsent, er schlängelt sich malerisch durch die Landschaft, die kleinen Inseln wirken wie Schiffe. Links von uns erheben

(017) Offizieller WOMO-Stellplatz: Árnes

GPS/ Kontakt: N 64°02'34" W 20°15'09", Arnes, Tel: +354 698 4342, arnes@islandi.is, https://tjalda.is/en/arnes.

Öffnungszeit: 11.6.- 30.8.

Max. WOMOs: 60.

Ausstattung: Sanitärcontainer mit WC, Dusche, Abwaschbereich

Beschreibung: Wiese mit Windschutz durch Bäume, Teil des kleinen Schwimmbads.

Preise: 1.500 Kr pP, Kinder 1000 Kr pP, frei bis 11 Jahre, Strom 900 Kr

Zufahrt: Von der 32 bei der Tankstelle nördlich in Skólabraut

(018) Offizieller WOMO-Stellplatz: Þjórsáladur

GPS/Kontakt: N 64°06'13" W 19°57'07", Gnúpverjahreppur, Tel: +354 893-8889, asolfsstadir@simnet.is, tjalda.is/en/thjorsardalur.

Öffnungszeit: 15.5.- 1.9. **Max. WOMOs**: 20.

Ausstattung: WC, Kaltwasser, kein Strom

Beschreibung: Wiesenbereiche in einem kleinen Wäldchen, sehr naturnah, schöne Aussicht auf die Berge.

Preise: 1700 Kr pP, frei bis 12 Jahre, Betreiber sammelt ein, sonst Geld in Briefkasten hinterlassen.

Zufahrt: Von der 32 nördlich abbiegen Richtung Sandártunga, (Camping ausgeschildert)

sich moosgrüne Hügel mit merkwürdigen Formen. In der Ferne zeigen sich die schneebedeckten Berge **Hekla** rechts von uns und der Laugarvatnsfjall auf der linken Seite. Die Fahrt ist sehr abwechslungsreich und landschaftlich reizvoll.

Unser erstes Ziel ist der Wasserfall **Hjálparfoss.** Er ist leicht zu erreichen, es führt eine Straße von der 32 rechts ab zu einem Parkplatz. *(GPS N 64°06'53" W 19°51'15").* Der Fall hat eine besondere Optik, der Fluss Fossá stürzt sich hier 9 Meter geteilt durch Basaltsäulen in die Tiefe. Der Name ist dieser Gegend entlehnt (Hjálp, dt. Hilfe), da früher nach der schwierigen Überquerung der gefährlichen, wüstenhaften Inlandstrecke aus dem Norden hier erstmals wieder Wasser und Nahrung zu finden war. Vom Parkplatz führt ein kleiner Weg zum Fluss. Von dort haben Sie einen schönen Blick auf den Wasserfall. Es gibt mehrere schöne Aussichtspunkte.

Hjalparfoss

Unser zweiter Stopp ist das Museum **Þjóðveldisbærinn** nur wenige hundert Meter hinter dem Hjálparfoss. Hier wurde der Hof Stöng aus dem 10. Jahrhundert originalgetreu wieder aufgebaut. Der ehemalige Besitzer der Farm, Gaukur Trandilsson, findet sich in einigen Island-Sagas wieder und so ist der Ort sehr historisch, besonders für Isländer. Das Museum ist klein, bietet aber einen schönen

Das Museum Þjóðveldisbærinn

Einblick in das Leben zur Wikingerzeit *(Eintritt 1.000 Kr., geöffnet 1.6. - 31.8., 10 bis 17 Uhr)*. Die ausgelegten historischen Kostüme im Haus können Sie anziehen und sich bei dem kleinen Rundgang ganz als Wikinger fühlen. Ein schönes Fotomotiv bietet sich damit natürlich auch.

Am Háifoss

Wanderung hinunter zum Háifoss

Jetzt wird es schwierig. Die Anfahrt zu den beiden Wasserfällen **Gjáin** (dt. Schlucht) und den **Háifoss**, den zweithöchsten Wasserfall Islands, ist nur mit 4x4 Fahrzeugen möglich. Daher müssen wir wandern und uns für einen der beiden Wege entscheiden. Wir machen uns auf Richtung Haifoss. Die Wanderung beginnt bei der Hütte Hólaskógur. Es führt eine abenteuerliche, zwei Kilometer lange, aber für kleinere Wohnmobile machbare Piste von der 32 in die Straße Haifoss (332) Richtung Laxáglúfur. Wir parken direkt vor der Hütte Hólaskógur. Von hier sind es 5,5 Kilometer die Piste entlang bis zum Parkplatz des Háifosses. Wenn Sie ein 4x4-Mobil haben oder Ihrem Fahrzeug eine extrem raue Piste zutrauen, können Sie die Strecke auch fahren. Fragen Sie bitte vorher bei der Hütte nach der aktuellen Straßenbeschaffenheit. Vom 4x4 Parkplatz sind es wenige Hundert Meter bis zum Aussichtspunkt, wo Sie von oben auf den Wasserfall schauen. Viel schöner ist der Blick von unten. Dazu wandern Sie nochmals zwei Kilometer (eine Richtung) bis zum Fluss hinunter. Die Strecke ist mit gelben Markierungen gut zu sehen, verpassen Sie nicht die Abzweigung rechts zum Wasserfall. Der Wanderweg geht nämlich auch weiter geradeaus ins Tal, welches wunderschöne Blicke in das Hochland bietet. Der Weg zum Fluss hinunter ist durch die steile und rutschige Strecke anstrengend, aber es lohnt sich. Trittsicherheit und gute Wanderstiefel sind Voraussetzungen für diese Tour. Da die meisten Besucher auf die schwierige Wanderung hinunter zum Wasserfall verzichten, sind wir hier ganz allein mit der Natur und dem rauschenden, sehr lauten Wasserfall. Der Haifoss ist allein durch die Höhe imposant, durch seinen Nachbar Granni (dt. in der Tat »Nachbar«) wirkt die ganze Szenerie nochmals gigantischer. Nach einer kleinen Picknickpause machen wir uns an den Aufstieg. Die Tour ist anstrengend, nach 5 Stunden und 15 Kilometern kommen wir erschöpft an unserem WOMO an. Es hat sich aber gelohnt.

Háifoss und Granni von oben

Für die Rückfahrt nehmen wir wieder die 32, die gleiche Strecke zurück. Wenn Sie nicht wie wir den gleichen Weg zurückfahren möchten, gibt es eine alternative Strecke über die 26. Hier erwarten Sie aber 15 Kilometer Schotterpiste, außerdem ist die Strecke durch graubraune Moosfelder auch weniger reizvoll als die nördliche Tour. Nur der nahe Vulkan Hekla liegt eindrucksvoll auf der linken Seite. Egal welche Strecke Sie fahren, am Ende geht es auf die 1 links Richtung Hella. In **Hella** selbst liegt ein einfacher Campingplatz **(19)** und in **Hvolsvöllur** ein weiterer **(20)**. In beiden Orten finden Sie Tankstellen und Einkaufsmöglichkeiten. In Hella gibt es ein großes Schwimmbad, das bereits ab 6:30 Uhr morgens öffnet.

In Hvolsvöllur können wir das LAVA Volcano and Earthquake Exhibition Centre empfehlen *(https://lavacentre.is)*. Mit 3.990 Kr. ist es nicht gerade preiswert, gibt aber einen sehr informativen Einblick in die Entstehung Islands, den Vulkanen dieser Gegend und den Ausbrüchen der Vergangenheit. Das Center wurde 2018 eröffnet und bietet sehr moderne Lerninhalte mit Filmen, interaktiven Elementen und effektvollen Licht- und Soundeffekten. Auch der Film über Vulkane ist ansprechend und hochqualitativ. Das LAVA-Center ist ein guter Start in die hiesige Vulkangegend. Es wird uns bewusst, dass die nahe liegenden Vulkane jederzeit ausbrechen können und unseren Urlaub zunichtemachen. Die Filme zeigen auf eindrucksvolle Art, was mit den Straßen hier passiert, wenn ein Vulkan unter einem Gletscher ausbricht. Das Wort »Jökulhlaup« (dt. Gletscherlauf) wurde in Island definiert. In der Ausstellung können Sie auch eindrucksvoll sehen, wie eng das Vulkan-Warnnetz Islands ist. Online können wir hier die aktuellen Erdbeben, die Bodenbewegungen der Vulkane und die Schwefel-Anteile in den Gletscherflüssen beobachten. Sie müssen sich natürlich nicht selbst um die Vulkananalyse kümmern, in Island sind die

(019) Offizieller WOMO-Stellplatz: Hella Gaddstadaflatir

GPS/ Kontakt: N 63°49'45" W 20°24'02", Gaddstaðaflatir, Hella, Tel: +354 776 0030, camping.hella@gmail.com.
Öffnungszeit: 15.5. - 15.9. **Max. WOMOs**: 100.
Ausstattung: WC, Abwaschbereich außen, kleine Küche.
Beschreibung: Riesige, offene Wiese an der Pferderennbahn
Preise: 1500 Kr pP, Strom 1000 Kr.
Zufahrt: Von der 1 hinter dem Kreisel 2. rechts, südlich in den Gaddstaðaflatir (Camping ausgeschildert).

(020) Offizieller WOMO-Stellplatz: Hvolsvellur

GPS/ Kontakt: N 63°45'00.9" W 20°14'20.8", Hvolsvöllur, Tel: +354 866 8945, astahalla@gmail.com, https://tjalda.is/en/hvolsvollur.
Öffnungszeit: Ganzjährig. **Max. WOMOs**: 30.
Ausstattung: Sanitärblock mit WC, Dusche (kostenpflichtig), Küche mit Aufenthaltsraum beheizt, Waschmaschine, Entsorgung.
Beschreibung: Wiesenplatz am Ortsrand, von Hecken und Bäumen umringt.
Preise: 1.750 Kr. pP, Kinder 500 Kr pP, frei bis 15 Jahre, Strom 1.000 Kr, Waschmaschine/Trockner frei .
Zufahrt: Von der 1 beim Ortseingang (Tankstelle) rechts ab (Camping ausgeschildert).

Vulkane gut überwacht und Warnungen werden rechtzeitig ausgegeben. Checken sie einfach regelmäßig die Alerts auf der Website safetravel.is. Hier bekommen Sie auch Infos zu anderen Gefahren wie Sturm, Erdbeben und extreme Wettersituationen.

Das LAVA Centre

Islands Vulkane liegen unter Gletschern - das kann gefährlich werden

Wer die **Westmänner-Inseln** besuchen möchte, kann dies mit der Fähre Landeyjahöfn-Heimaey tun (Buchung unter www.seatours.is). Eine frühzeitige Buchung ist erforderlich. Bei unserem Besuch war die Fähre bereits Tage vorher komplett ausgebucht. Von der Ringstraße auf die 254 abbiegen, die Fähre ist ausgeschildert. Für einen Tagesausflug können Sie ihr WOMO auf dem Parkplatz stehen lassen und als Fußgänger die Fähre nutzen. Wer sein WOMO mitnimmt, kann auf einem der beiden Campingplätze übernachten. Wir beschreiben den zentralen Platz am Sportcenter **(21)**.

(021) WOMO-Campingplatz: þórsvöllur

GPS/ Kontakt: N 63°26'16" W 20°17'23", Hamarsvegur, Vestmannaeyjabær , Tel: +354 846 9111, https://glampingandcamping.is.
Öffnungszeit: Ganzjährig.
Ausstattung, Sanitärblock mit Dusche, WC, Küche und Aufenthaltsraum, free WiFi, Waschmaschine, Entsorgung.
Beschreibung: Wiesenplatz am Sportzentrum, Schwimmbad in 200 m Entferung, Golfplatz.
Preise: 1.700 Kr pP, frei bis 12 Jahre, Strom 950 Kr
Zufahrt: Vom Fährterminal ausgeschildert.

Seljalandsfoss

Auf der Weiterfahrt (1 Richtung Vik) sind links von uns schön der 1.666 Meter hohe **Eyjafjallajökull** und die riesigen Felsen der Bergkette Eyjafjöll zu sehen. Schon kilometerweit sind die beiden großen Wasserfälle **Seljalandsfoss** und der kleinere Gljúfrabúi als weiße Streifen vor den Felsen auszumachen - unser heutiges Ziel. Besonders der Seljalandsfoss zieht täglich tausende Besucher an, wie wir an den Tourbussen auf dem Parkplatz erkennen können. Wir statten den Wasserfällen bei Nacht einen Besuch ab. Leider ist kein Campingplatz in der Nähe und wir müssen auch zu später Stunde den kostenpflichtigen Parkplatz nutzen. Der nächtliche Besuch ohne tausende anderer Menschen ist ein beeindruckendes Erlebnis, vor allem, da der Seljalandsfoss einmal umrundet und von hinten betrachtet werden kann. Bei gutem Wetter sind im Sommer am späten Abend (22-23 Uhr) sogar dramatische Aufnahmen mit Sonne im Wasserfall möglich - wir hatten Glück und die Sonne zeigte sich rechtzeitig. Es ist ein bewegendes Gefühl, hinter dem tosenden Wasserfall die Wassermassen zu bewundern. Die Kraft des Wassers ist hier nochmals deutlich stärker zu spüren. Der Blick von hinten ist so einzigartig, dass Sie diesen Anblick auf keinen Fall verpassen sollten. Es ist übrigens egal, ob es regnet oder die Sonne scheint, nass werden Sie bei dem immensen Spray sowieso. Wer Fotos machen möchte, sollte die Kamera in Handtücher einwickeln und genügend Putztücher für die Linse mitnehmen.

Die Weiterfahrt ist dank des wunderschönen Blicks auf die Bergkette Eyjafjöll mit grünen Hängen und schwarzen Basaltfelsen sehr abwechslungsreich. Hinter jeder Ecke wechselt die Szenerie und die Bauernhöfe am Fuße der Berge geben ein pittoreskes Bild ab.

Seljavallalaug

Unser nächstes Ziel ist das historische Schwimmbad **Seljavallalaug**. Es ist eines der ältesten Schwimmbäder der Insel aus dem Jahr 1923. Es ist 25 x 10 Meter groß, 30 bis 35 Grad warm und hat eine besondere Geschichte, denn es zeigt die Geburt der Badekultur auf Island. Die Bäder bereicherten die Kultur des Landes. Plötzlich hatte man immer etwas zu tun, auch wenn es regnete oder im Winter - so nahmen die Bäder eine zentrale Rolle im Leben ein. Und noch einen Grund gab es für den Bäderboom. In den 1920er-Jahren wurde ein Gesetz verabschiedet, welches Schwimmunterricht der Fischereination zum Pflichtfach machte. Seitdem brach ein regelrechter Wettstreit der Gemeinden aus, wer denn das fortschrittlichste Bad baut und die Kunst des Betonierens am besten beherrschte. Hier in Südisland nahm sich der »Verein der jungen Männer Eyfelling« den Bau eines Bades an der heißen Quelle vor, auch wenn das Bad dadurch mitten in der Einöde stand. Um Kosten zu sparen wurde das Bad genau an den Felsen gebaut, sodass es nur dreiseitig

Baden in der Natur

betoniert werden musste. So entstand das erste 25 Meter Becken Islands. Heute ist es ein surrealer Ort, frei zugänglich und bei Touristen beliebt. Die Umkleidekabinen sind etwas in die Jahre gekommen, aber immer noch nutzbar. Das Bad ist gut in Schuss, es wird einmal jährlich gereinigt. Die grüne Farbe, wenn vorhanden, stammt vom Algenbewuchs, der ungefährlich ist. Mittlerweile gibt es etwas näher an der Ringstraße ein modernes Schwimmbad, wo auch der Ausgangspunkt zum Seljavallalaug ist. Biegen Sie auf der Ringstraße die 242 nach Norden Richtung Raufarfell ab und dann 3 Kilometer geradeaus bis zum Parkplatz beim neuen Schwimmbad *(GPS N 63°33'31" W 19°37'20")*. Von dort aus wandern Sie einen Kilometer nach Norden bis zum Bad. Der Weg in das Tal hinein ist leicht erkennbar, das Schwimmbad ist nicht zu verfehlen. Tagsüber werden Sie hier nicht alleine sein, das Bad ist bekannt und beliebt. Da das Becken aber sehr groß ist, kann von Überfüllung eigentlich nicht die Rede sein.

Skógafoss

Der **Skógafoss** (dt. Waldwasserfall) ist eines der beliebtesten Ziele dieser Region und durch seine Größe mit 25 Meter Breite und 60 Meter Höhe ein imposanter Anblick. Schon von der Ringstraße aus ist er zu sehen und wirkt auf uns wie ein riesiger Vorhang. Die Zufahrt ist nicht zu verfehlen, ein Schild weist den Weg Richtung Norden direkt zum Wasserfall. Für Tagesgäste steht der große Parkplatz zur Verfügung, der nachts auch als WOMO-Platz dient. Auf die große Wiese in die Nähe des Was-

Skógafoss

serfalls dürfen nur noch Zelte. Wohnmobile bleiben einfach auf der geschotterten Parkfläche stehen, die südlichen Plätze haben auch Strom und liegen direkt am Fluss Skógá **(22)**. Zwei Wege führen an den Wasserfall: Es geht direkt unten auf der rechten Seite des Flusses bis ganz nah an den Fall, so nah bis wir wirklich völlig durchnässt sind. Von hier gelingen in der Nachmittagssonne schöne Bilder mit Regenbogen. Der andere Weg geht rechts über den Wanderpfad Laugavegur bis zu einer Aussichtsplattform oben. Wer mag, kann den Wanderweg auch noch 54 Kilometer ins Hochland weiter wandern, es ist eine der beliebtesten Mehrtageswanderungen der Insel. Um den Wasserfall gibt es eine bekannte isländische Sage, nach der ein Schatz in einer Höhle hinter dem Skógafoss vergraben ist. Der Ring der Schatztruhe ist im nahe gelegenen Museum verwahrt. Die Gegend um den Skógafoss ist sehr touristisch erschlossen und viele Touranbieter sind hier beheimatet. Tagsüber ist es so voll, dass es schwierig wird, mit einem WOMO einen Parkplatz zu finden. Selbst nachts ist hier im Sommer recht viel Betrieb.

(022) Offizieller WOMO-Stellplatz: Skogafoss

GPS/Kontakt: N 63°31'40" W 19°30'46", Skogafoss, Tel: +354 863 8064.
Öffnungszeit: Ganzjährig.

Max. WOMOs: 200.
Ausstattung: Kleiner Sanitärblock mit WC, Dusche (kostenpflichtig), Abwaschbereich, Entsorgung öffentlich vor der Einfahrt.
Beschreibung: Einfacher Parkplatz direkt am Wasserfall, Plätze mit Strom im hinteren Bereich, tagsüber sehr voll.
Zufahrt: Von der 1 nördlich direkt zum Wasserfall abbiegen
Preise: 1700 Kr pP, Kr, frei bis 12 Jahre, Strom 1.000 Kr.

Wanderung zum Sólheimajökull

Der **Sólheimajökull** ist sicher die am einfachsten zu erreichende Gletscherzunge Islands. Es sind nur vier Kilometer Asphaltstraße von der Ringstraße bis zum Parkplatz, von dort kaum 15 Minuten zu Fuß. Einfach die 221 Richtung Norden abbiegen, Sólheimajökull ist ausgeschildert. Vom Parkplatz *(GPS N 63°31'49" W 19°22'12")* geht eine gut erkennbare, kurze Wanderung zu einem Aussichtspunkt am Gletschersee mit schönem Ausblick auf den Gletscher und den See, auf dem die Eisberge treiben. Zum Gletscher selbst dürfen Sie ohne Führung nicht wandern, das ist den Touranbietern vorbehalten, die mit voller Ausrüstung auf den Gletscher gehen. Hier gibt es viele Anbieter, eine Vorausbuchung im Sommer ist erforderlich *(www.arcanum.is/www.adventures.is).* Die Gletscherzunge ist Teil des Mýrdalsjökull, der genau auf dem Vulkan Katla liegt. Durch die einfache Zugänglichkeit ist dieser Gletscher bei Touristen inklusive Tagestouren sehr beliebt.

Bei der Weiterfahrt Richtung Vik fragen wir uns unweigerlich, warum diese Insel Island heißt. Wenn der erste Siedler der Insel, der Wikinger Flóki Vilgerðarson hier angekommen wäre, er hätte die Insel Grænland (Grünland) genannt. Denn die grüne Landschaft ist hier so allgegenwärtig, das Grün so intensiv, dass es kaum vorstellbar ist und die Augen fast blendet. Schroffe Berge mit tiefgrünen Hängen. Alle Grüntöne des farblichen

Spektrums scheinen hier auf einmal vorzukommen. Üblicherweise assoziiert man grüne Landschaften dieses Ausmaßes mit Irland - genauso sieht es hier aus. Da aber Flóki im Nordwesten angekommen ist und er seinen Siedlungsplan wegen Eis und Schnee aufgeben musste, nannte er die Insel nun mal Eisland. Hier in dieser Gegend ist im Sommer nicht viel davon zu sehen - wenn die Gletscher im Hintergrund nicht wären. Auf dem Weg gibt es ein interessantes und außergewöhnliches Fotomotiv. Es handelt sich um ein Flugzeugwrack, die 1973 abgestürzte DC 3 der US Navy. Bekannt ist sie unter »Sólheimasandur plane wreck«. Der schwarze Sand bietet einen schönen Kontrast zum Aluminium des Wracks. Nutzen Sie den gebührenpflichtigen Parkplatz (GPS N 63°29'27" W 19°21'49") und laufen Sie 3,5 Kilometer den gut bezeichneten Weg entlang.

DC3 Wrack

Grüne Berghänge bei Vík

Kurz vor Vík liegen die bekannten Strände Kirkjufjara und Reynisfjara, die Basaltsäulen Reynisdrangar und die Halbinsel Dyrhólaey mit ihrem imposanten Felsentor. Aber wir fahren erst einmal in die Stadt Vík und schlagen da unser Lager auf, die Naturwunder erkunden wir von dort **(23)**.

Der Strand Reynisfjara

Das Städtchen **Vík í Mýrdal** (dt. Bucht am sumpfigen Tal) ist ein kleiner Ort von nur 400 Einwohnern, das seit einiger Zeit durch den Tourismus stark gewachsen ist. Es entstehen viele Hotels, auch ein größerer Supermarkt und eine Wollstrickerei samt Verkauf der bekannten isländischen Firma IceWear sind seit Kurzem hier angesiedelt. Auch der gut ausgestattete Campingplatz wurde gerade vergrößert. Er ist ein guter Ausgangspunkt für die oben genannten Sehenswürdigkeiten und bietet auch fußläufig viele interessante Ziele. Der Platz ist sehr beliebt und deshalb in der Hochsaison oft überfüllt. Nur 500 Meter von hier entfernt befindet sich der bekannte, tiefschwarze Strand von Vik und lädt zu einem schönen Spaziergang ein. Sie können vom Campingplatz direkt durch das neue Einkaufszentrum hindurch ans Meer laufen. Hier finden Sie einen schönen Weg durch die Dünen. Die tobenden Wellen des Atlantiks bieten eine attraktive Kulisse. Im Hintergrund sind am Horizont die bekannten drei schwarzen Basaltnnadeln im Meer zu sehen: Die **Reynisdrangar:** »Skessudrangur«, »Landdrangur« und »Langsamur«. Nach der Legende wollten hier Trolle ein Schiff ans Land bringen und wurden dabei versteinert. Dabei sind Schiffe für Vik sehr ungewöhnlich, es ist eine der wenigen Küstenstädte ohne Hafen.

In Vík steht auch die sicher meist fotografierte Kirche Islands, sie thront auf einem Hügel vor den sattgrünen Berghängen. Im Sommer mischt sich das Violettblau der Lupinen dazu und gibt ein malerisches Bild ab. Von oben haben Sie einen schönen Blick über die Stadt. Wenn Sie sich auf dem Campingplatz über die überfüllten Duschen ärgern, es gibt in der Stadt ein kleines Schwimmbad (16 Meter Becken und Hot-Pot) mit Blick auf die Berge. Es öffnet morgens um 10 Uhr.

(023) WOMO-Campingplatz: Vik Camping

GPS/ Kontakt: N 63°25'10" W 18°59'43", Klettsvegur 870, Vik, Tel: +354 487 1345, vikcamping@vikcamping.is, www.vikcamping.is.
Öffnungszeit: 1.6. - 31.10.
Ausstattung: Großer Sanitärblock mit WC, großen Duschen (kostenpflichtig), Aufenthaltsraum, free Wi-Fi (gute Qualität), Waschmaschine, Entsorgung und Bodenablass.
Beschreibung: Großer, moderner Platz am Ortsrand, für WOMO geschotterte Plätze, mit kleinem Wall parzelliert.
Preise: 1.850 Kr pP, frei bis 12 Jahre, Strom 800 Kr.
Zufahrt: Von der 1 im Ort links in den Klettsvegur.

Der Strand von Vík

Machen wir einige Abstecher zu den Naturwundern dieser Gegend. Der erste Besuch gilt dem Strand **Reynisfjara**. Von Vík aus sind es zunächst 5 Kilometer Richtung Westen, dann die 215 Richtung Süden. Reynisfjara ist ausgeschildert. Am Ende befindet sich ein großer Parkplatz, von dem es nur wenige Meter zum Strand und zu den imposanten Basaltsäulen sind. Sie sind so gleichmäßig geformt, als hätte sie jemand künstlich hergestellt. Nebenan ist eine Höhle mit wunderschönen Basaltformationen zu bestaunen. Dahinter ragen die Felsnadeln Reynisdrangar aus dem Wasser heraus und gegenüberliegend sehen Sie am Horizont den Torbogen Dyrhólaey. Der wilde Atlantik mit meist meterhohen Wellen gibt ein dramatisches Bild vor einer wunderschönen Kulisse. Bitte beachten Sie die aufgestellten

Die Reynisdrangar

Warnschilder - die Wellen können sehr hoch an den Strand rollen und sind extrem gefährlich. Es sind hier bereits unvorsichtige Besucher zu Tode gekommen. Der Strand Reynisfjara ist ein beliebtes Ziel der Tour-Busse aus Reykjavík und ein Stopp jeder organisierten Reise ins südliche Island. Heißt: Tagsüber ist es hier sehr voll. Sie möchten ein bisschen Ruhe? Gehen Sie einfach ein Stück den Strand Richtung Dyrhólaey und schon sind Sie allein. Denn die meisten Besucher bleiben bei der Höhle und den Basaltfelsen. Wir persönlich finden den riesigen Strand viel schöner, unternehmen einen langen Spaziergang, beobachten die Vögel und genießen das Meeresrauschen an der fast menschenleeren Küste. Wenn Sie die Basaltsäulen ohne Menschen fotografieren möchten, kommen Sie morgens oder abends.

Die Felseninsel **Dyrhólaey** erreichen Sie 13 Kilometer westlich von Vík über die 218. Der Name bedeutet »Türloch« und wenn Sie die Gesteinsformation sehen wird der Name schnell klar, ein riesiger Torbogen im Meer. Bei ruhigem Wetter können hier Schiffe hindurch segeln, sogar ein Flugzeug ist hier schon wagemutig hindurch geflogen. Von dem 115 Meter hohen Kliff haben Sie einen fantastischen Blick auf die Strände, die Felsnadeln im Meer und den Gletscher Mýrdalsjökull im Landesinneren.

Dyrhólaey

Die Basaltsäulen von Reynisfjara

Reynisfjara

Fahren Sie mit Ihrem WOMO bis zum Parkplatz am Ende der Straße. Dort gibt es ein WC und mehrere Aussichtspunkte. Von hier aus geht ein 1,5 Kilometer langer Wanderweg bis auf das Kliff zum Leuchtturm steil nach oben. Während der Tour bieten sich immer wieder atemberaubende Ausblicke auf die Küste und den Atlantik unter uns. Die Wanderung ist nicht schwer, durch den 110 Meter Höhenunterschied aber teilweise anstrengend. Mit einem 4x4 WOMO können Sie eine Piste direkt zum Leuchtturm nehmen (vor dem Parkplatz rechts abbiegen), die Wanderung empfehlen wir aber trotzdem. Im Mai und Juni ist die gesamte Gegend nur tagsüber zugänglich, nachts gibt es wegen der Vogelbrut ein Einfahrverbot. Im Sommer bevölkern Papageientaucher, Möwen und Seeschwalben die Felswände und die Küste.

Und zum Schluss ein Wandertipp direkt vom Campingplatz aus. Bei dieser Wanderung bekommen Sie alle oben genannten Sehenswürdigkeiten zu sehen. Eine Infotafel mit dieser Wanderung steht direkt am Campingplatz.

Endloser Strand Kirkjufjara

Wandertipp: Auf den Reynisfjall, 10 km, 340 Höhenmeter, ca 2,5 Stunden GPS-Track unter www.island-womo.de

Der Reynisfjall ist der Berg neben der Stadt Vik. Er ist 340 Meter hoch, 5 Kilometer lang und 800 Meter breit. Vom Campingplatz wandern Sie Richtung Stadt, dort ist die Piste auf den Berg gut zu sehen. Von dort geht es erst einmal 150 Meter aufwärts, oben angekommen biegen Sie hinter dem Gatter links ab, der Wanderweg ist mit Holzstäben mit gelben Markierungen gut zu sehen. Der Weg geht immer an der Kante des Berges entlang und bietet zuerst spektakuläre Aussichten auf die Stadt Vik, die Felsnadeln Reynisdrangar, dann auf Dyrhólaey und am Ende können Sie den Strand Reynisfjara in seiner ganzen Länge sehen. Zurück geht es den gleichen Weg oder Sie laufen die Piste über den mit 340 Meter höchsten Punkt des Berges. Alternativ können Sie auch an der Westseite entlang laufen und dann auf die Straße hinunter gehen.

Wir verlassen Vik und fahren die 1 weiter nach Osten Richtung Kirkjubæjarklaustur. Links sehen wir die letzten Ausläufer des Gletscher Mýrdalsjökull, rechts noch einen letzten Inselberg, den Hjörleifshöfði. Dann verändert sich die Landschaft ganz plötzlich - es wird flach und die Sicht geht endlos in die Weite. Im Sommer dominiert hier blau-violett als Farbe. Riesige Lupinenfelder liegen vor uns. Besonders in dieser Gegend scheinen sie unendlich zu sein, auch wenn Sie Lupinen auf der gesamten Insel finden werden. Es handelt sich um die Alaska-Lupine und eigentlich gehört sie hier gar nicht hin. Die Pflanze wurde

1945 nach Island verbracht, um die Bodenerosion zu stoppen. Das hat geklappt. Der Preis dafür, das erkennt man heute, ist aber hoch. Denn die sehr robuste, widerstandsfähige Pflanze macht so manchem einheimischen Gewächs, den Moosen und Flechten den Garaus. So wird die schöne Lupine mittlerweile zu einem Fluch. Trotzdem müssen wir zugeben, dass die großen Lupinenfelder unglaublich schön aussehen. Es gibt viele Picknickplätze auf der Strecke, Sie müssen nicht (wie viele andere) auf der Straße parken, um schöne Bilder dieser Felder zu machen. Die Plätze sind landschaftlich schön gelegen und eignen sich hervorragend für eine Pause oder ein zweites Frühstück. Wenn Sie genauer hinschauen und den Boden begutachten, sehen Sie den Grund für diese flache Gegend. Es handelt sich um den schwarzen Schwemmsand der Sander (isl. »sandur«), auch Schotterebenen genannt. Das sind die Ablagerungen der Gletscherflüsse. Über Sander werden wir noch detaillierter berichten, in Tour 3 werden wir den größten Sander Islands zu sehen bekommen.

Das Lavafeld Eldraun - mit Moos bewachsen

Kurz vor Kirkjubæjarklaustur durchqueren wir das drittgrößte zusammenhängende Lavafeld der Erde - **Eldhraun** (dt. Feuerlava). Es entstand 1783/84 in nur acht Monaten bei einem verheerenden Ausbruch des Laki-Kraters. Aus etwa 130 Kratern wurde eine Lavamasse von ungefähr 14,7 Kubikkilometern ausgestoßen, die eine Fläche von 600 Quadratkilometern bedeckte. Die Isländer haben für diesen Ausbruch einen eigenen Namen: Móðuharðindin (dt. Dunstnot). Der Ausbruch verwüstete große Teile Islands und hatte durch die enorme Aschemenge Auswirkungen auf das Klima in ganz Europa. Die Isländer behaupten, die Französische Revolution 5 Jahre später sei durch den vulkanischen Winter mit Missernten und Hungersnöten eingeleitet worden. Heute ist das Lavafeld Eldhraun wunderschön anzuschauen. Die großen Brocken der 'A'ā-Lava sind mit einer dicken Moosschicht überzogen und geben ein einzigartiges, interessantes und fast unnatürliches Bild ab. Wer in Hvolsvöllur das LAVA-Centre besucht hat, wird wissen, dass der Ausdruck 'A'ā-Lava das Hawaiianische Wort für »steinig« bedeutet und der offizielle geologische Begriff für diese Lavaart ist. Auf Deutsch wird sie auch Brockenlava genannt, in Island nennt man sie apalhraun. Es gibt mehrere Parkplätze mit abgesperrten Wegen in die Mooslandschaft. Betreten Sie die Moosfelder nicht - es hat 300 Jahre gedauert zu wachsen.

Fjaðrárgljúfur

Und zum Schluss der Tour noch eine weitere Naturschönheit. Der Canyon **Fjaðrárgljúfur.** Er ist nur zwei Kilometer von der Ringstraße entfernt, aber von dort überhaupt nicht zu sehen. Der Canyon ist 100 Meter tief und zwei Kilometer lang. Der Fluss Fjaðrá hat sich hier über Jahrtausende in das Palagonitgestein gegraben und hinterließ wirklich sehenswerte Gesteinsformationen. Die Gegend um den Canyon ist mittlerweile durch markierte und abgesperrte Wege gesichert. Der ein Kilometer lange Pfad führt über diverse Aussichtspunkte zu einer Plattform am Ende. *(Der Parkplatz befindet sich bei GPS N 63°46'16 W 18°10'18", einfach von der 1 auf die 206 Richtung Holt abbiegen, Fjaðrárgljúfur ist auch ausgeschildert.).*

In **Kirkjubæjarklaustur** können wir zwischen zwei Übernachtungsplätzen wählen. Einen voll ausgestatteten Campingplatz im Ort (Kirkjubaer II) oder eine einfache Campingwiese in Kleifar nah am kleinen Wasserfall Stjórnarfoss **(24) (25)**. Der Ort mit 112 Einwohnern ist geschichtlich interessant. Wie der Name vermuten lässt (Klaustur in dt. Kloster) befand sich hier ab 1186 ein bekanntes Nonnenkloster. Die Namen des umliegenden Flusses Systra, der See Systravatn oder der Wasserfall Systrafoss zeugen heute noch davon (Systra auf dt. Nonne). Bekannt ist der religiöse Einfluss in Island hauptsächlich wegen der berühmten Feuerpredigten von Pfarrer Jón Steingrímsson. Durch diese soll die Lavawalze des oben genannten Laki-Ausbruchs die Stadt verschont haben.

Stjórnarfoss

(024) WOMO-Campingplatz: Kirkjubaer II

GPS/Kontakt: N 63°47'32" W 18°02'58", Klausturvegur, Kirkjubæjarklaustur, Tel: +354 894 4495, kirkjubaer@simnet.is, http://kirkjubaer.com.
Öffnungszeit: Ganzjährig.
Ausstattung/Lage: Sanitärhaus mit WC, Dusche (kostenpflichtig), Aufenthaltsraum, Grillplatz, free WiFi, Entsorgung, Waschmaschine.
Beschreibung: Großer Wiesenplatz von Bäumen umgeben
Preise: 1.500 Kr pP, Strom 1.000Kr.
Zufahrt: Von der 1 am Systrakaffi links in den Klausturvegur.

(025) Offizieller WOMO-Stellplatz: Kleifar

GPS/ Kontakt: N 63°48'05" W 18°03'25", Geirlandsvegur, 880 Skaftárhreppur, Tel: +354 861 7546, kleifar68@gmail.com http://tjaldsvaedid-kleifar.business.site.
Öffnungszeit: 1.6 - 31.8. **Max. WOMOs:** 30.
Ausstattung/Lage: Kleiner Sanitärblock mit WC, Kaltwasser, offener Abwaschplatz, kein Strom.
Beschreibung: Einfacher, naturnaher, offener Platz, für WOMO geschotterte Fläche, direkt am kleinen Wasserfall Stjórnarfoss.
Preise: 750 Kr pP, frei bis 12 Jahre.
Zufahrt: Von der 1 am Ende von Kirkjubæjarklaustur im Kreisel links (Schild Geirland folgen), kurz hinter der Brücke befindet sich der Stellplatz.

TOUR 3
40 km
N
Tour 4
Lækjavik
Hvalnes
032
1
Stokksnes
031
30
Höfn
029
986
028
Jökulsárlón
Fjallsárlón
027
Öræfajökull
Skaftafellsjökull
Svartifoss
26
Skeiðarársandur
Vatnajökull-Nationalpark
Kirkjubæjarklaustur
Tour 2

TOUR 3: Der Südosten 210 km

Kirkjubæjarklaustur – Skaftafell – Jökulsárlón – Höfn

Stellplätze:	Svinafell, Haukafell, Myllulækur ,Stokksness, Stafafell
Campingplätze:	Skaftafell, Höfn
Besichtigungen:	Skaftafellsjökull (Gletscher), Svartifoss (Wasserfall), Fjallsárlón, Jökulsárlón (Gletscherlagunen), Breiðamerkursandur "Diamond Beach" (Strand mit Eisbergen), Stokksness (Halbinsel mit Blick auf den Berg Vestrahorn)
Wanderungen:	Skaftafell Rundwanderung (7 km Wasserfall und Gletscher), Jökulsárlón (16 km an der Eislagune), Haukafell (5 km zum Gletscher), Stokksness (8 km Strand + Berge), Hvalnes (10 km Strandwanderung)

Beim Start der Tour machen wir eine Pause an einem der vielen, unbenannten Wasserfälle und können bei gutem Wetter bereits unser erstes Ziel sehen, auch wenn dies noch über 60 Kilometer entfernt ist. Der höchste Berg Islands, der Hvannadalshnúkur (dt. Gipfel des Tales der Engelwurz) bietet mit seinem Gletscher Öræfajökull in der Ferne eine schöne Kulisse. Je näher wir kommen, desto ausgeprägter ist der Gletscher Öræfajökull mit seinen Gletscherzungen **Skaftafellsjökull** und Svínafellsjökull zu sehen. Er ist ein Nebengletscher des größten Gletschers Europas, dem **Vatnajökull** (dt. Wassergletscher), dieser wird uns die gesamte Tour 3 begleiten und auf der linken Seite werden wir ständig seine zahlreichen Auslassgletscher sehen. Er ist an der breitesten Stelle 140 Kilometer lang und 80 Kilometer breit, 8.100 Quadratkilometer. Das Bundesland Schleswig-Holstein ist gerade mal doppelt so groß.

Auf dem Weg - einer der vielen unbenannten Wasserfälle

Ein Auslassgletscher des Vatnajökull

Vorher durchqueren wir eine landschaftliche Besonderheit dieser Gegend - den größten Sander Islands, den Skeiðarársandur. Die Einfahrt in die Ebene wird eindrucksvoll von der 700 Meter hohen Felsklippe Lómgnúpur begleitet. Der Skeiðarársandur ist riesig, an der Küste 56 Kilometer breit und 25 Kilometer lang. Das Wort Sander ist isländischen Ursprungs (Sandur) und wird auf deutsch auch als »Schotterfläche« bezeichnet. Sander entstehen wenn Gletscherschmelzbäche sich in der Ebene als Fluss verbreitern, sich verzweigen und ihr mitgeführtes Material vom Gletscher dann hier ablagern. Der Skeiðarársandur ist in ganz Island sehr bekannt, denn zwei Umstände machen ihn so besonders. Einerseits war hier der letzte Abschnitt zur Fertigstellung der Ringstraße in Island. Erst 1974 wurde durch eine 904 m lange Brücke die Ringstraße fertiggestellt und man konnte Island einmal umrunden. Andererseits wurde genau diese Brücke 1996 bei einem verheerenden Gletscherlauf wieder zerstört. Der Grímsvötn brach am 10. September 1996 aus, was einen Gletscherlauf von über 50.000 Kubikmeter pro Sekunde zur Folge hatte. Zusätzlich lösten sich Eisblöcke von bis zu 2.000 Tonnen und wurden auf den Sander geschwemmt. Die Brücke wurde zer-

Skeiðarársandur

stört, verschwand teilweise vollständig. Die Straße wurde auf einer Länge von 13 Kilometern weggerissen. Auf dem Parkplatz, kurz vor dem Abzweiger zum Nationalpark, ist heute ein Brückenteil zu sehen, welches durch die Wucht des Wassers zur Unkenntlichkeit verbogen wurde.

Ehemaliges Brückenteil

Und schon haben wir unser Ziel erreicht, den **Skaftafell / Vatnajökull National Park**. Von der Ringstraße links in die 998 Richtung Skaftafell abfahren. Hier befindet sich ein großer, gut ausgestatteter Campingplatz **(26)**. Er bietet eine gute Ausgangsbasis für viele Wanderungen in dieser Gegend. Wer einfach nur die Highlights dieser Gegend erkunden möchte oder einen anderen Campingplatz bevorzugt, nutzt den großen, gebührenpflichtigen Parkplatz. Ziele für einen Tagesausflug sind eine kurze Wanderung von ca. 1,5 Kilometer zum Gletscher Skaftafellsjökull und zum 1,5 Kilometer entfernten Wasserfall Svartifoss. Eine Wanderkarte kann im Visitor Center erworben werden. Es sind auch überall Hinweistafeln mit den Wanderrouten aufgestellt.

(026) WOMO-Campingplatz: Skaftafell Camping

GPS/Kontakt: N 64°00'56" W 16°58'27", Möðruvellir 4, Möðruvallavegur, Tel: +354 575 8400, skaftafell@vjp.is, www.vatnajokulsthjodgardur.is/en/areas/skaftafell/plan-your-visit/camping
Öffnungszeit: Ganzjährig.
Ausstattung: Sanitärblock mit WC/Dusche, Abwaschbereich,Waschmaschine, Entsorgung.

Beschreibung: 8 große Wiesenbereiche mit Bäumen abgegrenzt, Bereich C für große WOMO mit geschotterten Flächen, viele Wanderungen zum Gletscher und Svartifoss Wasserfall.
Preise: 250 Kr pCamper + 1.500 Kr pP , Kinder 900 Kr pP, frei bis 12 Jahre, Strom 1.000 Kr .
Zufahrt: Von der 1 nördlich abbiegen, Skaftafell und Campingplatz sind von der 1 ausgeschildert

Zum Skaftafellsjökull führen zwei einfache Wanderwege (S1) direkt vom Visitor Center zum Gletscher. Am Ende liegt ein schöner Aussichtspunkt. Es ist erlaubt auf der Sanderfläche weiter bis in die Nähe des Gletschertores zu laufen. Bitte beachten Sie die Gefahren dieser Wanderung - diese sind auf

Wanderung zum Gletscher

Hinweistafeln deutlich dargestellt. Es ist ein bewegendes Gefühl, so dicht vor dem Gletscher zu stehen und wir fragen uns, ob unsere Leser in Zukunft diesen Anblick noch erleben können. Denn der Gletscher schrumpft rapide, das ist auch an der Umgebung eindeutig zu sehen. Hier, vor dem rauschenden Gletschertor, wird uns die globale Erwärmung und die Gletscherschmelze sehr deutlich vor Augen geführt. Seit 2000 haben die Gletscher Islands nach Angaben des IMO (Icelandic Meteorological Office) in nur 18 Jahren 600 Quadratkilometer an Fläche verloren. Das entspricht der doppelten Fläche der Stadt München.

Zum Svartifoss (dt. schwarzer Wasserfall) führt eine 1,5 Kilometer lange Wanderung (S6) direkt vom Campingplatz immer bergauf. Durch den Höhenunterschied ist diese kurze Wanderung etwas anstrengender als der Weg zum Gletscher, es bieten sich aber schöne Ausblicke auf die Gegend unter uns,

die große Gletscherzunge Skeiðarárjökull und der Skeiðarársandur dahinter. Der Wasserfall selbst ist nicht riesig groß und nicht sehr wasserreich. Der Name des Flusses Stórilækur (dt. großer Bach) macht dies deutlich. Er ist allein wegen seiner schwarzen Basaltsäulen, die ihn wie Orgelpfeifen einrahmen, außergewöhnlich und sehenswert. Vom oberen Aussichtspunkt ist das gut zu erkennen. Es führt auch ein Weg hinunter über eine Brücke und Sie erreichen ganz vorne am Wasserfall eine weitere Aussichtsplattform.

Svartifoss

Wer gerne mehr wandern möchte, dem empfehlen wir eine schöne Rundwanderung:

Wandertipp: Rundwanderung Svartifoss / Sjónarnipa
7 km, ca 2,5 Stunden, 470 m Höhendifferenz
GPS-Track unter www.island-womo.de

Sie starten vom Campingplatz die Route S6 immer den Berg hinauf bis zum Svartifoss. Am Aussichtspunkt geht es rechts die S6 zum Sjónarnipa (ausgeschildert). Wer mag, kann natürlich auch noch hinunter zum Wasserfall laufen. Sie wandern durch schönen Weidenbuschwald, der Weg ist gut zu laufen und bei nassen Stellen auch mit Holzstegen ausgebaut. Am Sjónarnipa haben Sie einen fantastischen Ausblick aus 375 m Höhe auf den Gletscher und den Gletschersee. Der Bereich ist nicht abgesperrt oder gesichert. Trittsicherheit ist beim Aussichtspunkt erforderlich, wenn Sie sich nahe an die Kante heranwagen. Von dort führt der gut ausgeschilderte Weg wieder bergab zum Visitor Center.

(027) Offizieller WOMO-Stellplatz: Svinafell

GPS/Kontakt: N 63°58'44" W 16°51'10", Svínafellsvegur Tel: +354 478-1765, svinafell@svinafell.com, www.svinafell.com.

Öffnungszeit: 1.5 - 30.9. **Max. WOMOs:** 30.

Ausstattung: WC/Dusche, großer Aufenthaltsraum mit Küche, kein Strom.

Beschreibung: Offene Wiese naturnah gelegen, teilweise geschottert.

Preise: 1.700 Kr pP, frei bis 12 Jahre.

Zufahrt: Von der 1 in den Svínafellsvegur abbiegen, ausgeschildert von der 1.

In Svinafell, zwei Kilometer östlich vom großen Campingplatz beim Nationalpark-Center gibt es einen weiteren, kleinen, schön gelegenen Campingplatz **(27)**. Er ist aber eher für Zelte ausgelegt, da er speziell über Küche und großem Aufenthaltsraum verfügt. Wir haben uns wegen der Nähe der Sehenswürdigkeiten für den großen Platz direkt beim Visitor-Center entschieden.

Unser nächstes Ziel ist einer der Höhepunkte jeder Island Reise: die Gletscherlagunen **Jökulsárlón** (dt. Gletscherflusslagune) und **Fjallsárlón** mit den fotogenen Eisbergen. Schon früh sehen wir die gigantischen Auslassgletscher Fjallsjokull und Breiðamerkurjokull, die beide fast bis auf die Straße zu reichen scheinen. An ihren Enden liegen die Gletscherlagunen. Wir stoppen zuerst am kleineren Fjallsárlón. Die Straße links ist ausgeschildert. Vom großen Parkplatz (GPS N 64°00'56" W 16°21'57") sind es nur wenige hundert Meter zur Lagune, in der Eisberge schwimmen und vor dem großen Gletscher ein wunderschönes Bild abgeben. Diese Lagune ist deutlich kleiner als der bekannte und viel größere Jökulsárlón aber auch deutlich ruhiger und nicht weniger interessant. Da der Gletscher hier viel näher ist und eine sehr hohe Abbruchkante hat, sind die Eindrücke etwas ganz Besonderes. Wir finden den Fjallsárlón sogar fotogener als den großen Bruder und auch die Ruhe hier ist beeindruckend, denn er ist viel weniger besucht und der Parkplatz liegt versteckt hinter einem Hügel.

Fjallsárlón

Es gibt ein Restaurant und es können 90-minütige Bootstouren mit einem Zodiak gebucht werden *(Abfahrten stündlich, 8.100 Kr)*. Auch eine kleine Wanderung um die Lagune herum ist empfehlenswert. In zehn Kilometer Entfernung liegt der Jökulsárlón, der allein durch seine Größe unbeschreiblich ist. Er gehört zu den schönsten Naturwundern Islands und ist ein beliebtes Touristenziel. Und wahrlich, der Anblick der Lagune ist dank der verschiedenen und sehr zahlreichen Eisberge atemberaubend, das Panorama mit dem riesigen Gletscher dahinter macht das ganze zu einem einzigartigen Erlebnis. Bei der Anfahrt von Süden werden Sie geradezu überrascht, da die Lagune von der Straße erst überhaupt nicht zu sehen ist und dann, an der Brücke angekommen, breitet sich diese außergewöhnliche Landschaft vor Ihnen aus. Fahren Sie weiter, die Brücke ist 108 Meter lang und einspurig, daher kommt es da gerne zu Staus. Wir werden hier länger bleiben und fahren 300 Meter hinter der Brücke rechts auf den Parkplatz Eystri-Fjellsfjara. Hier ist es für Wohnmobile etwas einfacher als der Parkplatz gleich links an der Lagune, unter der Brücke kommen sie zu Fuß einfach zum See. Dann ist genug Zeit, sich den traumhaften Ausblicken zu widmen. Alternativ nutzen Sie einen der drei Parkplätze vor der Brücke, laufen über die Hügel und kommen dann an den See. Dort ist es auch deutlich ruhiger. Die Anzahl der Eisberge auf dem See variiert natürlich, 2018 haben wir hier so viele gesehen, dass der See wie mit Eisbergen vollgestellt aussah, 2022 war deutlich weniger los. Wie lange dieses Naturschauspiel noch zu bewundern ist können wir nicht sagen, denn wenn sich der Gletscher bis auf das Festland zurückzieht, wird es vorbei sein mit den Eisbergen. Hoffen wir, dass es noch lange für Besucher ein Erlebnis sein wird. Suchen Sie sich einen Tag mit gutem Wetter aus. Wenn das Wetter nicht mitspielt, fahren Sie weiter und kommen Sie zurück - wenn denn die Wettervorhersage mögliche Sonnentage vorhersagt.

Jökulsárlón begann sich 1934 zu bilden, als der Gletscherarm Breiðamerkurjokül sich anfing zurückzuziehen. Die Lagune ist derzeit ca. 21 Quadratkilometer groß (ca. 7 x 3 Kilometer), jedes Jahr wird sie durch die Gletscherschmelze 300 Meter länger. Es handelt sich mit 284 Meter um den tiefsten See Islands. Je nach Wetter und Zeit befinden sich mehr oder weniger Eisberge darauf. Die größte Anzahl befindet sich aber netterweise im Bereich des Parkplatzes, beim Fluss Jökulsá á Breiðamerkursandi, wo die Lagune Verbindung zum Meer hat. Da der Bereich dort flacher ist, laufen die Eisberge auf Grund und bleiben sehr fotogen beim Parkplatz liegen. Die Eisberge schimmern farbenfroh von Tiefblau über Weiß bis hin zu Schwarz, je nachdem wo das Eis aus dem Gletscher herausgebrochen ist. Durch den Zugang zum Meer, das durch die Tide immer wieder Wasser in die Lagune einströmen lässt, friert der See nie zu. Fast nie. James Bond ist hier schon mit seinem Auto auf dem See gefahren, aber dazu später mehr.

Die 3 Farben (türkis, blau, schwarz)

Bleiben Sie so lange wie möglich. Die Übernachtung ist nicht gestattet. Ab 18 Uhr verlassen die Tourbusse die Lagune und es wird deutlich ruhiger. Dann strahlt die tiefe Sonne die Eis-

berge bizarr an. Auch ohne Sonne wird die Atmosphäre deutlich intensiver. Foto Enthusiasten werden bis in die frühen Morgenstunden wach bleiben (oder wieder zurückkommen), denn dann ist die Lagune oft spiegelglatt und die eindrucksvollen Eisberge kommen so noch besser zur Geltung. Wir empfehlen, auch eine Bootstour auf der Lagune zu unternehmen. Sie können aus drei verschiedenen Möglichkeiten wählen. Mit dem Amphibienboot, mit Zodiaks und mit dem Paddelboot. Die beiden ersten können Sie unter http://icelagoon.is buchen, die Paddeltour unter http://www.iceguide.is. Wer eher ruhig, sehr sicher und einfach unterwegs sein will, nimmt das Amphibienfahrzeug. Mit dem Zodiak kommen Sie deutlich weiter auf den See hinaus, bis fast an den Gletscher und mit dem Paddelboot ist es noch etwas abenteuerlicher. Bei allen drei Touren kommen Sie sehr dicht an die Eisberge heran und haben dadurch einen ganz anderen Blick auf diese atemberaubende Landschaft. Alle Touren können auch an den Verkaufständen am Parkplatz gekauft werden. Tagsüber, wenn die Tourbusse wieder ankommen, empfehlen wir eine Wanderung Richtung Nordwesten (im Uhrzeigersinn um die Lagune). Der Weg ist gut beschildert (gelbe Pfähle). Bereits nach wenigen Kilometern wird es ruhiger und auch von hier haben Sie einen wunderbaren Blick auf Eisberge. Zum Gletscher ist es allerdings sehr weit, wir sind zehn Kilometer gelaufen und der Gletscher war noch weit entfernt. Seien Sie auf der Hut vor den Raubmöwen (Skuas). Die sind sehr angriffslustig und

Mit dem Zodiak unterwegs

Wanderung um die Lagune

greifen mit wilden Sturzflügen auch Menschen an. Halten Sie sich von den Nestern fern und zur Not einfach einen Stock in die Luft halten.

Unbedingt besuchen sollten Sie auch den Strand auf der anderen Straßenseite - den Breiðamerkursandur oder besser bekannt als »Diamond Beach«. Warum der so heißt, werden Sie eindrucksvoll bemerken. Die Eisberge treiben aus der Lagune, dümpeln im Meer und werden teilweise an den Strand gespült. Sie verkanten sich mit anderen Eisblöcken und bilden dort, von den Wellen umspült und in Bewegung gehalten immer neue Kunstwerke. Die bizarren Eisformationen im Kontrast zu dem dunklen Sand sind wirklich einzigartig. Die großen Stücke schmelzen und hinterlassen dann tausende kleine, in der Sonne funkelnden Kristalle. Gerne werden Eisstücke von den Brocken abgebrochen und Getränke damit gekühlt - mit 1.000 Jahre altem Eis. Trotz der vielen Touristen herrscht hier eine beschauliche und ganz besondere Atmosphäre. Und wenn Sie dann ein paar Minuten am Strand entlang wandern, können sie die Eindrücke in Ruhe und Abgeschiedenheit genießen. Die Eisbrocken werden weniger, die Besucher aber auch. Zu erreichen ist der Strand an beiden Seiten der Brücke, große Parkplätze sind vorhanden.

Einsam am Strand

Diamond Beach

Der Jökulsárlón ist ein beliebter Ort für Filmproduktionen. Wer die Szene kennt - James Bond liefert in »Stirb an einem anderen Tag« mit seinem Auto eine wilde Verfolgungsjagd auf der zugefrorenen Lagune. Damit die Lagune zufriert, wurde der Zugang zum Meer künstlich verschlossen.

(028) Offizieller WOMO-Stellplatz: Haukafell

GPS/Kontakt: N 64°20'45" W 15°30'00".

Öffnungszeit: 15.5 bis 30.9. **Max. WOMOs:** 20.

Ausstattung, WC, kaltes Wasser, Entsorgung, kein Strom.

Beschreibung: Mitten in der Natur in Gletschernähe, Schotterplatz für WOMO. Viele Wanderwege, auch zur Gletscherzunge, Infotafel am Campingplatz.

Preise: 1.000 Kr pP, Kinder frei (Nur Bargeld, in eine Box beim WC einwerfen).

Zufahrt: Von der 1 Richtung Osten in die 986 Richtung Rauðaberg, von dort 3 km, dann links Richtung Haukafell und weitere 2 km raue Schotterpiste (von der 1 ausgeschildert).

Fláajökull

Der nächstgelegene Campingplatz liegt etwas abseits der Ringstraße sehr naturnah nur drei Kilometer von der Gletscherzunge Fláajökull entfernt **(28)**. Die Piste dorthin ist etwas rau, bei vorsichtiger Fahrweise aber kein Problem. Viele Wanderungen in das Gebiet, auch direkt zum Gletscher, sind von hier möglich. Am Stellplatz findet sich eine große Wanderkarte, die Routen sind gut durch farbige Markierungen erkennbar. Ein weiterer empfehlenswerter Stellplatz **(29)** liegt geschützt unweit der Ringstraße acht Kilometer vor Höfn.

(029) Offizieller WOMO-Stellplatz: Myllulækur

GPS/Kontakt: N 64°20'57" W 15°15'26", Myllulækur 781 Höfn, Tel: +354 848 2553, myllulaekur@gmail.com, www.facebook.com/myllulaekur.

Öffnungszeit: 15.5 bis 30.9. **Max. WOMOs:** 40.

Ausstattung: Sanitärcontainer mit WC, Dusche, Abwaschbereich außen, Entsorgung mit Bodenablass.

Beschreibung: Geschützt in einer Senke, geschottere Parzellen, Bergblick, ruhige Lage.

Preise: 1.800 Kr pP, frei bis 16 Jahre, Strom 1.000 Kr.

Zufahrt: 5 km vor Höfn hinter den Fosshotel rechts, von der 1 ausgeschildert.

Höfn (dt. Hafen im Hornfjord) ist eine Kleinstadt mit ca. 2000 Einwohnern mit toller Lage und Blick auf den Vatnajökull hinter der Lagune. Der Gipgel des Öræfajökull ist mit 2.110 Metern die höchste Erhebung Islands. Er ist seit der Besiedlung zwei Mal ausgebrochen und hat viele Höfe und Ackerland zerstört.

(030) WOMO-Campingplatz: Camping Höfn

GPS/Kontakt: N 64°15'30" W 15°12'16", Hafnarbraut 52, Höfn, Tel: +354 478 1606, camping@simnet.is, tjalda.is/tjaldsvaedid-hofn-i-hornafirdi.
Öffnungszeit: 1.5 bis 30.9.
Ausstattung: WC, Dusche (kostenpflichtig), Küche und Aufenthaltsraum, Waschmaschine, Grillplatz, Entsorgungsstation mit Bodenablass.
Beschreibung: Sehr großer, offener Platz in der Stadt, meist Wiese, Bereich für WOMO geschottert. Ausgangspunkt für viele Bus-Reisende, daher oft recht voll, Camper Plätze an der Straße (laut), hintere Plätze auf Wiese ruhig und landschaftlich schöner.
Preise: 2000 Kr pP, frei bis 16 Jahre, Strom 1000 Kr.
Zufahrt: Von der 1 direkt am Ortseingang Höfn.

Daher auch der Name Ödlandgletscher. Wenn Sie hier einkaufen, fahren Sie hinter dem Nétto-Markt weiter zum Wasser, dort können Sie bei gutem Wetter das ganze Panorama genießen. Die Stadt lebt heute noch viel vom Fischfang, vor allem Garnelen und Hummer, was am Hafen gut zu erkennen ist. Höfn bietet alle Versorgungsmöglichkeiten, ein großes Schwimmbad, Restaurants und einen großen Campingplatz **(30)**. Im Kaffi Hornið, gleich neben dem Schwimmbad, können Sie regionale Küche (Spezialität Hummer) in gemütlicher Hüttenatmosphäre genießen. Der Campingplatz, ganz am Anfang des Ortes, bietet alle Services, ist aber auch sehr beliebt und manchmal überlaufen.

Eine schöne Übernachtungsmöglichkeit in der Nähe von Höfn ist das Viking Café in Stokksness **(31)** - der Landschaft und tollen Aussicht auf die Bergkette Vestrahorn wegen. Die Gegend ist

Auf der Fahrt Richtung Höfn

Das Vestrahorn

landschaftlich sehr reizvoll, der große, schwarze Strand Kirkusandur mit grasbewachsenen Dünen und im Hintergrund funkelt das 757 Meter hohe und malerische Bergmassiv Vestrahorn in der Sonne. Eine schöne Rundwanderung führt vom Café aus, vorbei an einem ehemaligen Film-Setting für einen Wikinger-Film am Fuße des Berges direkt zum Strand und zurück über die Halbinsel Stokksnes mit der wilden Felsenküste. Hier brüten viele Vögel und Robben liegen auf den Felsen im Meer. Eine verlassene NATO-Radarstation passt nicht ganz zur malerischen Kulisse, zeugt aber von der jungen isländischen Geschichte nach der Unabhängigkeit. Eine Broschüre über diese und andere Wanderwege ist im Café erhältlich. Die ganze Gegend ist privat und kostenpflichtig (auch die Wanderungen), der Eintritt kostet 900 Kr. Im Campingpreis ist diese Gebühr bereits enthalten. Statt einer Wanderung ist es auch möglich, mit dem Auto bis an die Küste der Halbinsel Stokksness zu fahren, zwei Parkplätze liegen an schönen Aussichtspunkten mit Blick auf die Felsen und den Strand. Der Campingplatz ist sehr einfach, es handelt sich um den Parkplatz des Cafés.

(031) Offizieller WOMO-Stellplatz: Viking Cafe

GPS/Kontakt: N 64°15'19" W 14°59'39", Horni, 781 Höfn, Tel: +354 478 2577, info@vikingcafe.is, https://vikingcafe.is.
Öffnungszeit: Ganzjährig. **Max. WOMOs:** 20.
Ausstattung: WC, free WiFi
Beschreibung: Parkplatz vor dem Viking Café, direkt beim Vestrahorn.**Preise:** 2.000 Kr pP, frei bis 16 Jahre, Strom 1.000 Kr
Zufahrt: Von der 1 kurz vor dem Tunnel Almannaskardsgöng rechts ab Richtung Stokksnes (Viking Café, Camping ausgeschildert)
Hinweis: Eintritt nach Stokksnes und dem Strand Kirkusandur inclusive (ohne Camping 900 Kr), viele Wanderungen in der Gegend (Info-Blatt im Café).

Mit dem WOMO am Strand

Wer in der Nähe einen Stellplatz in natürlicherer Umgebung mit Blick auf die Berge wünscht, der fährt noch 25 Kilometer weiter östlich bis zum Stafafell Nature Park **(32)**. Der Blick von hier auf die nahen Berge und die beiden bekannten Gipfel Vestrahorn und Eystrahorn ist malerisch. Eine schöne, sehr lange Strandwanderung können wir am Hvalnes-Strand machen und noch einen schönen Blick zurück werfen. Ein großer Parkplatz befindet sich direkt am Strand (GPS N 64°24'22" W 14°33'04"). Der Strand besteht aus sehr feinen, sehr glatt geschliffenen Kieseln, die in der Sonne einen ganz besonders warmen und angenehmen Untergrund bieten. Hier lässt sich herrlich bei Wellenrauschen dösen und wer mag kann von hier aus fast endlos zehn Kilometer am Strand in eine Richtung laufen.

Der Strand Hvalnes

Vorher geht es aber durch den Tunnel Almannaskarðsgöng auf der Ringstraße, er gilt als das Tor in die Ostfjorde. Wenn wir aus dem 1.300 Meter langen Tunnel herauskommen, verändert sich die Landschaft drastisch und die Berge der Ostfjorde liegen vor uns.

(032) Offizieller WOMO-Stellplatz: Stafafell Nature Park

GPS/Kontakt: N 64°25'10" W 14°50'38", Tel: +354 699 6684, stafafellsacredgarden@gmail.com, www.stafafell.com . **Max. WOMOs:** 20.

Ausstattung: WC, Dusche (kostenpflichtig), kleines Küchenhaus mit Aufenthaltsraum, Waschmaschine, Entsorgung, free WiFi.

Beschreibung: Offene Wiese in der Natur, sehr naturnaher Platz mit Blick auf die Berge

Preise: 1.500 Kr pP, frei bis 16 Jahre, Strom 1.000 Kr.

Zufahrt: Von der 1 hinter dem Fluss Jökulsá í Lóni links ab (Camping ausgeschildert).

TOUR 4
20 km
N
Seyðisfjörður
Egilsstaðir
Neskaupstaður
Eskifjörður
Reyðarfjörður
Fáskrúðsfjörður
Stöðvarfjörður
Breiðdalsvík
Djúpivogur
Reyðarfjörður
Berufjörður
Lagarfljót
Fólkvangur Neskaupstaðar
Lækjavík
Fossadarlur
Hengifoss
Laugarfell
Naturschutzgebiet
Kárahnjúkar-Kraftwerk
033
034
035
036
037
038
039
040
041
042
043
044
45
46
47
1
92
93
94
95
910
931
933
939
953
955

TOUR 4: Die Ostfjorde 550 km

Höfn – Djúpivogur – Reyðarfjörður – Neskaupstaður Egilsstaðir – Seyðisfjörður

Stellplätze:	Djúpivogur, Fossardadur, Berunes, Breiðdalsvík,Stöðvarfjörður, Fáskrúðsfjörður, Reyðarfjörður, Eskifjorður, Neskaupstaðir, Höfðavík, Atlavik, Hengifoss
Campingplätze:	Seydisfjordur
Besichtigungen:	Lækjavik (Strand), Djúpivogur, Lagarfljót (See), Hengifoss (Wasserfall), Kárahnjúkar (Staudamm und Schlucht), Fjarðarheiði (Passstraße)
Wanderungen:	Fossadarlur (ins Tal der Wasserfälle 8 - 20 km), Fólkvangur Neskaupstaðar (4 km am Meer oder auf den Berg), Hengifoss (5 km)
Baden:	Laugafell (Hot-Pot), Egilsstaðir (großes Schwimmbad)

Wir verlassen Gletscher und Sander. Ab hier gibt es nur noch einsame Fjorde und steile Berghänge, tiefblaues Wasser und imposante Gipfel, die sichtbar der Erosion ausgesetzt sind. Der Vulkanismus ist längst erloschen und der Zahn der Erdgeschichte nagt an den Bergen. Die Fjorde sind tief eingeschnitten und unsere Fahrt von hier nach Seyðisfjörður wird 330 Kilometer betragen, bei 110 Kilometern Luftlinie.

Wir starten die Tour am rauen Strand von **Lækjavik** *(GPS N 64°29'39" W 14°28'22")*, auf dem zwei außergewöhnliche Basaltformationen stehen. Eine dicke Felsnadel direkt am Wasser mit dem Namen Starmýri und eine dreieckige Felsenwand, die diesem tiefschwarzen Strand ein ganz besonderes Aussehen verleihen. Der Parkplatz ist von der Ringstraße aus über eine kurze Anfahrt zu erreichen. Ein Ausblick

Felsformationen bei Lækjavik

Der Strand Lækjavik

Die Küste

von der Klippe, ein kleiner Spaziergang hinunter zum Strand oder eine längere Strandwanderung sind ein schöner, entspannter Start für die Fahrt durch die Ostfjorde. Schon vorher können wir die wilde Küste mit vielen Felsformationen und rauen Stränden auf der Fahrt betrachten, die direkt unterhalb der 1.000 Meter hohen Berge liegen. Es gibt vor Lækjavik noch zwei Rastplätze, von denen Sie beeindruckende Bilder machen können. Die Straße führt streckenweise durch Geröllhänge, die bei der Fahrt etwas unsicher wirken. Die Straße ist aber gut gegen herabfallendes Geröll geschützt, es sieht trotzdem sehr abenteuerlich aus. Links von uns thronen die über 1.000 Meter hohen Berge, rechts

Abenteuerliche Straße am Geröllhang

von uns breitet sich die raue Küste Islands aus. Hinter jedem Hügel, hinter jeder Abbiegung gibt es etwas Neues zu entdecken, daher freuen wir uns über die zahlreichen Kurven und Straßenkuppen, da wir jedes Mal mit einem neuen Anblick belohnt werden. Zusätzlich ist in dieser Gegend deutlich weniger los. Nach dem Jökulsárlón sehen wir kaum Tourbusse, nur noch Individualcamper treffen wir hier - und das auch deutlich seltener.

Traumhaftes fahren in den Ostfjorden

(033) Offizieller WOMO-Stellplatz: Framtid

GPS/Kontakt: N 64°39'24" W 14°17'01", Vogaland, Djúpivogur, +354 478 8887 , info@hotelframtid.is, www.hotelframtid.com.

Öffnungszeit: Sommer. **Max. WOMOs:** 20.
Ausstattung: WC, Dusche (gebührenpflichtig), großer Aufenthaltsraum mit Küche (beheizt), Entsorgung mit Bodenablass.
Beschreibung: Im Ort, direkt am kleinen Hafen, offene Wiese, für WOMO geschotterter Bereich.
Preise: 1.750 Kr pP, frei bis 14 Jahre, Strom 850 Kr, WiFi 500 Kr, Bezahlung im Hotel Framtid.
Zufahrt: Von der 1 rechts ab Richtung Djúpivogur (Djúpavogsvegur), am Ende rechts, vor dem Restaurant Við Voginn rechts hoch.

Unser erster Stopp ist der kleine Ort Djúpivogur vor dem ersten großen Fjord, dem Berufjörður. Der Ort **Djúpivogur** (dt. Tiefe Bucht) ist ein winziger Ort mit 400 Einwohnern, der heute noch vom Fischfang lebt. Im kleinen Hafen des Ortes liegen viele Fischerboote aller Größen und geben dem Ort ein gemütliches Flair. Der Tourismus zieht nur langsam ein, der kleine Souvenirladen Bakkabúð am Hafen und einige Cafés und Restaurants sowie der Campingplatz sind bisher die einzigen Zeugen des Tourismus. Das Hotel Framtid bietet lokale Speisen. Spezialität ist das Fischgericht a »Catch of the Day« (was der Fischkutter heute so hergibt). Auch der Hummer soll vorzüglich sein. Etwas einfacher können Sie im Bistro Við Vogin essen. Es gibt Fast-Food in guter Qualität und auch relativ preiswertes Frühstück. Der Campingplatz selber **(33)** liegt mit Blick auf den Hafen sehr schön und in Laufentfernung zu allen Restaurants. Interessant ist auch das alte

Der Hafen Djúpivogur

rosafarbene Handelshaus Langabúð links vom Hafen, heute ist es ein Café und ein Lokalmuseum. Es zeugt vom ehemaligen Handel mit den Deutschen, als die Hanse-Kaufleute die 1589 von dänischen König das Handelsrecht erhielten. Im Langabúð können auch die Tickets für die Fähre zur acht Kilometer entfernten Insel Papey gekauft werden. Im Sommer geht es jeden Tag ab 13 Uhr auf die Insel, um 17 Uhr sind Sie wieder zurück. Zwei Stunden Aufenthalt haben Sie auf der Insel inklusive Robben- und Vogelbeobachtung. *(Preis 12.000 Kr. , Kinder 5-12 Jahre 6.000 Kr.)* Die Chance, hier Papageientaucher zu sehen, ist hoch. Die Insel Papey soll bereits vor der Besiedlung durch die Wikinger von irischen Mönchen besiedelt gewesen sein, daher stammt der Name.

Eggin í Gleðivík

Djúpivogur von der anderen Fjordseite

Blick aus dem Fossadalur

Interessant ist ein Kunstwerk mit dem Namen »Eggin í Gleðivík« (dt.: Die Eier in der Gleðivík-Bucht), es liegt etwa 300 bis 400 Meter westlich vom Hafen. Sigurður Guðmundsson hat dort Steinnachbildungen von 34 übergroßen Vogeleiern installiert, die Farbe und Textur von auf Island brütenden Vögeln zeigen.

Wenn Sie nicht im Ort übernachten möchten und statt einem Restaurantbesuch die Natur bevorzugen oder eine ausgedehnte Wanderung machen möchten, dann empfehlen wir Ihnen den nur 15 Kilometer entfernten Stellplatz Eyjolfsstaðir **(34)**. Er liegt sehr idyllisch im **Fossadarlur** (dt. Wasserfalltal) am Ende des Fjords auf 80 Meter Höhe mitten in den Bergen am Fluss Fossa. Direkt an der Ringstraße liegt der bekannte Sveinsstekksfoss - ein beliebter Fotostopp. Das Tal heißt aber nicht umsonst Wasserfalltal, denn schöne Wasserfälle gibt es

(034) Offizieller WOMO-Stellplatz: Eyjolfsstaðir

GPS/ Kontakt: N 64°45'18" W 14°29'50", Eyjolfsstadir, 765 Djupivogur, +354 820 4379, info@fossardalur.is, https://fossardalur.is/camping.
Öffnungszeit: Mai - Sept. **Max. WOMOs:** 10.
Ausstattung: WC, Dusche, Abwaschbereich innen, Küche/Aufenthaltsraum, Waschmaschine, free WiFi.
Beschreibung: Naturnah in den Bergen, Wiese, für WOMO große geschotterte Fläche, teilweise mit Bäumen begrenzt, schöne Lage direkt am Fluss Fossa, Sveinsstekksfoss in 1 km Entfernung, Wanderungen, tolle Aussicht.
Preise: 1.750 Kr pP, frei bis 15 Jahre, Strom 1.000 Kr, zahlbar über parka.is.
Zufahrt: Von der 1 hinter der Brücke über den Fluss Fossa links ab Richtung Eyjolfsstaðir/Fossádarlur, 2 km Schotterpiste den Berg hinauf.

Wandertipp: Die kleine Wasserfallrunde

2,5 km, 100 m Höhenunterschied, ca. 1 Stunde mit Fotostopps GPS-Track unter www.island-womo.de

Direkt vom Campingplatz geht es die Straße hinunter bis zum Wasserfall. Von hier ist er nur zu hören oder dank des Wassersprays zu sehen. Es geht über die Felsen direkt zum Fluss und von dort wieder zurück zur Straße, teilweise durch einen Buschwald mit idyllischen Lichtungen. Ein wenig Kletterei und Trittsicherheit ist nötig. Der Weg am Fluss ist (noch) nicht ausgezeichnet, soll aber mit Pfählen markiert werden. Auch das Areal direkt über dem Wasserfall (gefährlich) soll gesichert werden.

Wandertipp: Zu den 5 Wasserfällen

8-16 km, 500 m Höhenunterschied, 3-5 Stunden
GPS-Track unter www.island-womo.de

Dies ist eine Hin- und Zurück Wanderung, kann also jederzeit verkürzt oder beliebig verlängert werden. Der Weg ist einfach - immer dem sehr gut markierten Fahrweg am Fluss entlang. Die beiden ersten Wasserfälle sind vom Weg nicht direkt zu sehen, Sie können aber querfeldein über die Felsen laufen. Der dritte Wasserfall Múlafoss liegt wunderschön direkt am Weg und stürzt recht breit über 2 Kaskaden den Berg hinab. Wer nicht die ganze Strecke wandern mag, kann hier umkehren, die Strecke sind dann hin und zurück 8 km. Wenn Sie weiter gehen, erreichen sie 2 weitere Wasserfälle, der Letzte fällt in 5 Kaskaden das Tal hinab, das sieht sehr imposant aus. Weiter ins Tal hinein gibt es noch weitere Wasserfälle - wer mag.

hier zuhauf, auch weiter im Oberlauf des Flusses. Vom Campingplatz starten viele Wanderungen, zwei davon haben wir in einem Wandertipp zusammengefasst. Fragen Sie die Campingplatzbetreiberin, sie gibt gerne Auskunft über die unterschiedlichen Möglichkeiten. Die Wanderwege führen auf die Berge mit schönem Blick auf den Fjord oder am Fluss entlang. Wunderschöne Wollgraswiesen vor den imposanten Gipfeln und dazwischen der Fluss Fossá, wir haben uns hier sehr wohlgefühlt.

Múlafoss

Nun geht es auf der Ringstraße einmal um den Fjord **Berufjörður** herum. Von hier aus können wir Djúpivogur wieder sehen, es ist nur vier Kilometer entfernt. Auf der Straße waren es 40. In Berunes, bei dem gleichnamigen Hostel, finden wir einen Campingplatz **(35)** mit schöner Aussicht auf den Fjord. Von hier aus führt eine anstrengende Ganztagswanderung auf den Hausberg Berunestindur mit einer herrlichen Aussicht über den Fjord. Der Weg ist nicht markiert, fragen Sie unbedingt beim Hostel nach dem Weg.

(035) WOMO-Stellplatz: Berunes Hostel

GPS: N 64°41'54" W 14°15'14", Berunes, 765 Djúpivogur, Tel. +354 869 7227, berunes@hostel.is, http://berunes.is.
Adresse: Öffnungszeit: 1.4 - 30.9. **Max. WOMOs:** 5.
Ausstattung: Kleines Sanitärhäuschen mit WC, Dusche, kleine Küche, Entsorgung, Strom.
Beschreibung: Nicht ganz ebene Wiese am Fjord neben dem Hostel, mit Büschen abgegrenzt, schöner Blick auf den Fjord, Frühstück + Essen im Hostel möglich.
Preise: 1.800 Kr pP, frei bis 12 Jahre, Strom 800 Kr.
Zufahrt: direkt ausgeschildert von der 1, Richtung Kirche Berunes

Die Berge der Ostfjorde

(036) Offizieller WOMO-Stellplatz: Breidalsvik

GPS/Kontakt: N 64°47'34" W 14°00'26", Sólvöllum, 760 Breiðdalsvík, **Tel:** +354 4700000, info@breiddalsvik.is, www.breiddalsvik.is.
Öffnungszeit: 1.6. - 15.9. **Max. WOMOs:** 10.
Ausstattung: WC, Abwaschbreich.
Beschreibung: Geschotterte Fläche hinter dem Hotel im kleinen Ort.
Preise: 1.000 Kr pP, frei bis 15 Jahre, Strom 1000 Kr, Bezahlung im Hotel.
Zufahrt: Von der 1 Richting Breidalsvik, hinter dem Hotel Bláfell

(037) Offizieller WOMO-Stellplatz: Stöðvarfjörður

GPS/ Kontakt: N 64°49'57" W 13°51'41", Fjarðarbraut 755 Stöðvarfjörður, **Tel.** +354 776 0023, camping.stodvarfjordur@gmail.com, http://en.visitfjardabyggd.is/where-to-stay/camping.
Adresse: Öffnungszeit: 1.6. - 15.9. **Max. WOMOs:** 5.
Ausstattung: Asphaltplatz für WOMO neben der Zeltwiese, WC, nur kaltes Wasser, Entsorgung.
Beschreibung: Am Ortsrand direkt an der Ringstraße, Fjordblick
Preise: 1.500 Kr pP, frei bis 14 Jahre, Strom 750 Kr.
Zufahrt: direkt an der 1, kurz vor Ende des Dorfes links.

(038) Offizieller WOMO-Stellplatz: Fáskrúðsfjörður

GPS: N 64°56'10" W 14°02'13", 750 Fáskrúðsfjörður, **Tel.** +354 776 0062, camping.stodvarfjordur@gmail.com, http://en.visitfjardabyggd.is/where-to-stay/camping.
Adresse: Öffnungszeit: 1.6. - 15.9. **Max. WOMOs:** 10.
Ausstattung: Sanitärcontainer mit Dusche und WC, offener Abwaschplatz, Entsorgung.
Beschreibung: Am Ortsrand, Wiese und Schotterplätze für WOMOs,
Preise: 1.500 Kr pP, frei bis 14 Jahre, Strom 1000 Kr.
Zufahrt: Direkt ausgeschildert von der 1, Am Orsteingang links abbiegen

Wer eine **Abkürzung** nach Egilsstaðir fahren möchte (62 statt 137 Kilometer auf unserer Route), der biegt am Ende des Fjords auf die 939 ab. Es handelt sich um eine landschaftlich reizvolle Schotterpiste durch die Berge, die allerdings teilweise steil und schwierig zu fahren ist. Wir empfehlen die Piste nur für erfahrene Schotterpisten-WOMOs oder 4x4 Fahrzeuge. Wir bleiben auf der Ringstraße und fahren weiter am Fjord entlang.

Es folgen die Orte **Breiðdalsvík**, **Stöðvarfjörður** und **Fáskrúðsfjörður** an den gleichnamigen Fjorden. Bei der Fahrt von der Küste in den Fjord hinein gibt es überwältigende Ausblicke. Die Berge sind sehr zackig, teilweise schneebedeckt und die Fjorde schneiden sich tief ins Land. Die Berge um uns herum sind allesamt mehr als 1.000 Meter hoch. Die Relation der Größe fehlt aber völlig. Wenn da ein Fernsehturm oder ein hohes Gebäude wäre, es würde verschwinden, aber die Höhe der Berge wäre wenigstens wahrnehmbar. Es ist unbeschreiblich. Die Ostfjorde bestechen hauptsächlich durch die atemberaubende Landschaft und dem Kontrast der Berge mit den Fjorden. Allein die Fahrt auf der Ringstraße ist reizvoll, hier und da findet sich ein Rastplatz mit schöner Aussicht. Auch eine Pause an einem der Kiesstrände ist zu empfehlen. Gerade der Wechsel von der äußeren Küste in den Fjord hinein liefert jedes Mal spektakuläre Ausblicke auf die gegenüberliegende Fjordseite. Auch viele alpine Wanderungen sind in dieser Gegend möglich. Die beiden Campingplätze in Stöðvarfjörður und Fáskrúðsfjörður **(37) (38)** liegen beide direkt an der Straße, haben aber einen fantastischen Fjordblick. Vom Platz 37 empfehlen wir einen kleinen Spaziergang hinauf in

Pause am Fjord

ein Wäldchen, die Aussicht ist atemberaubend. Der Stellplatz ist trotz seiner Lage direkt an der Ringstraße empfehlenswert, nachts ist hier wenig los und die Aussicht vom Stellplatz ist gigantisch. Stöðvarfjörður ist für die Steinesammlung von Petra Sveinsdóttir bekannt - eine wirklich beachtliche Ansammlung von selbst gesammelten Mineralien. Durch ihr ausgefallenes Hobby sammelten sich so viele Steine an, was zu einer ungewöhnlichen Gartengestaltung führte und im Aufbau eines Museums endete. Petra ist im Alter von 90 Jahren im Jahr 2012 verstorben, ihre Kinder führen das Museum weiter *(geöffnet 1.6 - 30.8, Eintritt 1.500 Kr.).*

Steinesammlung von Petra

(039) Offizieller WOMO-Stellplatz: Reyðarfjörður

GPS/ Kontakt: N 65°02'00" W 14°14'26", Stekkjagrund 2, 730 Reyðarfjörður, Tel. +354 7760063, camping.reydarfjordur@gmail.com, http://en.visitfjardabyggd.is/where-to-stay/camping.

Adresse: Öffnungszeit: 1.6. - 15.9. **Max. WOMOs:** 40.

Ausstattung: Sanitärblock mit Dusche und WC, Abwaschplatz, Entsorgung bei der Olis Tankstelle, Waschmaschine.

Beschreibung: Mehrere Wiesenbereiche am Ortsrand an einem Weiher.

Preise: 1.500 Kr pP, frei bis 14 Jahre, Strom 1000 Kr.

Zufahrt: Von der 92 in die Stadt, gleich hinter dem Kreisel links.

(040) Offizieller WOMO-Stellplatz: Eskifjorður

GPS: N 65°04'41" W 14°01'51, Strandgata, Tel. +354 776 0127, fjardabyggd.camping@gmail.com, http://en.visitfjardabyggd.is/where-to-stay/camping.

Öffnungszeit: 1.6. - 15.9. **Max. WOMOs:** 10.

Ausstattung/Lage: Sanitärblock mit Dusche und WC, offener Abwaschplatz.

Beschreibung: Kleine Wiese am Stadtrand, mit Wall umgeben, einseitig Bäume.

Preise: 1.500 Kr pP , frei bis 14 Jahre, Strom 1000 Kr.

Zufahrt: Von der 92 auf die 950 abbiegen, über den Damm/Brücke Richtung Stadt, bei der Kirche rechts ab, der Platz ist hinter dem Wall ist der Platz.

Der Ort **Fáskrúðsfjörður** (dt. Franzosenfjord) ist bekannt durch die jährlichen Besucher französischer Fischer, die von 1825 bis 1914 Jahr für Jahr zum Fischen hierher kamen. Es war die wichtigste französische Fischerniederlassung in den Ostfjorden - mit eigenem Konsulat, Krankenhaus und Kapelle. Die Straßennamen sind bis heute auch in französischer Sprache und ein Museum zeugt von dieser Vergangenheit.

Kieselstrand im Fjord

Weiter geht es nach Reyðarfjörður durch den 5,9 Kilometer langen Tunnel Fáskrúðsfjarðargöng oder außen herum über die 955 am Meer entlang. Je nach Laune und Wetter entscheiden Sie selbst, es sind 15 oder 60 Kilometer. Bevor wir die große Stadt Egilsstaðir besuchen, machen wir noch einen Wander-Abstecher nach Neskaupstaður. Wir kommen durch die Orte **Reyðarfjörður** und **Eskifjörður.** Verpassen Sie nicht den schönen Aussichtspunkt genau zwischen den beiden Orten, an der Landzunge in den Fjord hinein. Von dem großen Parkplatz haben Sie einen tollen Ausblick auf gleich zwei Fjorde und die Berge. In beiden Orten gibt es auch zwei unspektakuläre, aber ruhige und für eine Übernachtung gut geeignete Stellplätze **(39) (40)**. In Island ist Reyðarfjörður heute hauptsächlich wegen des riesigen Aluminiumwerkes bekannt, das Sie auf der rechten Seite hinter dem Ort nicht übersehen können. Der amerikanische ALCOA-Konzern baute hier ab 2002 das größte Aluminiumwerk Europas. Es entstanden Tausende Arbeitsplätze und die strukturschwache Region schien aufzublühen. Die Einwohnerzahl von Reyðarfjörður stieg von 700 auf über 2.000. Die Produktion von Aluminium ist in Island die Antwort auf die riesige, CO_2 neutrale Stromproduktion des Landes. Da Strom nicht exportierbar ist - Aluminium aber schon - hat dieser Wirtschaftszweig in Island einen hohen Stellenwert. Um dieses riesige Werk zu betreiben, wurde im Hochland ein gigantischer Staudamm gebaut - das Kárahnjúkar-Kraftwerk (isl. Kárahnjúkavirkjun). Mit einer Leistung von 690 Megawatt ist es eines der größten

Eskifjörður

Wasserkraftwerke Europas. Das Kárahnjúkar-Projekt brachte Islands politische Kultur an die Grenzen - es gab heftige Demonstrationen und Zehntausende Menschen protestieren gegen den Bau. Es war die zweite größere Protestwelle auf Island nach dem Beitritt in die NATO 1947, auch mit gewalttätigen Angriffen, was auf Island hauptsächlich bedeutet, dass grüner Skyr auf die Bauunternehmer geworfen wurde. Es ist auch heute noch, lange nachdem der Bau abgeschlossen ist, weiter ein großes Thema auf Island. Das Kraftwerk werden wir demnächst zu sehen bekommen.

Aber erst einmal geht es zum Wandern nach **Neskaupstaður**. Durch den neuen, 7,5 Kilometer langen Tunnel Norðfjarðargöng ist die Anfahrt in die Stadt auch viel einfacher geworden. In Neskaupstaður gibt es einen schönen Stellplatz über den Dächern des Ortes, von dem wir einen traumhaften Blick

Lawinenbollwerk in Neskaupstaður

auf den Fjord und den schönen Berg gegenüber haben. Der Campingplatz (**41**) liegt an einem Naherholungsgebiet mit einem lichten Wäldchen, das im Sommer von bunten Blumen gelb und violett leuchtet. Storchenschnabel und Sumpfdotterblume, dazu die Lupinen geben der Umgebung eine schöne Ausstrahlung. In dem Wald haben wir schöne Spaziergänge direkt vom Campingplatz unternommen, auch eine

Die Küste

Wandertipp: Fólkvangur Neskaupstaðar
2,5 km, 100 m Höhenunterschied, ca. 1 Stunde

Der Parkplatz befindet sich ganz am Ende der Stadt (GPS N 65°09'01.7" W 13°39'22.2". Von hier sind 2 schöne Wanderungen möglich, sie sind auf einer Karte am Parkplatz gut beschrieben.

Für die Bergwanderer empfiehlt sich die anstrengende Wanderung auf den 819 m hohen Nipukolar. Es geht direkt Richtung Norden immer den Berg hoch, dann rechts bis oben auf den Gipfel. Auch wenn es nur 2,5 km sind, Sie müssen 800 Höhenmeter erklimmen.

Wer näher am Meer wandern möchte, geht den einfacheren Weg entlang der Küste zur Bucht Hundsvik. Eine Treppe am Ende führt hinunter bis zu einem Wasserfall direkt am Meer. Der Weg ist gut bezeichnet und teilweise mit Holzstegen gesichert, denn es ist recht feucht hier. Überall fließen kleine Bäche und kleine Wasserfälle sprudeln die Felsen hinunter. Den link zur Wanderkarte, viele Bilder und weitere Infos finden Sie auf island-womo.de.

(041) Offizieller WOMO-Stellplatz: Neskaupstaðir

GPS: N 65°09'03" W 13°40'42.1", Víðimýri, Neskaupstað, Tel +354 776 0061, camping.neskaupsstadur@gmail.com, http://en.visitfjardabyggd.is/where-to-stay/camping.

Adresse: **Öffnungszeit:** 1.6. - 15.9. **Max. WOMOs:** 30.

Ausstattung/Lage: Sanitärblock mit WC, Dusche, Entsorgung

Beschreibung: Offener Wiesenplatz über dem Ort in einem Naherholungsgebiet, schöner Blick auf den Fjord.

Preise: 1.500 Kr pP, frei bis 14 Jahre, Strom 1000 Kr.

Zufahrt: Die Hauptstraße (92) durch den Ort, dann links in Mýrargata (Camping ausgeschildert)

Diskgolf-Anlage wurde installiert. Vergessen Sie also ihr Frisbee nicht. Auf dem Spaziergang sind die riesigen Lawinenabwehrbollwerke zu sehen, die hier 1999 - 2002 errichtet wurden. 1974 kamen in der Stadt 12 Menschen bei einer Lawine ums Leben. Die Stadt ist mit 1.500 Einwohnern größer als wir das von der Lage hier am äußersten Ende der Ostfjorde erwartet hätten. Das drittgrößte Krankenhaus des Landes und eine große heringsverarbeitende Fischfabrik sind die größten Arbeitgeber. Die Stadt hat auch ein schönes, größeres Schwimmbad zu bieten.

Aber erst einmal wollen wir wandern. Ganz im Osten der Stadt liegt der Fólkvangur Neskaupstaðar (dt. Volkspark) mit wundervollen Wanderwegen und einer fantastischen Aussicht auf das Meer. Anmutige Felsformationen, die raue Küste, schroffe Berge und zahlreiche kleine Wasserfälle erwarten uns (siehe Wandertipp).

Von Neskaupstaður fahren wir zurück nach Reyðarfjörður und über die 1 Richtung **Egilsstaðir**. Der Ort ist mit fast 2.500 Einwohnern die größte Stadt Ostislands und nach Höfn und vor Akureyri die beste Anlaufstelle für Besorgungen aller Art. Wir haben hier Gasflaschen gekauft, unsere Lebensmittelvorräte auf Vordermann gebracht, bei der N1-Tankstelle entsorgt (Bodenablass) und unser WOMO nach einem Sandsturm gewaschen. Auch das schöne, große Schwimmbad haben wir hier besucht. Wir kommen hier nach unserem folgenden Ausflug zum See Lagarfljót und ins Hochland wieder vorbei - die Besorgungen erledigen wir auf der Rücktour.

Ungewöhnlich viel Wald

Wir fahren die 95 und dann die 931 weiter Richtung Süden immer am See **Lagarfljót** entlang. Der See ist eigentlich der gleichnamige Fluss, der bis zu 2,5 Kilometer breit und 35 Kilometer lang ist. Das Besondere an dem Gewässer ist neben dem Seeungeheuer Lagarfljótsormur der große Wald Hallormsstaðaskógur, der größte Wald Islands. Er ist eines der beliebtesten Naherholungsziele in Island, denn Wald ist auf der Insel nun mal selten zu finden. Übrigens sind die fehlenden Bäume nicht unbedingt eine Laune der Natur, sondern menschengemacht. Island war früher zu 60 Prozent mit Wald bedeckt, wurde zur Siedlungszeit aber abgeholzt. Aktuell wird viel dafür getan, den Wald in Island wieder aufzuforsten, wegen des Klimas dauert das aber. Die positive Entwicklung ist hier trotzdem perfekt zu erkennen. Im Wald, direkt am See finden Sie die beiden schönen Campingplätze **(42) (43)** Höfðavík und Atlavik, beide nur einen Kilometer voneinander entfernt. Sie gehören dem gleichen Betreiber. Höfðavík ist der größere Platz mit Strom und Duschen, Atlavik liegt geschützter und landschaftlich schöner mitten im Wald, hat aber nur Toiletten zu bieten. Entsorgung gibt es in Egilsstaðir bei

Der Strand am See Lagarfljót

(042) Offizieller WOMO-Stellplatz: Höfðavík

GPS/ Kontakt: N 65°05'56" W 14°44'23", Upphéraðsvegur, Tel. +354 470 2070, hallormsstadur@skogur.is www.hallormsstadur.is.
Öffnungszeit: 20.5. - 15.10. **Max. WOMOs:** 50.
Ausstattung: Sanitärblock mit WC, Dusche (kostenpflichtig), Strom.
Beschreibung: Mehrere, terassenförmig angelegte Wiesenplätze mit Hecken/ Bäumen abgegrenzt, direkt am See, Waldrand, viele Wanderwege durch den Wald (Wanderschilder am Platz)
Preise: 1.800 Kr pP, frei bis 14 Jahre, Strom 1000 Kr, zahlbar über parka.is
Zufahrt: Direkt von der 931 rechts abbiegen, ausgeschildert.

(043) Offizieller WOMO-Stellplatz: Atlavik

GPS/ Kontakt: 65°05'13.6"N 14°45'58.7"W (65.0871, -14.7663), Upphéraðsvegur, Tel. +354 470 2070, hallormsstadur@skogur.is, www.hallormsstadur.is.
Öffnungszeit: 20.5. - 15.10. **Max. WOMOs:** 50.

Ausstattung: 2 kleine Sanitärblöcke mit WC, Abwaschbereich, kein Strom.
Beschreibung: Wiesenplätze direkt am See und im Wald (sehr geschützt).
Preise: 1.800 Kr pP , frei bis 14 Jahre.
Zufahrt: Direkt von der 931 rechts abbiegen, ausgeschildert (kleines Holzschild, leicht zu verfehlen).

der N1-Tankstelle. Beide Plätze sind am Wochenende überfüllt - die Isländer fahren gerne zum Wandern hierher, denn Wald ist etwas ganz Besonderes für sie. Es finden sich viele ausgewiesene Wanderwege in dieser Region, Karten liegen bei beiden Campingplätzen aus. Am Ufer des Sees gibt es sogar einen wirklich ansehnlichen Kieselstrand, der eigentlich zum Baden einladen würde, wenn der See etwas wärmer als die sieben Grad wäre, die wir hier Ende Juni gemessen haben. Vielleicht liegt es auch am See-Monster, dass niemand hier baden geht. Wenn Sie es nicht glauben, Lagarfljótsormur ist dokumentiert *(http://www.lagarfljotsormur.com)*. Am Ende des Sees, beim Zufluss des Flusses Gilsá, gibt es ein schönes Phänomen zu beobachten, denn der glasklare Fluss

(044) Offizieller WOMO-Stellplatz: Hengifoss

GPS: N 65°01'31" W 14°58'19.1", Végardur, 701 Valþjófsstaður, Tel +354 865 1683, info@hengifossguest.is, https://hengifossguest.is.
Öffnungszeit: 15.1. bis 15.12. **Max. WOMOs:** 20.
Ausstattung: Sanitärblock, WC, Dusche, großer Grill- und Lagerfeuerbereich.
Beschreibung: offener Wiesenplatz an einem Guesthouse.
Preise: 1.500 Kr pP, frei bis 14 Jahre, Strom 800 Kr.
Zufahrt: Die 933 bis zum Ende, Guesthouse ist nicht zu verfehlen.

Hengifoss

fließt hier in den braunen, sedimentreichen See. Dadurch kommt es zu einer interessanten Farbkombination im Wasser - mag dies vielleicht das Monster sein?

Litlanesfoss

Gleich hinter der Brücke der 931 über den Fluss, links in die 933, finden Sie den Parkplatz zur **Hengifoss** Wanderung. *(GPS N 65°04'28" W 14°52'51).* Die Wanderung führt zum mit 118 Meter vierthöchsten Wasserfall Islands. Sie ist mit 2,5 Kilometern (eine Strecke) nicht lang, durch ca 300 Höhenmeter aber auch kein Spaziergang. Es bieten sich immer wieder großartige Ausblicke auf die Wasserfälle und auf den See Lagarfljót unter uns. Der kleine Fluss Hengifossá liegt malerisch in dem farbenfrohen Tal und auch der kleine Litlanesfoss, von Basaltsäulen gerahmt, liegt direkt an der Wanderstrecke. Der **Hengifoss** fasziniert nicht nur durch seine Fallhöhe, sondern auch durch die interessante, mit roten Linien durchzogene Gesteinswand, vor der der Wasserfall in die Tiefe fällt.

Einen Besuch wert ist auch das geschichtsträchtige Kloster Skriðuklaustur *(GPS N 65°02'29" W 14°57'07")*, dass nur fünf Kilometer entfernt liegt. Es basiert auf einer Legende eines Wunders aus dem 15. Jahrhundert, als dem Pastor von Valþjófsstaður an dieser Stelle sein Kelch mit Wasser zu Wein wurde. Das Kloster ist verfallen, die Ausgrabungsstätte kann besichtigt werden. *(Im Sommer 10 - 18 Uhr geöffnet, Eintritt 1.100 Kr.).* Es gibt auch ein Restaurant und wechselnde Ausstellungen.

Der Stausee - im Hintergrund der Vatnajökull

Der Canyon hinter dem Kraftwerk

Auf jeden Fall sollten Sie noch einen Abstecher auf die Straße 910 ins Hochland machen. Die Straße führt kurz hinter dem Hengifoss-Parkplatz rechts ab zum Staudamm **Kárahnjúkar** und ist die einzige Möglichkeit, über eine asphaltierte Straße ins Hochland zu kommen. Sie wurde extra für den Bau des Staudamms errichtet, irgendwie mussten die vielen LKW ja ins Hochland kommen. So können wir heute ohne 4x4 und ganz einfach das Hochland erleben. Mit Glück sehen Sie Rentiere, auf jeden Fall aber eine Menge Schafe und die raue, auf uns fast trostlos wirkende Landschaft des isländischen Hochlandes. Sie können bis zum Staudamm fahren und dort auf Schautafeln viel Interessantes über den Bau erfahren - natürlich aus Sicht des Betreibers. Das eigentliche Kraftwerk und die Turbinen zur Stromerzeugung liegen übrigens unten am See Lagarfljot (am Anfang der Strommasten). Das Druckwasser strömt durch eine Tunnelröhre ins Tal. So kann der gesamte Höhenunterschied von 600 Meter ausgenutzt werden.
Der weite Blick über den riesigen Stausee, der erst beim fernen Vatnajökull zu enden scheint, ist unglaublich. Noch spektakulärer ist der Blick auf der anderen Seite in das alte Flussbett und den Canyon, der übrig geblieben ist. Nun verstehen wir auch den Grund der Proteste um dieses Mega-Projekt. Bevor der See entstand, lagen hier die Weideflächen der Rentiere und der Kurzschnabelgans.

Egal ob Sie bis zum Staudamm fahren oder nicht - planen Sie unbedingt einen Stopp in **Laugafell** ein. Es handelt sich um eine Lodge mitten im Hochland, die an einer heißen Quelle steht. Daher auch der Name. Und damit kommen wir zum Highlight hier - den beiden Hot-Pots der Lodge, die für uns unvergesslich bleiben. Es sind zweifelsohne zwei der empfehlenswertesten Hot-Pots der Insel. Sie sind sehr gepflegt, schön mit Naturstein eingerahmt und mit 38 Grad und 42 Grad ideal zum Entspannen. Von hier aus haben Sie beim Baden einen unvergesslichen Blick auf den Snæfell (dt. Schneeberg), mit 1.833 Metern dem höchsten Berg außerhalb des Vatnajökull. Er ist immer mit Schnee bedeckt, daher sein Name. Auch die Wasserfälle in der Nähe und die schier unendliche Weite machen den Aufenthalt in dem Hot-Pot zu einem unvergesslichen Erlebnis. Der Eintritt beträgt 1.500 Kr. Auf Nachfrage durften wir hier gegen Gebühr übernachten, uns wurde aber deutlich gemacht, dass dies nicht der Regelfall ist und von der Auslastung der Lodge abhängt. Der Besitzer ist WOMO-Reisenden aufgeschlossen, möchte aber den Service der Gäste nicht beeinträchtigen. Das ist verständlich, fragen Sie also freundlich, wenn Sie hier übernachten wollen. In Zukunft soll ein Campingplatz entstehen, das wäre für Camper sicher eine tolle Bereicherung. Auch das Essen in der Lodge können wir empfehlen. Eine Speisekarte werden Sie vergeblich suchen. Im Angebot ist immer frischer Kuchen, eine Suppe und Brot, abends gibt es das Tagesgericht - es gibt das , was da ist. Von der Lodge können Sie die einzigartige Gegend erwandern. Ein Prospekt mit den Wanderungen, die mitten durchs Hochland und zu schönen Wasserfällen führen, ist im Hotel erhältlich.

Hot-Pot in Laugafell

Von hier fahren wir zurück nach **Egilsstaðir,** Sie können auf dem Rückweg gerne die 931 auf der Nordseite des Lagarfljót nehmen, die Strecke ist aber nicht durchgehend asphaltiert und daher schwieriger zu fahren. Da wir auf dem Rückweg nochmals die Stellplätze am See ansteuern nehmen wir die südliche Route, denn die Plätze am See finden wir schöner als die in der Stadt.

(045) WOMO-Campingplatz: Seydisfjordur

GPS/Kontakt: N 65°15'37" W 14°00'39.8", Ránargata 1, +354 472-1521, camping.seydisfjordur@gmail.com, http://tjalda.is/en/seydisfjordur/.
Öffnungszeit: 1.5. - 30.9.
Ausstattung/Lage: Sanitärhaus (Dusche/WC), Aufenthaltsraum mit Küche, Waschmaschine, Grillplatz, Entsorgung.
Beschreibung: Wiesenplatz im Ort mit Schotterflächen für WOMOs, mit Büschen abgegrenzt. Ausweichplatz ca. 200 m weiter auf Terassen.
Preise: 2000 Kr pP, frei bis 14 Jahre, Strom 1200 Kr.
Zufahrt: Von der 93 in den Ort, am Ende links, dann gleich links.
Hinweis: Vor der Abfahrt der Fähre extrem voll (Mittwochs).

Der letzte Abstecher geht nach **Seyðisfjörður** (dt. Fjord der Feuerstelle), einem schönen, kleinen und gepflegten Ort am gleichnamigen Fjord. Nicht nur der Ort selbst, die Anreise dahin über die 27 Kilometer lange Passstraße und Hochebene Fjarðarheiði bis auf eine Höhe von 630 Meter ist einen Besuch wert. Im Frühsommer sind hier noch riesige Schneeflächen zu sehen und die Eisflächen auf dem tiefblauen See Heiðarvatn schimmern in der Sonne. Von Egilsstaðir geht es die 93 in einigen Serpentinen schnell in die Höhe. Schon nach kurzer Zeit haben Sie bei gutem Wetter einen wunderbaren Blick in das Tal mit der Stadt Egilsstaðir und dem See Lagarfljót. Oben angekommen zeigen sich die schneebedeckten Gipfel der Berge um uns herum. Die Gegend wirkt auf uns ein wenig mystisch, wir scheinen in einer anderen Welt zu sein - obwohl wir vor 15 Minuten noch mitten in der größten Stadt Ostislands waren. Auf der Fahrt wieder abwärts nach Seyðisfjörður führt die Straße immer am Fluss Fjarðará entlang, der nicht mit Wasserfällen geizt. Der besonders schöne Gufufoss (dt. Dampfwasserfall) liegt direkt an der Straße und ist ein beliebter Fotostopp. Kurz danach sehen wir das erste Wechselstromkraftwerk Islands, das hier am Fluss 1913 errichtet wurde. Auch die erste Telegrafenstation wurde hier 1906 errichtet und ein Unterseekabel nach Schottland verlegt

Gufufoss

Seyðisfjörður

- Island hatte seine erste Telefonzentrale und Verbindung mit dem Ausland. All das und noch mehr ist im Technik-Museum der Stadt *(Hafnargate 44, 1.000 Kr.)* eindrucksvoll zusammengestellt. Die Stadt selber mit ihrer Lage am Fjord zwischen hohen Bergen ist schön hergerichtet und hat eine gemütliche Ausstrahlung. Im Vergleich zu anderen, eher tristen Orten der Ostfjorde hat der Tourismus hier stärker Einzug gehalten und den Ort positiv verändert. Denn jeden Donnerstag kommt die Fähre Norröna der Smyril Line aus Dänemark an. Der Campingplatz **(046)** ist einladend und gut ausgestattet. Mittwochs und donnerstags geht es in der Stadt wegen der Ankunft der Fähre gewöhnlich recht turbulent zu - falls Sie nicht wegen der Fähre hier sind, sollten Sie die beiden Tage meiden und können so den Ort in seiner gemütlichen Form bewundern.

Wenn Sie mit der Fähre Island wieder verlassen, dann wünschen wir Ihnen eine gute Heimreise, mit allen anderen fahren wir zurück nach Egilsstaðir.

Seyðisfjörður (von der Norönna aus)

TOUR 5
40 km
N
Raufarhöfn
Arctic Henge
Kopasker
Þórshöfn
Bakkafjörður
Vopnafjörður
Selárdalslaug
Húsavík
Grenivík
Eyjafjörður
Akureyri
Laugar
Reykjahlíð
Mývatn
Krafla
Hverir
Grjótagjá (Höhle)
Dimmuborgir
Skútustaðagígar
Mývatn Nature Bath
Goðafoss
Ásbyrgi
Hafragilsfoss
Dettifoss
Selfoss
Tour 6
Jökulsdalsheiði
Stuðlagil-Canyon
Egilsstaðir
Tour 4
Seyðisfjörður
Borgarfjörður
Hafnarhólmi (Vogelfelsen)

TOUR 5: Der Nordosten 510 km

Egilsstaðir – Borgarfjörður – Vopnafjörður – Þórshöfn Raufarhöfn – Ásbyrgi – Dettifoss – Húsavík

Stellplätze:	Vopnafjörður, Bakkafjörður, Þórshöfn, Raufarhafnar, Kópasker, Vesturdalur, Grimsstadir
Campingplätze:	Egilsstaðir, Skipalækur, Borgarfjörður, Ásbyrgi
Besichtigungen:	Hafnarhólmi (Vogelfelsen), Lagarfossvirkjun (Kraftwerk), Geirsstaðakirkja (historische Kirche), Arctic Henge (Freiluft-Kunstwerk), Jökursárgljúfur (Nationalpark)
Wanderungen:	Stórurð (8 km Bergwanderung), Vopnafjörður (4 km am Meer), Ásbyrgi (viele Wanderungen durch die Schlucht), die 3 Wasserfälle (6 km)
Baden:	Egilsstaðir, Selárdalslaug (Schwimmbäder), Egilsstaðir (Thermalbad Vök), Húsavík (Thermalbad GeoSea)

Ankunft der Norröna in Seyðisfjörður

Wir starten unsere Tour in **Egilsstaðir.** Wenn Sie mit der Fähre Norröna der Smyril Line aus Dänemark angekommen sind, gehen wir einfach mal davon aus, dass Sie zuerst einige Besorgungen machen müssen und sich auf die weitere Reise vorbereiten. Dafür ist Egilsstaðir hervorragend geeignet. Der Ort ist mit fast 2.500 Einwohnern die größte Stadt Ostislands und vor Akureyri die beste Anlaufstelle für Besorgungen aller Art. Bei Bónus oder im Nettó Markt können Sie alle Vorräte (relativ) preisgünstig einkaufen. Eine Gasflasche, wenn benötigt, bekommen Sie bei der N1-Tankstelle. Unser Tipp: Fahren Sie nach der Ankunft erst einmal direkt ins wundervoll gestaltete und traumhaft gelegene **Vök-Bath** (siehe Badetipp). Einkaufen und Gas kaufen erledigen wir hinterher, dann sind mittlerweile auch die anderen Wohnmobile von der Fähre wieder weg. Und wenn jetzt alle wegen dieses Tipps im überfüllten Vök liegen - stoßen Sie in der Pool-Bar auf uns an und verfluchen uns.

Zwei Campingplätze **(46) (47)** finden Sie hier, einen großen Stadtplatz im Zentrum mit allen Services und einen etwas ruhigeren nördlich der Stadt. Wenn Sie etwas preiswerter und in der Natur übernachten möchten, empfehlen wir Ihnen die

Badetipp: Vök Bath

Ein Thermalbad der Superlative und unsere persönliche Nummer 1 auf ganz Island. Es gibt drei Thermalbecken, zwei davon sind schwimmend auf dem See Urriðavatn verlegt. So können sie sogar ohne Probleme im zehn Grad kalten See schwimmen, Badeleitern sind vorhanden. In diesem Bad erleben wir die Badekultur Islands in der schönsten Form. (geöffnet im Sommer 10-22 Uhr, Eintritt 5.990 Kr, www. vokbaths.is)

(046) WOMO-Campingplatz: Egilsstaðir Camping

GPS/Kontakt: N 65°15'29" W 14°24'28", Kaupvangur, Egilsstöðir, Tel. +354 470-0750, camping@egilsstadir.is, www.campegilsstadir.is.
Öffnungszeit: Ganzjährig.
Ausstattung/: Großes Sanitärhaus (Dusche/WC), Aufenthaltsraum mit Küche, Waschmaschine, Entsorgung.
Beschreibung: Große, offene Wiese mit Schotterflächen innerorts, nahe Gewerbegebiet, die nahe Stadt eignet sich gut zum Einkaufen.
Preise: 2.000 Kr pP, frei bis 12 Jahre, Strom 1.000 Kr, Zahlung über www. parka.is (oder die Parka App).
Zufahrt: Von der 93 Richtung Süden aus dem Ort heraus, hinter dem Baumarkt.

(047) WOMO-Campingplatz: Skipalækur Camping

GPS/ Kontakt: N 65°16'45" W 14°26'05", Tel. +354 861 1961, booking@ skipalaekur.is.
Öffnungszeit: 15. Juni bis 15.September.
Ausstattung: Sanitärhaus (Dusche/WC), Entsorgung.
Beschreibung: Wiesen am Guesthouse nahe des Lagarfljót.
Preise: 1.500 Kr pC + 2.000 Kr pP, Kinder 500 Kr, frei bis 12 Jahre, Strom 1.000 Kr.
Zufahrt: Hinter der Brücke bei der Olis Tankstelle links, dann auf der rechten Seite.

20 Minuten südlich gelegenen Plätze Höfðavík und Atlavik **(42)** **(43)** direkt am See (siehe Tour 4).

Papageientaucher mit fetter Beute

Wir wollen unbedingt Papageientaucher sehen und fahren deshalb zuerst nach **Borgarfjörður**. Hier gibt es im Sommer garantiert Lundis - wie die putzigen Vögel auf isländisch heißen. Die Anfahrt ist ein wenig rauer als bisher, es geht die 95 aus Egilsstaðir hinaus und dann geradeaus weiter die 94 Richtung Borgarfjörður. Insgesamt ist die Tour 70 km lang mit einem kleinen Teil Schotterpiste am Anfang. Jedes Jahr wird die Strecke weiter asphaltiert und ist daher mittlerweile gut zu fahren. Die Landschaft wechselt rasch, doch die Berge im Hintergrund bleiben immer präsent. Dort, wo die Straße nach Osten abknickt, durchfahren wir einen sehr alten Sander, den Héraðssandur. Große Wiesenflächen mit Sumpfwiesen beheimaten viele Vogelarten. Nun wird es ein wenig spannender. Den Berg vor uns müssen wir bis auf den 431 Meter hohen Vatnsskarð-Pass erklimmen. Da die Straße hier asphaltiert wurde ist die Überfahrt einfach. Der Ausblick hier oben ist absolut lohnenswert. Wenn Sie in dieser Gegend wandern möchten, gibt es viele Wanderparkplätze mit vorbildlich gekennzeichneten Informationstafeln der unterschiedlichen Routen. Eine der beliebtesten Strecken geht zum Stórurð

Papageientaucher in Borgarfjörður

Der Vogelfelsen Hafnarhólmi

Der Parkplatz am Vatskard

(dt. Die riesigen Felsbrocken). Er besteht aus riesigen Tuffsteinfelsen, reizvollen Wiesen und attraktiven Tümpeln. Für die Wanderung sollten Sie 5 - 6 Stunden einplanen. Wanderkarten sind auch unten im Ort erhältlich. Der beste Parkplatz (mit WC und Informationscenter) für die Wanderung befindet sich auf der rechten Seite kurz vor dem Pass *(GPS N 65°33'52" W 14°00'08")*. Von hier sind es 7,7 Kilometer (hin- und zurück) und ca 350 Höhenmeter zum Stórurð. Auch wenn Sie nicht wandern - allein für den Ausblick auf das Tal mit den Sumpfwiesen und den Bergen im Hintergrund lohnt sich ein Stopp auf jeden Fall.

(048) WOMO-Campingplatz: Borgarfjörður eystra

GPS/Kontakt: N 65°31'27" W 13°48'29", Borgarfjörðurvegur, +354 770 0791, fjordbikes@gmail.com, www.borgarfjordureystri.is.
Öffnungszeit: 15.5. - 15.9.
Ausstattung/Lage: Sanitärblock mit WC, Dusche (kostenpflichtig), Küchenbereich mit Herd, Aufenthaltsraum, beheizt, Entsorgung, Bodenablass.
Beschreibung: Großer Wiesenplatz im kleinen Ort, Schotterbereich für WOMO, leichter Schutz durch Büsche.
Preise: 1.500 Kr pP, frei bis 14 Jahre, Strom 1.000 Kr.
Zufahrt: Direkt an der 94 im Ort (Kirche) links.

Auf dem Campingplatz in Borgarfjörður

Uns treibt es zu den Papageientauchern, die am Borgarfjarðarhöfn zwischen Ende Mai und Mitte August zu sehen sind. Fahren Sie einfach die 94 durch den Ort und dann bis zum Hafen, dort ist ein Parkplatz. *(GPS N 65°32'22" W 13°45'15)*". Hier sehen Sie schon die Holzwege direkt zum Vogelfelsen »**Hafnarhólmi**«. Viel näher werden Sie den putzigen Vögeln nirgendwo kommen, Holzstege führen unmittelbar an den Nisthöhlen vorbei. Papageientaucher (isl. »Lundi«) brüten in bis zu einen Meter langen Höhlen auf den Oberkanten oder Hängen grasbewachsener, steiler Klippen. Dieser kleine Felsen ist genau so beschaffen. Vom Holzweg können wir stundenlang den Tieren zuschauen, wie sie mit Futter beladen auf ihre Höhlen zu fliegen, teilweise sehr tapsig direkt in die Höhle purzeln. Auch viele Möwen brüten hier und zur Brutzeit sind die Jungmöwen genauso niedlich anzuschauen, auch wenn die beliebten Papageientaucher ihnen die Show stehlen. Bei Regen können Sie das auf der Klippe liegende Haus nutzen *(Gebühr 1.000 Kr)*.

Etwa fünf Kilometer vor dem Vogelfelsen befindet sich ein schöner Campingplatz **(49)** mit Blick auf die Berge und trotzdem mitten in dem sehr kleinen Ort. Er liegt am Fuße des

Auf der Rückfahrt von Borgarfjörður

Álfaborg, der Stadt des verborgenen Volkes. Hier wohnt die Elfenkönigin Borghildur, ein Spaziergang auf die "Stadt der Verborgenen" soll Glück bringen. Oben ist eine Kompassrose mit den Namen der umliegenden Berge zu sehen. Vom Campingplatz führen einige Pfade direkt hinauf.

Für die Rückfahrt nehmen wir anfangs den gleichen Weg. Wenn Sie früh morgens abreisen, ist der Wanderparkplatz am Vatnsskarð-Pass hervorragend für ein Frühstück mit herrlicher Aussicht geeignet. Der nun folgende Weg beinhaltet viele Pistenkilometer, bedenken Sie also die etwas längere Fahrzeit. Und schnallen Sie lose Gegenstände im Wohnmobil fest. Wir fahren nicht den Weg bis Egilsstaðir zurück, sondern biegen die 944 Richtung Hróarstunga ab. Es ist eine gut befahrbare Schotterpiste, aber etwas holpriger als die 94 auf dem Hinweg. Nach neun Kilometern kommen wir am Kraftwerk Lagarfossvirkjun vorbei. Hier wird mit der Kraft des Flusses Lagarfljót, den wir als See aus Tour 4 kennen, 27 Megawatt Strom produziert. Es wurde in zwei Ausbaustufen 1975 und 2007 fertiggestellt und hat eine Fallhöhe von ca. 17 Metern mit einer Wassermenge von ca. 180 m^3/s. Vor dem Kraftwerk ist ein großer Parkplatz, von dem wir über Fußgängerbrücken direkt an den Fluss kommen. Der Überlauf des Flusses strömt hier in gewaltigem Wildwasser hinunter, was sehr imposant ist. Ein schöner Zwischenstopp. Hinter der Brücke über den Fluss geht es rechts die 925 weiter Rich-

Wildwasser am Lagarfossvirkjun

Kirkjubæjarkirkja

tung Hrdastunga. Kurz darauf ist die Kirkjubæjarkirkja, eine sehr fotogene schwarze Kirche von 1851 zu sehen. Bei gutem Wetter ist sie ein wirklich lohnendes Fotomotiv. Am Ende der Straße biegen Sie links in die 925 Richtung Egilsstaðir ab. Kurz dahinter sehen Sie auf der linken Seite die Nachbildung einer 1.000 Jahre alten

Die Piste

Torffkiche aus der Wikingerzeit die Geirsstaðakirkja. Bei Ausgrabungen 1997 in dieser Gegend wurde ein altes Wikingerhaus mit Kirche gefunden, die Kirche wurde hier originalgetreu wieder aufgebaut und kann besichtigt werden. Sie ist im Sommer von 11 - 17 Uhr geöffnet, der Eintritt ist frei. Ungefähr sieben Kilometer vor der Abzweigung auf die Ringstraße Richtung Mývatn ist die Straße auch wieder asphaltiert und es geht etwas flotter voran. Bevor es weiter Richtung Norden geht, machen wir einen Ausflug zum Naturhighlight dieser Gegend, den **Stuðlagil-Canyon.** Noch vor einigen Jahren war er verborgen, aber durch den Hálslón-Stausee des Kárahnjúkar-Kraftwerks (siehe Tour 4) wurde der Gletscherfluss Jökulsá á Brú (auch Jökla genannt)

Geirsstaðakirkja

Stuðlagil

(049) Offizieller WOMO-Stellplatz: Stuðlagil

GPS/Kontakt: 65°09'51"N 15°18'43"W
Öffnungszeit: Mai bis September. **Max. WOMOs:** 30.
Ausstattung: WC, Abwaschbreich, Entsorgung, kein Strom.
Bescheibung: große, einfache, offene Wiese am Café, direkt an der Aussichtsplatform.
Preise: 1.500 Kr pP, frei bis 15 Jahre.
Zufahrt: Von der 1 links ab in die 923 (Stuðlagil ausgeschildert), 18 km Schotterpiste.

ruhiger und legte hier traumhaft schöne Basaltformationen frei. Riesige, bis zu 30 Meter hohe, teils kerzengerade Säulen und der blaugrüne, fotogene Fluss machen den Canyon zu einem echten Highlight. Es gibt einen einfachen Zugang auf der Westseite mit Aussichtsplatform, Kiosk und Campingplatz **(49)**. Wer direkt zum Fluss hinunter möchte, muss eine Wanderung auf der Ostseite in Kauf nehmen. Man parkt dann an der Brücke fünf Kilometer vor dem Canyon und läuft von dort. 4x4 Fahrzeuge können bis zu einem weiteren Parkplatz 2,5 Kilometer vor dem Canyon fahren.

Die weitere Fahrt führt über die etwas eintönige Hochebene **Jökulsdalsheiði** mit sehr spärlicher Vegetation und einer endlos scheinenden Weite. Und bevor die 1 einen Schwenk nach Westen zum Mývatn macht, biegen wir rechts in die 85 Richtung Vopnafjörður ab.

Abkürzung: Wer nicht so viel Zeit hat, kann die 1 weiter bis zum Dettifoss fahren und uns dort wieder am Ende der Tour treffen. Für diejenigen haben wir einen tollen Campingplatz-Tipp mit Hochland-Feeling auf einer Farm mit Guesthouse

(050) WOMO-Campingplatz: Mödradalur

GPS/Kontakt: , 65°22'24"N 15°52'54"W (65.3733, -15.8818), Möðrudal 660 Mývatn, Tel: +354 894 8181, info@fjalladyrd.is, fjalladyrd.is.
Öffnungszeit: Ganzjährig.
Ausstattung: Mehrere Torfhäuser mit WC, Dusche (kostenpflichtig), Abwaschbreich, Küche in einem alten Wikingerhaus, Restaurant, Waschmaschine, Entsorgung.
Bescheibung: Große Wiese hinter dem Restaurant, toller Blick in die Sandebenen, kleiner Fluss, Wanderwege, Blick auf den Herðubreið.
Preise: 1.590 Kr pP, frei bis 14 Jahre, Strom 1590 Kr.
Zufahrt: Von der 1 links in die 901 ins Mörudalur, 8 km Schotterpiste, von der Ringsstraße ausgeschildert.

und Restaurant im Mödradalur. Der Bauernhof ist mit 469 Metern der höchst gelegene Hof Islands. Der Blick auf die umliegenden Sandebenen und den wunderschönen Tafelvulkan Herðubreið machen die Übernachtung zu einem besonderen Erlebnis. Auch das Restaurant der Farm mit vielen Lammgerichten ist absolut empfehlenswert.

Wer uns auf unserer Tour folgt, wird eine der einsamsten Landschaften Islands entdecken, die an einigen Stellen auch ein wenig trostlos scheint. Hier kann es in der Hauptsaison gerne mal eine Stunde dauern, bis ein anderes Fahrzeug entgegenkommt. Die Landschaft ist karg und wenig abwechslungsreich. Nur die rechts von uns liegende, schneebedeckte Bergkette Smjörfjöll (dt. Butterberge) bringt etwas Abwechslung.

Ein kleines Highlight ist der schöne Ort **Vopnafjörður** auf einer Landspitze am gleichnamigen Fjord. Die Stadt hat sich schön herausgeputzt und eine gemütliche Ausstrahlung. Der Campingplatz liegt reizvoll über dem Ort mit einem traumhaften Blick auf den Fjord. Eine beliebte Wanderung führt über den Damm auf die beiden Inseln Miðhólmi und Skiphólmi, die

(051) Offizieller WOMO-Stellplatz: Vopnafjörður

GPS/Kontakt: N 65°45'28" W 14°49'32", Lónabraut 11, 845 2269, tangihotel@simnet.is, https://vopnafjardarhreppur.is/thjonusta/verslun-og-onnur-thjonusta/tjaldsvaedi.

Öffnungszeit: 1.6.bis 15.9. **Max. WOMOs:** 30.

Ausstattung: WC, Dusche, Ver-/Entsorgungsstation im Gewerbegebiet GPS N 65°45'15" W 14°50'17"

Bescheibung: Wiesenbereich über dem Ort, Schotterplätze für WOMO, Fjordblick.

Preise: 1.500 Kr pP, Kinder 700 Kr pP, frei bis 11 Jahre, Strom 1.000 Kr.

Zufahrt: Von der Hauptstraße (85) rechts Richtung Holtahverfi, dann immer geradeaus, bei der Polizei links.

Der Fjord Vopnafjörður

im Fjord direkt vor der Stadt liegen. Es ist ein wenig Kletterei über die Steine des Damms erforderlich - der Blick auf den Fjord ist es aber wert. In dem Ort gibt es eine öffentliche WOMO Ver-/Entsorgungsstation, die vorbildlich ausgestattet ist, inkl. Bodenablass. Die GPS-Koordinaten finden Sie bei der Campingplatz-Info **(50)**.

Selárdalslaug

Bekannt ist der Ort durch das zwölf Kilometer nördlich liegende **Selárdalslaug** - ein Schwimmbad im Nirgendwo. Der Platz ist nicht zufällig so einsam gewählt, es liegt an einer der wenigen heißen Quellen im Osten Islands. Da das Bad in jedem Reiseführer erwähnt wird, sind die Besucherzahlen höher als für diese Gegend erwartet. Durch seine tolle Lage direkt am Fluss Selá ist es unbedingt einen Besuch wert. Der Fluss gilt übrigens als der beste Lachs-Angelspot. Schon König Charles III und der ehemalige US Präsident George W. Bush waren hier angeln. Das Schwimmbad ist im Winter besonders beliebt. Durch die abgeschiedene Lage, ohne Beleuchtungseinflüsse, ist es der perfekte Ort, um beim Baden Nordlichter zu beobachten. Falls Sie also später im Jahr unterwegs sind, das Bad hat bis 22 Uhr geöffnet. Versuchen Sie

(052) Offizieller WOMO-Stellplatz: Bakkafjörður

GPS/ Kontakt: N 66°02'12" W 14°48'12", Skólagata 5, Tel. +354 892 4002, info@northeasticeland.com,
Öffnungszeit: 1.5. - 31.8.**Max. WOMOs:** 20.
Ausstattung/: WC, Abwaschbereich, kein Strom.
Beschreibung: Einfacher, offener Wiesenplatz mit Holzzäunen und Picknickbänken, direkt am Wasser.
Preise: 1.400 Kr. pP.
Zufahrt: Von der Hauptstraße (85) die 91 Richtung Bakkafjörður (5km), am Ende des Ortes auf der rechten Seite.

ihr Glück.

Weiter geht es immer die 85 entlang direkt Richtung Norden. Wieder befinden wir uns auf einer Hochebene, der Bakkaheiði. Kahle, hügelige Mooslandschaften, nur die Kurven der Straße bringen etwas Abwechslung in die sonst eintönige Landschaft. Hier ist es trist, fast gespenstisch. Passend dazu finden wir in **Bakkafjörður** einen etwas trostlosen, aber schön gelegenen Stellplatz **(52)**. Dazu einfach von der 85 rechts in den Ort abbiegen.

Von **Bakkafjörður** nach **Þórshöfn** ist die Fahrt wieder ein wenig holpriger, denn die Straße ist teilweise Schotterpiste und wechselt häufig den Belag. Hier gilt es besonders die Schilder, die den Wechsel auf Schotter anzeigen, zu beachten und die Geschwindigkeit rechtzeitig zu reduzieren. Die Schotterpiste ist in einem guten Zustand und für alle Fahrzeuge geeignet. Kurz nach Verlassen der Stadt steht die älteste Kirche Ostislands, die Kirche von Skeggjastaðir. Sie wurde 1845 vom Pastor Hóseas Árnasonerbaut mit eigenen Mitteln erbaut, weil weder die Bevölkerung noch der Bischof ihm das Geld zur Verfügung stellten. Guttormur Þorsteinsson von der Halbinsel Langanes spendete immerhin das Treibholz für das Gebäude. Rechts im Meer ragt der Felsblock Stapi aus dem Wasser und ist ein schönes Fotomotiv. Ansonsten ist die Gegend, außer den Felsen und der rechts aufragenden Halbinsel Langanes, optisch nicht sehr ansprechend. Die Schotterstraße zwischen der Moorlandschaft und den Wiesen hat teilweise das Ambiente eines einfachen Feldweges. Neben den Vögeln auf der Halbinsel ist der Maulwurf das meistgesehene Tier. Diesen Satz haben wir uns nicht ausgedacht, sondern einem lokalen Blog entnommen - denn dies beschreibt die Gegend sehr treffend.

In **Þórshöfn** angekommen (von der 85 rechts auf die 869 abbiegen) fällt die relative Größe der Stadt zu den Nachbarorten auf. Mit fast 400 Einwohnern ist es der größte Ort im

(053) WOMO-Stellplatz: Þórshöfn

GPS/Kontakt: N 66°11'56" W 15°19'38", Langanesvegur, Þórshöfn, Tel. +354 468 1220, sund@langanesbyggd.is, www.langanesbyggd.is.
Öffnungszeit: 1.6. - 31.8. **Max. WOMOs:** 20.
Ausstattung: WC, Dusche, Abwaschbereich überdacht, Entsorgung.
Beschreibung: Großer Wiesenplatz etwas abseits des Ortes, Extra-Bereich für WOMO geschottert.
Preise: 1.400 Kr pP , frei bis 14 Jahre, Strom 1000 Kr.
Zufahrt: Von der Hauptstraße (85) rechts ab nach Þórshöfn, am Hafen vorbei, dann rechts (Camping ausgeschildert).

(054) Offizieller WOMO-Stellplatz: Raufarhafnar

GPS/ Kontakt: N 66°26'53" W 15°56'50", Skólabraut, Tel. +354 895 5154, agbriem@simnet.is,

Öffnungszeit: 1.6. - 31.8. **Max. WOMOs:** 10.

Ausstattung: WC-Container und Dusche, offener Abwaschplatz.

Beschreibung: Wiese am Ortsrand mit hohem Wall drumherum, 15 km vom Polarkreis entfernt, Kunstwerk "The Artic Henge" in der Nähe, neben dem Schwimmbad.

Preise: 1.600 Kr pP, frei bis 16 Jahre, Strom 800 Kr, zahlbar über parka.is.

Zufahrt: Von der Hauptstraße in den Ort, hinter dem Sportcenter rechts.

Nordosten. Die Stadt hat einen günstig gelegenen Hafen und ist heute Zentrum der Muschelverarbeitung. Sie ist ein guter Ausgangspunkt für Wanderungen auf die Halbinsel Rauðanes mit einer großen Vogelpopulation. Aber nicht nur die vielen Vögel, auch das beliebte Felsentor Háabjarg ist sehenswert. Die Wanderung beginnt auf einem gut markierten Parkplatz direkt an der 85. Im Ort befindet sich ein großer Campingplatz, der auch einen speziellen, geschotterten WOMO-Bereich im hinteren Teil bekommen hat **(53)**. Es gibt eine Tankstelle, einen Supermarkt und mehrere Restaurants.

Unser Ziel ist die kleine Siedlung **Raufarhöfn.** Wir geben zu, nicht des Ortes selbst wegen. Es ist Ende Juni und die Sonne scheint - die Mitternachtssonne zieht uns in den Norden. Der Ort ist die nördlichste Ansiedlung Islands, von hier sind es nur 15 km bis zur nördlichsten Spitze der Insel. Der Polarkreis ist nur noch weitere zwei Kilometer entfernt. Der perfekte Ort für die Beobachtung der Mitternachtssonne. Imposant

Arctic He

Das Kunstwerk "The Arctic Henge" in Raufarhöfn

in Szene gesetzt wird die mitternächtliche Sonne durch das monumentale Kunstwerk **»The Arctic Henge«** (dt. arktischer Steinkreis). 1996 konzipiert und seit 2002 im Bau, gilt es als größtes Freiluft-Kunstwerk Islands mit dem Ziel, den Tourismus in der strukturschwachen Region zu fördern. Durch die Nähe zum Polarkreis ist die Idee einer riesigen Sonnenuhr einleuchtend und gibt in der Mitternachtssonne wahrlich ein faszinierendes Bild ab. Derzeit sind nur vier der äußeren Tore mit je sechs Meter Höhe und das elf Meter hohe zentrale Tor fertiggestellt. Hinzukommen soll noch ein äußerer Steinkreis mit 50 Meter Durchmesser sowie 72 Zwerge aus den Island-Eddas. Die Tore sind genau nach den Himmelsrichtungen ausgerichtet und so findet sich zur astronomischen Mitternacht die nur knapp untergehende Sonne genau in der Verlängerung der Steintore. Zu bedenken ist, dass wir uns auf dem 16. westlichen Längengrad befinden, Island aber GMT als Zeitzone hat. Die astronomische Mitternacht ist damit hier um ca. 1 Uhr nachts.

Raufarhöfn selbst ist ein trister Ort und könnte auch als setting für einen düsteren Endzeit-Film herhalten. Nur knapp 200 Einwohner bewohnen heute den einst für seinen großen Heringshafen bekannten Ort. Der einfache und saubere Campingplatz liegt am Ortseingang **(54)**. In den Ort sind es fünf Minuten zu Fuß und 20 Minuten zum Arctic Henge. Gegessen haben wir in Kaupfélagið, einer sehr schrägen Mischung aus Restaurant, Museum und Andenkenladen. Hier gibt es neben Snacks auch lokale Speisen aus Lamm und Fisch und selbst das eher als Fast Food bekannte Fish and Chips ist hier sehr lecker. Das Restaurant ist nicht zu verfehlen, es liegt direkt an der Hauptstraße (Aðalbraut 24).

Auf der Weiterfahrt nach Ásbyrgi kommen wir in **Kópasker (55)** vorbei - der Ort ist auch bekannt für das Erdbeben im Januar 1976. Trotz der winterlichen Wetterbedingungen konnten die Bewohner evakuiert werden, niemand kam zu Schaden. Heute erzählt das Kópasker Earthquake Center in der Stadt die Geschichte des Bebens mit Berichten, Fotos und Erlebnissen aus Perspektive der Einwohner. Kópasker errei-

(055) Offizieller WOMO-Stellplatz: Kópasker

GPS/ Kontakt: N 66°18'04" W 16°26'34", Austurtröð 4, 670 Kópasker, Tel: +354 845 9376, nordurthing@nordurthing.is, http://tjalda.is/en/kopasker.
Öffnungszeit: 1.6. - 15.9. **Max. WOMOs:** 20.
Ausstattung/Lage: kleines Sanitärhaus mit Dusche und WC, offener Abwaschplatz
Beschreibung: Ruhiger Wiesenplatz.
Preise: 1.600 Kr pP, frei bis 18 Jahre, Strom 800 Kr, zahlbar über parka.is.
Zufahrt: Von der Hauptstraße (85) rechts die 870 nach Kópasker, nach 4 km links ins Dorf, Stellplatz ist gleich links.

chen Sie von der 85, rechts abbiegen in die 870.
Wir fahren die 85 weiter westwärts und landen schließlich in der hufeisenförmigen Schlucht **Ásbyrgi,** wo nach einer Sage Odins achtbeiniges Pferd seinen Hufabdruck deutlich sichtbar hinterlassen hat. Unser erster Stopp ist das gleich neben der Hauptstraße liegende Visitor Center. Der große Nationalpark Jökulsárgljúfur umfasst vier verschiedene Gebiete: Ásbyrgi, Vesturdalur, Hólmatungur (mit dem WOMO schwer zu erreichen) und Dettifoss. Der große, sehr gut ausgestattete Campingplatz direkt in Ásbyrgi in der Nähe des Visitor Cen-

In der Schlucht Ásbyrgi

ter bietet alle Services. Im Visitor Center erfahren wir viel über die Entstehung der Schlucht. Denn wissenschaftlich betrachtet war es möglicherweise nicht Odins Pferd, sondern ein Gletscherlauf, also ein Ausbruch der Vulkane Kverkfjöll oder Bárðarbunga

(056) WOMO-Campingplatz: Ásbyrgi campground

GPS/ Kontakt: 66°01'34"N 16°29'42"W (66.0261, -16.4951), Ásbyrgi, 671 Kópasker, Tel. +354 470 7100, asbyrgi@vjp.is, http://tjalda.is/en/asbyrgi-2.
Öffnungszeit: 15.5. - 30.9.
Ausstattung: Sanitärhaus mit WC, Dusche (kostenpflichtig), Abwaschraum, Waschmaschine, Entsorgung.
Beschreibung: Großer Platz direkt am Felsenberg, 23 unterschiedliche Wiesenbereiche mit Hecken / Bäumen abgegrenzt, viele Wanderungen direkt vom Campingplatz.
Preise: 250 Kr pC + 1.250 Kr pP, Kinder 700 Kr pP, frei bis 12 Jahre, Strom 1.000 Kr, Zahlung über www.parka.is.
Zufahrt: Direkt von der 85 zum Visitor Center, von dort 500 m zum Campingplatz (ausgeschildert).

unter einem Gletscher vor 4.000 Jahren. Wassermassen mit 200.000 m³/s formten so die Schlucht. Jeder Isländer wird aber die Version mit Odins Pferd erzählen, denn der Odin hatte ein sehr großes Pferd. Der Name der Schlucht Jökursárgljúfur (dt. Gletscherflussschlucht) verrät aber seine Herkunft. Der ganze Park ist ein Wanderparadies. Teil des Nationalparks und des Canyons ist auch der Dettifoss, den wir später anfahren werden. Vom Campingplatz beginnen zahlreiche Wanderungen in die Schlucht und durch das Naturschutzgebiet. Detaillierte Wanderkarten sind im Visitor Center für 350 Kr. erhältlich, die Wanderungen sind aber auch auf Hinweistafeln an den Parkplätzen gut dargestellt. Wir können Ihnen die im Wandertipp genannten 4 Wanderungen empfehlen, es gibt aber viele mehr und auch deutlich längere Touren bis hin zu Mehrtagestouren. Die Wanderwege sind alle sehr gut markiert und vorbildlich gekennzeichnet. GPS-Tracks finden Sie auf island-womo.de

Von Ásbyrgi machen wir nun einen Ausflug zu den anderen Gebieten des Nationalparks bis zum Dettifoss. Wir nutzen die

Der Nationalpark Jökulsárgljúfur

Wandertipps vom Ásbyrgi Campingplatz:

Wanderung oben auf die Felseninsel Eyjran (5 km, 1,5 Std.) - A2
GPS-Track unter www.island-womo.de

Vom Campingplatz erst kurz nordwärts am Felsen entlang, dann auf den Felsenberg hinauf und bis zum Ende wandern, dort gibt es einen Rundweg. Der Blick von der Spitze hinunter ins Tal ist unvergeßlich

Wanderung unten am Felsen entlang (4 km, 1,5 Std.) - A4

Es geht immer direkt am Felsen entlang. Am Ende angekommen werden wir mit einer schönen Aussicht von unten auf den imposanten Berg, der von hier wie der Bug eines Schiffes aussieht, belohnt. Ist die Lust oder Zeit für beide Wanderungen nicht vorhanden, den Aussichtspunkt von unten erreichen Sie auch mit dem Auto über die 861 (Zufahrt zum Campingplatz weiterfahren).

Wandertipps vom Parkplatz Hljóðaklettar:

Rundwanderung "Hljóðaklettar" (4 km, 1,5 Std., 300 Höhenmeter) - V3 GPS-Track unter www.island-womo.de

Vom unteren Parkplatz links in den Buschwald. Die Wanderung ist besonders abwechslungsreich. Zuerst durch einen Birkenbuschwald, dann erreichen Sie den Canyon mit tiefschwarzen, einzigartigen Basaltfelsen. Die Wanderung geht einmal rund um das Felsmassiv, teilweise am Canyon entlang, mitunter steil durch das Basaltmassiv. Die Wege sind gut gekennzeichnet, verlaufen können Sie sich nicht. Es geht aber ungesichert teilweise Zentimeter am hohen Canyon entlang, Trittsicherheit ist gefragt.

Zum Aussichtspunkt Karl og Kerling (4,5 km, 1,5 Std., 250 Höhenmeter) - V5 GPS-Track unter www.island-womo.de

Wir starten am zweiten Parkplatz am Ende, dann rechts. Der Abzweiger zum Aussichtspunkt ist beschildert. Es geht steil bergab bis zum Fluss hinunter. Von hier haben Sie eine wunderbare Sicht auf die Basaltformationen Karl og Kerling (Mann und Frau). Einer Volkssage nach handelt es sich um ein Troll-Ehepaar, die in der gegenüberliegenden Höhle (Tröllahellir) lebten.

asphaltierte 862 westlich der Schlucht entlang. Nach 17 Kilometern geht es links in die Straße 889 nach Hljóðaklettar. Der ausgeschilderte Campingplatz ist nur Zelten vorbehalten, wir können aber den Parkplatz nutzen und viele Wanderungen unternehmen (siehe Wandertipps). Auch die Fahrt bis zum Aussichtspunkt Langavatnshöfði ist empfehlenswert. Entlang der 862 gibt es noch diverse schöne Aussichtpunkte mit großen Parkplätzen, von denen wir eine schöne Aussicht in die Schlucht haben. Nach 30 Kilometern erreichen wir die Abzweigung zum **Dettifoss** (Straße 886) bis zum riesigen Besucherparkplatz. Der Parkplatz (mit WC) ist derzeit noch kostenlos. Hier gibt es sogar einen extra Parkbereich für große WOMOs. Vom Parkplatz laufen wir 800 Meter zum Dettifoss und 1.000 Meter bis zum Selfoss. Der Blick von der Aussichtsplattform ist etwas ganz Besonderes, denn der Wasserfall ist etwas schräge nach Westen gedreht, deshalb schauen Sie von hier

Der Dettifoss vom unteren Aussichtspunkt

Der Dettifoss im Westen mit Regenbogen

Dettifoss ganz nah

frontal auf die riesige Wasserwand. Am Dettifoss sollten Sie neben der großen Aussichtsplattform auch unbedingt zu dem unteren, kleineren Aussichtsbereich laufen. Das ist ein sehr bewegendes Gefühl. Sie spüren die Kraft des Wassers - atemberaubend! Immerhin ist der Dettifoss (dt. stürzender Wasserfall) der größte Wasserfall Europas, also nach Leistung (Höhe x Wassermenge) und liegt knapp vor dem Rheinfall. 44 Meter hoch und knapp 200 Kubikmeter die Sekunde. Es fallen pro Sekunde 200 Tonnen Wasser über die Kante. Macht mehr als 85 Megawatt. Das mag jetzt nicht jedem etwas sagen, an der Kante stehend spüren und hören wir es: Atemberaubend – im wahrsten Sinne des Wortes.

Um zur 120 Meter Luftlinie entfernten Ostseite zu kommen, müssen wir zusätzlich 60 Kilometer meistern. Dazu fahren wir bis zur Ringstraße, dann Richtung Osten über die Brücke und dann wieder links auf die Schotterpiste 864, die leider nicht sehr eben ist. Doch mit geringer Geschwindigkeit geht es ohne Probleme, auch wenn der Schrankinhalt des WOMOs ordentlich durchgeschüttelt wird. An der Kreuzung der 1 und 864 befindet sich ein einfacher, landschaftlich reizvoller und günstiger Campingplatz. Die 864 lohnt sich deshalb, weil wir von der Ostseite an den naturbelassenen, wilderen und

Im Osten ist der Regenbogen morgens zu sehen

ruhigeren Teil des **Dettifoss** kommen. Hier gibt es keine Tourbusse, keine Absperrungen, keine festen Wanderwege. Hier kommen wir ganz dicht an den Wasserfall, bis auf ein paar Zentimeter an die Fallkante. Das ist so spektakulär, dass es mit Worten nicht zu beschreiben ist. Wir waren fast 2 Stunden mit dem Wasserfall allein. Netterweise zeigt sich die Sonne und hinterlässt, noch tief stehend, einen tollen Regenbogen von dem immensen Spray, den der Wasserfall produziert. Noch ein netter Aspekt der Ostseite: Meist weht das Spray nach Westen, daher bleiben wir hier trocken. Wir können uns

kaum sattsehen. Allein deshalb hat sich die Fahrt auf der 864 schon gelohnt. Übrigens: Die Eröffnungsszene des Films Prometheus wurde genau von dieser Seite gedreht. An der Strecke zur Ostseite befindet sich an der 864 ein einfacher Stellplatz **(57)**.

Selfoss

Wandertipp: Die 3 Wasserfälle (Hafragilsfoss, Dettifoss, Selfoss) 6 km, ca 2 Std

Los geht es beim Parkplatz Dettifoss Ost, von hier aus führt ein Weg hinunter in den Canyon. Von dort geht es auf mit Holzpfosten markierten Wegen Richtung Norden zum Hafragilsfoss und 1 km Richtung Süden zum Selfoss). Sie können natürlich auch nur 2 Wasserfälle besuchen, auf jeden Fall sollten sie die einfachere, 1 km lange Tour zum Selfoss machen. Von der Ostseite ist der etwas länglich geformte Selfoss wirklich schön anzusehen.

(057) Offizieller WOMO-Stellplatz: *Grimsstadir Guesthouse*

GPS/Kontakt: N 65°38'36 W 16°06'54, Tel. +354 464 4292, grimsstadir@simnet.is, www.grimsstadir.is.

Öffnungszeit: 15.6. - 15.9.
Max. WOMOs: 10.
Ausstattung: WC, Kaltwasser, kein Strom.
Beschreibung: 2 einfache Plätze mitten in der Natur, offene Wiese oben und kleine Wiese unten am Fluss, bei Regen sehr nasser Untergrund.
Preise: 1.000Kr pP.
Zufahrt: Von der 864 kurz rechts ab nach Grimsstadir (ausgeschildert).

(058) WOMO-Campinplatz: 66.12 NORTH

GPS/Kontakt: N 66°11'58" W 17°06'11", Mánárbakki 641, 641 Húsavík, Tel. +354 898 0424, manarbakki@gmail.com, www.facebook.com/camping66.12.
Öffnungszeit: 1.3. - 31.10.
Ausstattung: Ehemalige Scheune mit WC, Duschbad, große Küche und Aufenthaltsraum, Waschmaschine, Entsorgung.
Beschreibung: Große Wiese direkt am Wasser, Meerblick. Bei Bedarf kann der geschotterte Bereich um die Scheune genutzt werden.
Preise: 1.500 Kr pP , frei bis 15 Jahre, Strom 900 Kr.
Zufahrt: Direkt an der Hauptstraße (85), Camping gut ausgeschildert.

Nachdem wir unseren Ausflug zum Dettifoss beendet haben, fahren wir über die 862 (Westseite) oder 864 (Ostseite) zurück nach Ásbyrgi und von dort weiter die 85 Richtung Husavik. Am Aussichtspunkt Öxarfjörður *(GPS N 66°10'45" W 16°59'24")* können wir an den Klippen links vom Parkplatz gut einige Papageientaucher beobachten und der Ausblick auf die wilde Küste ist wunderschön. Direkt an der Nordküste findet sich der sehr empfehlenswerte Campingplatz **(58)** mit perfekter Lage am Meer und guter Ausstattung. Zur Sonnenwende können wir hier um Mitternacht die tiefe Sonne bewundern und die Wellen rauschen hören. Die Stellplätze befinden sich direkt am Wasser, der Ausblick ist traumhaft. Der Besitzer betreibt den Platz mit einer sehr persönlichen Note, ist für Gespräche und Tipps sehr aufgeschlossen.

Die Stadt **Húsavík** (dt. Häuserbucht) ist ohne Zweifel die Wal-Hauptstadt Islands. Seit 1995 werden hier Walbeobachtungstouren angeboten, 1998 eröffnete das Wal-Museum und ständig wurde das Angebot erweitert. Mittlerweile scheint die Stadt komplett vom Waltourismus zu leben. Vier Firmen bieten ihre Dienste an, dazu kommen Souvenirläden, Restaurants und alles, was den Tourismus so ausmacht. Viele Tourbusse kommen im Hafen an und nutzen die gute Wal-Tour Infrastruktur. Trotzdem wirken der Ort und der Hafen irgendwie beschaulich und original Isländisch. Durch den Tourismus bietet die

Húsavík

Start der Wal-Touren

Stadt ein lebhaftes, aber lokales Flair. Die schmucke Kirche von 1907 gibt dem Ort ein schönes Gesicht und Fischerboote paaren sich mit den vielen Schiffen der Waltour-Anbieter. Da die meisten Anbieter hier auf traditionelle Holzschiffe setzen, passt das gut zum lokalen Ambiente. Aber auch eine Menge RIB-Boote (Schlauchboote mit festem Rumpf, englisch »Rigid Inflatable Boat«) dümpeln im Hafen und nach unseren Beobachtungen sind das mittlerweile auch die beliebtesten Touren, wenn wir mal die Anzahl der Besucher addieren. Die RIB-Touren bieten zusätzlich zur Walbeobachtung noch einen kleinen Speed-Kick und die kleinen Boote können deutlich näher an die Wale heranfahren. Außerdem sind sie extrem manövrierfähig und sind schnell dort, wo Wale gesichtet werden. Alle Anbieter bieten auch kombinierte Wal-Puffin (Papageientaucher)-Touren an, die auch zu einer Vogelinsel mit zehntausenden Lundis fahren. Um Ihnen den Vergleich zu erleichtern, haben wir die vier Anbieter hier zusammengefasst.

Ein Buckelwal an der Oberfläche

North Sailing: Der älteste Anbieter mit klassischen, renovierten Holzbooten. 6 Fischerboote aus Eiche, 3 Gaffelgetakelte Segelschiffe und ein elektrisch angetriebenes Holzboot (Silent-Tour). Preise: Original, Silent 10.990 Kr Erwachsene /4.000 Kr Kinder. Segeltour 11.990 Kr / 4.200 Kr.

Salka Whale Watching: Neuerer Anbieter seit 2013, 2 Holzboote: Preise: 10.990 Kr Erwachsene / 4.000 Kr Kinder, mit Papageientauchern 12,990 Kr / 4.400 Kr.

Gentle Giants: Seit 2001, 2 klassische Holzboote und 5 RIB-Boote. Preise: Original (Holzschiff) 10.790 Kr/ 4.490 Kr, RIB 19.790 Kr / 12.990 Kr.

Húsavík Adventure: nur RIB-Anbieter, Preise 18.990 Kr /11.900 Kr.
Rabattcode 10% für WOMO-Leser: WOMOWHALE10. Einfach den Code bei der Buchung eingeben oder das Buch zur Kasse mitbringen.

Wir haben unsere Wal-Touren hier und auf dem Eyjafjörður rund um Akureyri gemacht. Egal wie Sie sich entscheiden, Wale werden Sie in beiden Fällen treffen. Machen Sie Ihre Entscheidung am besten vom Wetter abhängig. Wir können beide Gebiete empfehlen.

Walkutter

Im Museum

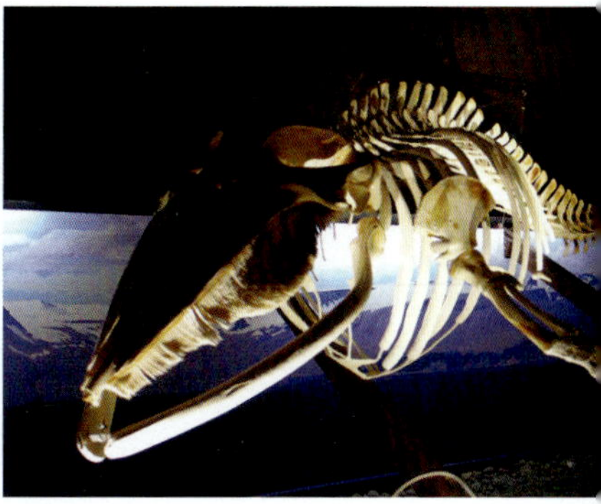

Der Zusammenfluss der beiden Flüsse Laxá í Aðaldal, einem lachsreichen Quellfluss und dem Skjálfandafljót, einem Gletscherfluss, führt zu einer hohen Nährstoffkonzentration im Wasser der Bucht, was die Entstehung von extrem viel Plankton zur Folge hat. Daher die hohe Anzahl der Wale hier. Die Wale fressen im Sommer mehr als eine Tonne Krill am Tag. Im Winter ziehen die Tiere in die Karibik zur Paarung, dort leben sie dann von den Fettreserven. Buckelwale werden bis zu 18 Meter lang und die Fluke kann über fünf Meter breit sein. In der Tat haben wir hier in der Bucht ein Tier von 16 Metern Länge und einer vier Meter breiten Fluke zu Gesicht bekommen.

Húsavík liegt an der Bucht Skjálfandi (dt. die Zitternde), passender übersetzt mit »Erdbebenbucht«. Hier kommt es immer wieder zu kleinen Beben, die aber selten spürbar sind.

Passend zum Wal-Tourismus liegt gleich am Hafen das beliebte Whale-Watching Museum. Es ist mittlerweile in die Jahre gekommen, passt aber zum lokalen Ambiente. Im Perlan, in Reykjavík, werden die Wale mittlerweile informativer dargestellt. Interessant sind die ausgestellten Walskelette, die allesamt von gestrandeten Walen stammen. So ist ein Größenvergleich der Wale möglich. Auch der Bereich über den Walfang auf Island ist sicher diskussionswürdig, aber

Badetipp: GeoSea

Ein sehr schön angelegtes, modernes Thermalbad mit Blick auf das Meer. Die Becken sind als Infinity-Pools ausgelegt und bieten einen spektakulären Blick. Mit Glück können die Delfine oder Wale in der Bucht beobachtet werden. In der Pool-Bar kann im Wasser ein lokales Bier oder diverse Cocktails genossen werden. *(geöffnet im Sommer 11-23 Uhr, Eintritt 5.500 Kr, www.geosea.is)*

(059) WOMO-Campingplatz: Husavik

GPS/Kontakt: N 66°03'06" W 17°20'42", Héðinsbraut, Tel. +354 823 9978, camping@nordurthing.is , http://tjalda.is/en/husavik.
Öffnungszeit: 15.5. - 30.9.
Ausstattung: Sanitärhaus mit WC, Dusche, Abwaschraum, Waschmaschine, Entsorgung.
Beschreibung: Wiesenplatz am Ortsrand, mit Hecken/ Bäumen abgegrenzt.
Preise: 1.600 Kr pP, K, frei bis 17 Jahre, Strom 800 Kr (zahlbar online über parka.is).
Zufahrt: Direkt von der 85 nördlich der Stadt, neben dem Sportplatz.

fast ehrlich dargestellt (es werden hauptsächlich die norwegischen Walfänger thematisiert). Immerhin ist das Museum im ehemaligen Schlachthaus für Wale untergebracht - passender geht es kaum. Bitte bedenken Sie, Isländer haben ein besonderes Verhältnis zum Walfang, der jahrhundertelang ihre Existenz sicherte. Zum Nachdenken: Das isländische Wort für Glückstreffer/Jackpot heißt "Hvalreki", was auch "gestrandeter Wal" heißt. 2006 wurde nach (oder wegen?) Protesten aus dem Ausland der kommerzielle Walfang wieder aufgenommen, mit Quoten von derzeit ca. 150 Finnwalen und 250 Zwergwalen, auch Minkwale genannt. Auch wenn isländische Tourismusexperten immer wieder klar machen, dass die touristische Bedeutung der Wale mit Beobachtungs-Touren viel einträglicher sei als der Walfang, bleibt das Thema hoch emotional besetzt.

In der Stadt gibt es einen gut ausgestatteten Campingplatz **(59)** in fußläufiger Entfernung zum Hafen und zum lokalen Schwimmbad. Es gibt Supermärkte, Tankstellen und weitere Einkaufsmöglichkeiten. Auch ein modernes Spa findet sich direkt am Fjord (siehe Badetipp).

TOUR 6
30 km
N
Húsavík
Grenivík
Akureyri
Laugar
Reykjahlíð
Mývatn
Hrafnagilshverfi
Fnjóskadalur
Goðafoss
Hafragilsfoss
Dettifoss
Selfoss
Ásbyrgi
Krafla
Hverir
Grjótagjá (Höhle)
Hverfjall
Dimmuborgir
Skútustaðagígar
Mývatn Nature Bath
Tour 5
Tour 7
057
060
065
067
069
070
56
59
61
62
63
64
66
68
1
83
84
85
87
821
833
845
862
863
864

TOUR 6: Myvatn-Umgebung 230 km

Húsavik – Reykjahlíð – Dettifoss – Akureyri

Stellplätze:	Heiðarbær, Dalakofinn, Grinivik, Lónsá, Eyjafjarðarsveitar,
Campingplätze:	Hlíd Hostel, Bjarg, Vogar, CJA Camping, Vaglaskógur, Hamrar
Besichtigungen:	Krafla, Hveraröndl, Leirhnjúkur (Vulkangebiet), Grjótagjá (Höhle), Hverfjall (Vulkan), Mývatn (See), Dimmuborgir (Lavafluss), Skútustaðagígar (Pseudo-Krater), Goðafoss (Wasserfall)
Wanderungen:	Viti (Kraterwanderung, 3 km), Leirhnjúkur (Hochtemperaturgebiet, 3,5 km), Hverfjall (Kraterumrundung, 3,5 km), Dimmuborgir (5 km)
Baden:	Jarðböðin við Mývatn (Thermalbad), Laugar, Heiðarbær, Akureyri (Schwimmbäder)

Nach 55 Kilometern von Húsavik auf der gut ausgebauten Straße 67 kommen wir zum nächsten Highlight der Insel, der Gegend um den **Mývatn** (dt. Mückensee). Der See heißt nicht von ungefähr so, im Sommer und bei gutem Wetter kann man hier Millionen von Mücken sehen, die in schwarzen, staubartig wirkenden Säulen über den See fliegen. Deshalb nennt man diese Mückenart hier auch Rykmý, die Staubmücke. Es handelt sich um nicht stechende Zuckmücken, die aber wegen der schieren Menge zur Plage werden können, denn selbst das Atmen fällt schwer. Die Mücke kriecht in Mund und Nase. Vor Ort gibt es für diesen Fall Mückennetze zu kaufen, die Sie sich über den Kopf ziehen können. Die Mückenplage ist je nach Wetter und Temperatur unterschiedlich stark.

Mückennetz

Mývatn vom Námafjall aus

Mývatn

Die Region um den **Mývatn** können wir bedenkenlos als Feuerwerk isländischer Naturwunder bezeichnen. Hier gibt es so viele Sehenswürdigkeiten, dass Sie mindestens einen ganzen Tag einplanen sollten, um die Hauptattraktionen zu besichtigen. Wenn Sie noch längere Wanderungen oder einen späteren Badestopp im »Nature Bath« einplanen, wird ein Tag sicher nicht reichen. Das Motto der Region würden wir als »Lava trifft auf Wasser« bezeichnen. Eine Landschaft, die an fremde Planeten erinnert, kochende Schlammtümpel neben übel riechenden Solfataren, riesige Krater, bizarre Lavaformationen und inmitten all dieser Naturwunder der blaue See, der mit seinen mehr als 50 Inselchen fast schon kitschig anmutet. Der See in seiner heutigen Form entstand durch lang anhaltende, hohe vulkanische Aktivität. Er liegt direkt auf der Grabenzone der Kontinentalplatten. Der Hverfell, ein riesiger, auch heute noch dominierender Explosionskater, hat die Gegend geformt. Dazu die lang anhaltenden Magmaauswürfe des östlich liegenden Krafla-Systems, deren erstarrendes Magma das heutige Seeufer bildet. Die letzten großen Ausbrüche stammen aus den Jahren 1725 (»Mývatn-Feuer«) und das neun Jahre dauernde »Krafla-Feuer« im Jahre 1975.

Wir werden all diese Naturwunder und die daraus entstehenden Lavaformationen zu Gesicht bekommen. Die Reihenfolge der Besichtigungen können Sie natürlich selbst bestimmen, mit dem WOMO liegen alle Attraktionen nur wenige Fahrminuten auseinander. Wir haben für die Reihenfolge der Sehenswürdigkeiten im Osten begonnen, dann bis an den See und weiter Richtung Süden um den See herum. Die Anreise auf der 87 führt über das hoch gelegene Hólasandur, einer Sandwüste, die ihrem Namen alle Ehre macht. Sehr trist ist es hier - Geröll und schwarzer Sand bestimmen das Landschaftsbild. Die Strecke war früher eine wichtige Verbindung für den Transport des Kieselgurs. Heute wird das weitflächige Gebiet kultiviert, um die Erosion zu stoppen. Auf dem Weg finden wir kurz hinter Húsavík das Hochtemperaturgebiet Hveravellir (nicht zu verwechseln mit dem gleichnamigen Gebiet im Hochland), wo viele Gewächshäuser und eine kleine Sprudelquelle stehen. Dort liegt ein Schwimmbad mit angegliedertem Campingplatz **Heiðarbær (061).**

(060) Offizieller WOMO-Stellplatz: Heiðarbær

GPS/ Kontakt: N 65°53'19" W 17°19'09", Kísilvegur, Tel. +354 464 3903, bjarmi68@gmail.com, https://tjalda.is/heidarbaer.
Öffnungszeit: 1.6. - 15.9. **Max. WOMOs:** 50.
Ausstattung: WC, Dusche, Küche, Aufenthaltsraum, Entsorgung (gegenüber der Straße), free WiFi, Restaurant, Frühstück.
Beschreibung: Wiese am Schwimmbad, Büsche rundherum, direkt am kleinen Schwimmbad (700 Kr), gegenüber Gewächshäuser mit Gemüseverkauf.
Preise: 1.500 Kr pP, frei bis 16 Jahre, Strom 1.000 Kr.
Zufahrt: Direkt an der 87, nicht zu verfehlen.

Wir starten 6 km östlich des Sees beim Vulkansystem **Krafla.** Das passt nicht nur von der Strecke, sondern auch geschichtlich. Denn dieses riesige Vulkansystem hat diese Gegend geformt. Die Straße 863 geht gut ausgeschildert von der 1 Richtung Norden. In der Ferne sind schon die mächtigen Dampfsäulen aus den Bohrlöchern des Kraftwerks Kröflustöð (dt. Krafla-Station) zu sehen. Das Kraftwerk lassen wir links liegen und finden uns in einem Gewirr aus Dampfleitungen wieder, die hier die Gegend dominieren. Das Kraftwerk wurde bereits ab 1975 gebaut, wegen der Krafla-Feuer im Jahre

Dampfleitungen beim Kröflustöð

Das Solfatarenfeld Hveraröndd

dampfende Erdlöcher. Hier sieht es nicht mehr aus wie auf einem fernen Planeten, eher wie in der Hölle. Sie können, wenn Sie Ihre Schuhe sauber lassen wollen, auf der Aussichtsplattform bleiben und einen guten Überblick behalten oder mitten durch das Gebiet laufen. Beachten Sie unbedingt die Warnhinweise, der Boden ist weich und schlammig, ein falscher Tritt und Sie landen in einem kochenden Schlammtopf. Überall Fumarole (dampfende Löcher) und Solfatare (Fumarole, aus denen Schwefeldämpfe entweichen). Diese gaben dem Berg hinter uns seinen Namen - den Námafjall (dt. Minenberg). Hier wurde im 19. Jahrhundert Schwefel abgebaut und exportiert. Auf den Berg können Sie wandern, ein Weg geht Richtung Süden hinauf. Das Gebiet ist durch seine Nähe zur Ringstraße sehr beliebt und wird von allen Reiseanbietern mit Bussen angefahren. Zur Mittagszeit ist es hier entsprechend voll. Da das Gebiet aber sehr weitläufig ist und viele Besucher nur an der Aussichtsplattform verharren, können Sie schon nach wenigen Metern fast alleine sein.

Von hier aus geht es mit dem WOMO über den Pass Námaskarð, kurz dahinter ist ein Parkplatz mit einer schönen Aussicht auf den Mývatn. Rechts von uns sehen wir bei der Weiterfahrt den »Blue Lake«, das Abwasser des nahen Kraftwerks. Links davon ist die Abzweigung zum »Myvatn Nature Bath«. Das Schild ist auf isländisch (Jarðböðin við Mývatn), das Schwimmbadzeichen ist aber nicht zu übersehen.

Grjótagjá

Nur wenige Meter weiter zweigt links die Straße 860 ab, die Sehenswürdigkeit **Grjótagjá** ist schon ausge-

Der Pass Námaskarð

schildert. Eine imposante Höhle im Grabenbruch, die einen glasklaren blauen See beheimatet. Der See wurde bis 1977 intensiv zum Baden genutzt und galt lange als Geheimtipp der Hot-Pots. Nach dem Krafla-Ausbruch stieg die Temperatur allerdings stark an und daher war dieser spezielle Ort nicht mehr zum Baden geeignet. Heute beträgt die Temperatur wieder 42-44 Grad, leider ist das Baden aber weiterhin verboten. Trotzdem ist sie auf jeden Fall einen Besuch wert. Nicht nur die Höhle selbst, auch das darüberliegende Grabensystem, welches durch die Verschiebung der Kontinentalplatten entsteht, ist sehenswert. Hier können Sie ohne Problem von Europa nach Nordamerika springen - im geologischen Sinne.

Der Weg auf den Krater

Zurück geht es wieder auf die 1 (die Fahrt weiter geradeaus auf der 860 ist eine Schotterpiste). Am Ende der 1 biegen wir links auf die 848 am See entlang, der nächste Stopp ist der riesige Krater **Hverfjall**. Ein kleines Schild weist uns den Weg

Im Krater Hverfjall

über eine 2,5 Kilometer lange Schotterpiste, an deren Ende ein Parkplatz liegt. Von hier geht es auf einem einfachen, 600 Meter langen und 100 Meter hohen Wanderweg bis oben zum Kraterrand. Hier haben wir nicht nur einen tollen Blick in den Krater, sondern auch auf den gesamten See. Weiter geht es 3,2 Kilometer um den Krater herum mit weiteren 100 Meter Höhendifferenz. Der Krater ist sehr imposant und in der Region omnipräsent. Es handelt sich um einen gigantischen Explosionskrater, der entstand, als Magma auf Grundwasser traf und explodierte. Das entstandene Tuff-Gestein knirscht unter unseren Wanderschuhen und zeigt uns so die besondere Art dieses Kraters. Unser nächstes Ziel können wir von hier im Süden bereits gut sehen.

Wanderwege in Dimmuborgir

Dimmuborgir - im Hintergrund der Mývatn

Zurück auf der 848 biegen wir südlich links die gut ausgeschilderte Straße nach **Dimmuborgir** (dt. Dunkle Burgen) ab, einer der beliebtesten Sehenswürdigkeiten. Hier finden wir sehr anmutig geformte Lava in Form von Türmen mit spitzen Dächern, die ein wenig an Ruinen erinnern. Entstanden ist dieser Bereich durch einen zusammengefallenen Lavasee, der sich über einem Sumpf bildete. Durch das Verdampfen des Wassers entstanden Hohlräume, die dann kollabierten und diese einzigartige Welt formte. Dimmuborgir ist einfach zu erreichen. Ein riesiger Parkplatz zeigt die Menge der Besucherströme. Durch das Gebiet führen unzählige labyrinthartige Wanderpfade, die gut markiert, leicht zu laufen und vielseitig kombinierbar sind. Am beliebtesten ist der kurze, drei Kilometer lange Kirchenpfad (Church Circle). Er führt bis zur bekannten Lava-Höhle, die an eine Kirche erinnert. Es ist auch möglich eine längere Wanderung bis zur Südseite des Hverfjall zu unternehmen, den Sie von hier aus besteigen können. Dies ist jedoch deutlich anstrengender als vom oben genannten Parkplatz.

Skútustaðagígar

Wir fahren weitere sieben Kilometer um den See herum zu unserem letzten Stopp, den Pseudo-Kratern **Skútustaðagígar**. Ein kleiner, ein Kilometer langer Rundweg führt vom Parkplatz an der Straße an den Kratern vorbei. Info-Tafeln bringen uns die Entstehung dieser Landschaft näher. Pseudokrater haben keine Magmazuleitung und entstehen, wenn heiße Lava über Wasser fließt. Das schlagartig verdampfende Wasser reißt die Lava auf und bildet einen Krater, der einem Explosionskrater sehr ähnlich ist. Und genau dieses Phänomen sehen wir hier.

Neben den vielen vulkanischen Sehenswürdigkeiten ist der See selbst nicht weniger interessant. Es ist der viertgrößte See Islands und sehr flach. Besonders an der Ostseite an der Straße 848 lohnt es sich anzuhalten und einige Spaziergänge am See zu machen. Die Lavaformationen vor dem glasklaren See in der grünen Landschaft sehen einzigartig aus. Dazu die vielen kleinen Inseln im See - ein toller Anblick. Empfehlen

Am See

Der Wald Höfði

können wir Stopps am kleinen Wald Höfði. Dort gibt es einen schönen Rundweg mit vielen Aussichtspunkten, die wunderschöne Ausblicke auf den See ermöglichen. Auch an der Felsformation Guðfingur nur 200 Meter weiter kann man herrlich am See entlang spazieren. Übrigens: Der See friert durch seine vielen warmen Zuflüsse im Winter nie zu. Viele Vögel brüten hier, vor allem viele Entenarten. Die große Anzahl an Insekten und der flache See sind ideale Voraussetzungen für die Vögel. Es gibt viele spezielle Plätze für Vogelbeobachtungen, vor allem auf der Nordseite des Sees.

Badetipp: Jarðböðin við Mývatn (Myvatn Nature Bath)

Das Bad wurde 2014 renoviert und wiedereröffnet und gilt als "kleine Blue Lagoon". In der Tat hat das Wasser die gleiche türkisblaue Färbung, die von Mineralien herrührt. Es ist etwas kleiner und weniger professionell aufgezogen als der große Bruder in Reykjanes, aber für einen entspannendes Bad auf jeden Fall einen Besuch wert. Im Sommer kostet der Eintritt 5.900 Kr, das Bad hat bis 23 Uhr geöffnet.

Das Bad wurde übrigens als Ersatz für die verlorenen Arbeitsplätze des hier einst angesiedelten Kieselgur-Werkes geschaffen. Früher wurde hier der Schlamm des Sees zu Kieselgur verarbeitet und nach Húsavík zur Verschiffung gebracht, es wurde aus Umweltschutzgründen geschlossen.

Der zentrale, touristisch geprägte Ort **Reykjahlíð** (dt. Rauchabhang) bietet Versorgung mit Supermarkt, Tankstelle, Tourist Info und viele Hotels und Restaurants. Alle drei Campingplätze der Region befinden sich hier. Im Süden ein Platz mit Pizzeria nebenan **(063)**, der zentrale Platz Bjarg mit schöner Lage direkt am See **(062)** (was aber bei einer Mückenplage zum Problem werden kann) und der im Norden liegende große Platz Hlid **(061)**. Alle Plätze haben ähnlich hohe Preise und sind durch den touristischen Andrang im Sommer sehr voll.

(061) WOMO-Campingplatz: Hlíd

GPS/ Kontakt: N 65°38'58" W 16°55'04", Hraunbrú, 660 Mývatn, Tel. +354 899 6203, info@myvatnaccommodation.is, myvatnaccommodation.is.

Öffnungszeit: 1.6. - 30.9.
Ausstattung: WC, Dusche, Küche und Aufenthaltsraum in einem Zelt. Keine Entsorgung!
Beschreibung: Großer, offener Wiesenplatz in einem Lavafeld, in Terrassen angelegt.
Preise: 2.200 Kr pP, frei bis 15 Jahre, Strom 750 Kr
Zufahrt: Die 1 Richtung Norden aus dem Ort, dann rechts in die 850 Richtung Flugvöllur (Flugplatz).

(062) WOMO-Campingplatz: Camping Bjarg

GPS/ Kontakt: N 65°38'24" W 16°54'48", Bjarg, Reykjahlíð, 660 Mývatn, Tel. +354 464 4240,ferdabjarg@simnet.is.

Öffnungszeit: 1.6. - 20.9.
Ausstattung: Sanitärgebäude mit WC, Dusche, Abwaschbereich außen.
Beschreibung: Großer Wiesenplatz am See, für WOMO asphaltierte Flächen links.
Preise: 2.000 Kr pP, Kinder 5-12J 1000 Kr, Strom 1000 Kr.
Zufahrt: Direkt an der Kreuzung 1/87, bei der Einfahrt links halten (Schild)
Hinweis: direkt am See.

(063) WOMO-Campingplatz: Vogar Travel Service

GPS/Kontakt: N 65°37'25" W 16°55'08", Vogar, 660 Mývatn. Tel. +354 464 4399, www.vogahraun.is.

Öffnungszeit: Ganzjährig.
Ausstattung: Sanitärbereich mit WC, Dusche, großer Gemeinschaftsbereich mit Küche, Aufenthaltsraum, free WiFi.
Beschreibung: Offene Wiese hinter den Cottages,
Preise: 2.000 Kr pP + 500 -1.500 pCamper (nach Größe), frei bis 13 Jahre, Strom 500 Kr.
Zufahrt: An der 848 südlich von Reykjahlíð, vor der Kreuzung 860 bei Daddies Pizza.

Verabschiedung vom Mývatn

Wenn es noch nicht zu spät geworden ist, können wir Ihnen auch schöne Übernachtungsalternativen nur 30 min entfernt empfehlen - kommen Sie mit. Es geht über die Ringstraße westwärts bis zum kleinen Ort Laugar. Dazu biegen Sie nach 40 Kilometern rechts auf die 846 ab. Der Ort verfügt über ein großes, modernes Schwimmbad mit 25 Meter Becken und

(064) WOMO-Campingplatz: CJA camping

GPS/Kontakt: N 65°42'08" W 17°20'57", Vaðshólar við Hjalla, 650 Laugar, Tel. +354 864 8790, postur@lifsmotun.is, http://camping.lifsmotun.is.
Öffnungszeit: Ganzjährig.
Ausstattung: WC, Dusche, Abwaschbereich, free WiFi, Entsorgung.
Beschreibung: Mit Büschen großzügig parzellierter Wiesenplatz in der Natur.
Preise: 1.500-1.800 Kr pP (je nach Lage), Kinder 500 Kr pP, frei bis 12 Jahre, Strom 600 Kr (Bezahlung über parka.is).
Zufahrt: Von der 1 Richtung Osten in Laugar rechts Richtung Schwimmbad, Camping ausgeschildert, Hjallavegur (Schotterpiste) 2,5 km bis ans Ende.

(065) Offizieller WOMO-Stellplatz: Dalakofinn

GPS/Kontakt: N 65°43'56" W 17°21'52", Austurhlidarvegur, Tel. +354 464-3344, dalakofinn@dalakofinn.is, www.dalakofinn.is.
Öffnungszeit: 1.6. - 15.9. **Max. WOMOs:** 10.
Ausstattung: WC, Dusche.
Beschreibung: Im Ort Laugar, Wiese am Fluss beim Sportplatz / Schwimmbad.
Preise: 1.800 Kr pP, frei bis 14 Jahre, Strom 700 Kr.
Zufahrt: Von der 1 Richtung Osten Laugar rechts ab, vor dem Sportplatz /Schwimmbad.

Schwimmbad in Laugar

zwei Campingplätzen. Der Campingplatz CJA **(64)** mit seinen großzügig parzellierten Plätzen liegt sehr ruhig und sticht ein wenig aus den isländischen Standardwiesen heraus. Im Ort findet sich neben dem Schwimmbad eine weitere Campingwiese nicht weit von der Ringstraße **(65)**. Beide Plätze sind als preiswerte und ruhige Alternative zu den Mývatn-Plätzen gut geeignet.

Den **Goðafoss** (dt. Gottesfall) können Sie auf der weiteren Reise Richtung Westen nicht verfehlen, Sie sehen ihn direkt von der Ringstraße aus im Süden. Zwei Straßen, eine vor und eine hinter der Brücke über den Fluss Skjálfandafljót führen zu großen Parkplätzen auf beiden Seiten des Falls. Von hier erreicht man leicht schön angelegte Aussichtspunkte mit perfekten Fotomöglichkeiten. Auf der Westseite führt eine Steintreppe hinunter bis zum Fluss. Der Wasserfall hat eine beeindruckende Breite von 158 Meter und ist durch seine Hufeisenform recht beeindruckend, auch wenn er nur 11 Meter tief fällt. Der Name stammt aus dem Jahr 1000, als nach der Christianisierung Islands die letzten heidnischen Götterbilder in den Goðafoss geworfen wurden. Wie immer gilt: Besuchen Sie den Goðafoss abends oder morgens. Von den Parkplätzen können Sie einen Spaziergang zu beiden Seiten des

Goðafoss

Falls machen. In der Nähe der Straße ist eine Fußgängerbrücke. Von dort sind es je 500 Metern zu den jeweiligen Aussichtspunkten. Der Weg am rauschenden Fluss Skjálfandafljót, mit mehreren tosenden Kaskaden hat besonders in der Abendsonne einen ganz besonderen Reiz.

Skjálfandafljót

Fnjóskadalur

Wollen Sie einmal sehen, wo Isländer ihren Camping-Urlaub verbringen? Dann kommen Sie mit uns ins **Fnjóskadalur**, ein Tal mit dem zweitgrößten Wald Islands - viele Birken in für Island riesiger Größe (12 bis 13 Meter) stehen hier und genau das finden Isländer beeindruckend. Wenn Sie aus dem Allgäu kommen, dann wird diese Gegend Sie weniger an Island als an Ihre Heimat erinnern, für Isländer ist das aber etwas Besonderes. Wald, so weit das Auge reicht. Der Wald war von der Vernichtung bedroht, bis er 1908 unter Naturschutz gestellt wurde. Ein schöner Campingplatz direkt am breiten Fluss würden wir mal als Geheimtipp bezeichnen **(69)**. Die Anfahrt ist einfach, es geht vor dem Tunnel die 833 Richtung Süden nach Vaglaskógur, nach 5 Kilometern sehen Sie eine Brücke, auf beiden Seiten liegen schöne Plätze. Der Platz auf der anderen Seite der Brücke besteht aus mehreren Bereichen, am zentralen Platz befinden sich Duschen und Entsorgung. Die einzelnen Plätze liegen landschaftlich herausra-

(066) WOMO-Campingplatz: Vaglaskógur Camping

GPS/Kontakt: N 65°42'53" W 17°54'04", Vaglaskógur , Tel. +354 860 4714, runar@skogur.is, https://vaglaskogur-camping.business.site.
Ausstattung: WC, Dusche (gebührenpflichtig), Abwaschbereich, Entsorgung am zentralen Platz in der Mitte

Beschreibung: mehrere Plätze mitten im Wald, teilweise direkt am Fluss.
Preise: 1.800 Kr pP, frei bis 14Jahre, Strom 1.100 Kr, zahlbar über parka.is.
Zufahrt: Von der 1 hinter der Brücke Richtung Süden auf die 833 Richtung Vaglaskógur, nach 5 km links über die Brücke, hier zentrale Info.
Hinweis: Landschaftlich reizvoll, diverse Plätze im Wald verteilt.

gend, einige sogar direkt am Flussufer. Im Wald Vaglaskógur finden Sie mehrere gut ausgezeichnete Wanderwege. Eine Wanderkarte können Sie auf dem zentralen Info-Platz mitnehmen. Die Wege sind farblich gut markiert.

Der Pass Víkurskarð im Hintergrund

Weiter geht es in Richtung **Akureyri.** Sie können den 7,2 km langen, brandneuen Tunnel Vaðlaheiðargöng nutzen, der Sie direkt in die Stadt bringt. Der Tunnel ist kostenpflichtig *(Preis 1.500 Kr. ab 3,5 t 2.500 Kr.)* und die Durchfahrt muss online spätestens 24 Stunden nach Durchfahrt unter www.veggjald.is bezahlt werden. Wer das verpasst, bekommt eine Rechnung mit zusätzlichen 400 Kr. Bearbeitungsgebühr. Bei gutem Wetter empfehlen wir die Route über den Pass Víkurskarð (die Straßen 84 und 83). Er ist 325 m hoch und bietet bei der Anfahrt auf Akureyri eine gigantische Aussicht auf den Fjord Eyjafjörður und die gegenüberliegende Halbinsel Tröllaskagi mit den 1.500 Meter hohen Bergen. Wer noch hier bleiben möchte, biegt die 83 rechts ab zum Stellplatz im kleinen Ort Grenivik mit Stellplatz **(68)**, allein die Fahrt direkt am Fjord ist diese Anfahrt wert. Der Ort selbst liegt sehr abgeschieden in der Einsamkeit direkt am Wasser. Auf dem Weg dorthin passieren wir das schöne Freilichtmuseum Laufás mit Torfbauten aus dem 19. Jahrhundert, die sehr eindrucksvoll das Leben der Isländer zu damaliger Zeit zeigen. *(Geöffnet im Sommer 11-17 Uhr, Eintritt 1.800 Kr.)*

(067) WOMO-Stellplatz:Grenivík

GPS/Kontakt: N 65°56'55" W 18°10'24", Grenivíkurskóli, **Tel.** +354 414 5420, hermann@grenivik.is, https://tjalda.is/grenivik.
Öffnungszeit: 1.6. - 15.9. **Max. WOMOs:** 20.
Ausstattung: Sanitärhaus mit WC, Duschbad, Abwaschbereich,WiFi, Entsorgung (Bodenablass) im Ort direkt am Fjord.
Beschreibung: Mit Hecken abgegrenzte Wiesenbereiche oberhalb des Ortes direkt am Schwimmbad, Blick auf die Berge, teilweise Fjordblick.
Preise: 1.500 Kr pP, frei bis 15 Jahre, Strom 1.000 Kr.
Zufahrt: Direkt am Ortseingang rechts.

Feislichtmuseum Laufás

Akureyri ist die größte Stadt in Islands Norden und überhaupt nach Reykjavík mit den 2 Nachbargemeinden die viertgrößte Stadt Islands. Sie ist das Zentrum der Dienstleistungen im Norden, das merken wir sofort. Das lokale Shoppingcenter ist deutlich größer, als wir in Deutschland für eine Stadt unter 20.000 Einwohner erwarten würden. Hier gibt es einfach alles, die Stadt ist also hervorragend für das Auffüllen der Vorräte, aber auch für den Einkauf von Island-Artikeln geeignet. Die Einkaufsstraße rund um den Hafen und die Hafnarstræti, die Fußgängerzone, sind sehr touristisch geprägt. Hier legen in der Woche mehrere sehr große Kreuzfahrtschiffe an, was der Stadt deutlich anzumerken ist. Ohne Kreuzfahrer ist die Stadt gemütlich, familiär und sehr ruhig, wenn ein großes Schiff im Hafen liegt, wimmelt es hier von Menschen. Als Hauptsehenswürdigkeit gilt die Kirche Akureyrarkirkja, die

Akureyri

imposant etwas höher gelegen über der Stadt thront. In der Stadt befinden sich zwei Campingplätze, einer außerhalb in einem parkähnlichen Naherholungsgebiet **(68)** und ein weiterer am Nordrand **(69)**. Acht Kilometer weiter südlich findet sich ein schöner Platz im Ort Hrafnagilshverfi, der sehr ruhig am Fluss Eyjafjarðará liegt **(70)**. Der Stellplatz ist Teil des Schwimmbades vor Ort.

(068) WOMO-Campingplatz: Hamrar

GPS/Kontakt: N 65°38'54" W 18°06'12", Tel. +354 461 2264, hamrar@hamrar.is, www.hamrar.is.
Öffnungszeit: Ganzjährig.
Ausstattung: Mehrere Sanitärhäuser verteilt, WC, Dusche, Küche, Waschmaschine, free WiFi, Entsorgung.
Beschreibung: Großer Wiesenplatz in einer riesigen Parkanlage mit Büschen und Bäumen in mehrere Bereiche aufgeteilt, kleine Seen in der Mitte.
Preise: 1.900 Kr pP, frei bis 17 Jahre, Strom 1.000 Kr.
Zufahrt: Von der 1 Richtung Westen, hinter der Brücke links Richtung Hrafnagil, nach 2,7 km hinter dem Flughafen rechts Richtung Kjarnaskógur, dann Camping Hamrar ausgeschildert.

(069) WOMO-Stellplatz: Lónsá Campsite

GPS/Kontakt: N 65°42'08" W 18°09'07", Lónsá, 601 Akureyri **Tel.** +354 792 0080, camping.lonsa@gmail.com, https://tjalda.is/lonsa.
Öffnungszeit: 1.6. - 15.9. **Max. WOMOs:** 20.
Ausstattung: Kleiner Sanitärblock mit Dusche, WC, Abwaschbereich
Beschreibung: einfache Wiese am Stadtrand, mit Büschen umringt, direkt an der 1.
Preise: 1.500 Kr pP, frei bis 16 Jahre, Strom 1.000 Kr.
Zufahrt: Von der 1 Richtung Norden hinter dem Ortsausgang links nach Lónsá, Camping ist von der 1 zu sehen.

(070) Offizieller WOMO-Stellplatzz: Sundlaug Eyjafjarðarsveitar

GPS/Kontakt: N 65°34'26" W 18°05'26", Íþróttamiðstöð Eyjafjarðarsveitar, Tel. 354 464 8140, sundlaug@esveit.is, https://www.esveit.is/is/thjonusta/ferdathjonusta/tjaldstaedi.
Öffnungszeit: 1.6. - 31.8. **Max. WOMOs:** 50.
Ausstattung: WC-Häuschen, Duschen im Schwimmbad.
Beschreibung: Wiese am Schwimmbad, am Fluss, Büsche rundherum.
Preise: 1.500 Kr pP, frei bis 17 Jahre, Strom 1.000 Kr. Zahlung über parka.is.
Zufahrt: Von der 1 südlich in die 821 Richtung Hrafnagil, dann beim Schwimmbad in Hrafnagilshverfi.

Der **Eyjafjörður** ist ein perfekter Ort für Walbeobachtungstouren. Im Sommer sind im Fjord zahlreiche Buckel- und Zwergwale zu sehen. Vom Hafen der Stadt geht es etwa eine Stunde lang aus dem Fjord heraus, die Aussicht auf die hohen Berge links und rechts ist traumhaft, bei gutem Wetter kommt mit dem Panorama der schneebedeckten Berge so richtiges Fjord-Gefühl auf. In Akureyri operiert der Anbieter »Akureyri Whale Watching« (www.whalewatchingakureyri.is), eine Fusion aus Ambassador und Elding. Beide bieten eine drei Stunden Fahrt mit großen, schnellen Stahlbooten mit Kajüte, WC, Verpflegung für 11.990 Kr. Alternative ist die “Express” Variante mit RIB-Speedbooten 2 Stunden durch den Fjord für 19.990 Kr. Zur Sonnenwende ist die Sunset Tour ab 22:30 Uhr zu empfehlen.

Viele Wale

Weitere Anbieter finden sie in Hauganes und in Dalvik, die wir in Tour 7 kennenlernen. Von Hauganes oder Dalvik sind die Anfahrtswege zu den Walen kürzer, die Touren daher etwas preiswerter. Wer aber auch noch den wunderschönen Eyjafjörður von der Seeseite betrachten möchte, ist mit einer

Eyjafjörður

Buckelwal im Fjord

Tour ab Akureyri gut beraten, der Anfahrtsweg von 1 Stunde zu den Walen ist landschaftlich reizvoll. Ob mit dem großen Boot (warm, gemütlich) oder mit dem RIB-Speedboat (aufregender, näher an den Walen) ist jedem selbst überlassen. Wale gibt es im Sommer mit sehr großer Sicherheit zu sehen. Da die Tiere ja zum Atmen auf jeden Fall auftauchen müssen und mit viel Lärm und einer Wasserfontäne ausblasen, sind sie auch von weit weg gut zu erkennen. Mit etwas Glück gibt es sogar Blauwale zu sehen, die hier seltener, aber regelmäßig im Fjord gastieren. Eine solche Tour sollten Sie sich nicht entgehen lassen. Es ist sehr bewegend, diese großen Säugetiere anmutig durch das Wasser ziehen zu sehen. Wir haben zwei Touren gemacht, einmal mit dem großen Schiff ab Akureyri und einmal mit den RIB von Dalvik. Beide Touren waren empfehlenswert, Wale haben wir in beiden Fällen genug zu Gesicht bekommen. Mit dem RIB kamen wir durch die enorme Manövrierfähigkeit der Boote sehr nah an die Wale heran, ein Buckelwal tauchte kaum zwei Meter vor unserem Boot laut prustend auf. Dieses Erlebnis werden wir nie wieder vergessen. Auch die Größe der Tiere konnten wir durch die Nähe sehr gut einschätzen. Mit den großen Schiffen ist es gemütlicher, ruhiger und preiswerter. Jeder wie er mag.

Waltouren im Eyjafjörður

TOUR 7
20 km
Tour 6
Akureyri
069
Hauganes
071
Eyjafjörður
Dalvík
072
073
Ólafsfjörður
Siglufjörður
075
074
Miklavatn
Hofsós
076
Hólar
077
Skagafjörður
Glaumbær
Varmahlíð
80
Sauðárkrókur
078
Grettislaug
079
081
Hveravellir
Kálfshamarsvíti
083
82
Skagaströnd
Blönduós
Hvammstangi
84
1
82
84
76
75
767
752
744
745
74
731
35

TOUR 7: Der Norden 580 km

Akureyri – Siglufjörður – Sauðárkrókur – Varmahlíð Hveravellir – Skagaströnd – Hvammstangi

Stellplätze:	Hauganes, Dalvik; Ólafsfjörður, Siglufjörður, Hófsos, Holar, Sauðárkrókur, Grettislaug, Hveravellir, Skagaströnd,
Campingplätze:	Varmahlíð, Gladheimar, Hvammstangi
Besichtigungen:	Eyjafjörður (Waltouren, Bootsfahrten), Siglufjörður (Museum, Fjord), Hólar (Kirche), Sauðárkrókur (Strand), Hveravellir (Hochtemperaturgebiet), Hvammstangi (Robben)
Wanderungen:	Siglufjörður (Bergwanderung 5-20 km), Hveravellir (Hochland, 5-25 km), Skagaströnd (Meer und Berge)
Baden:	Haugarnes, Grettislaug, Hveravellir (Hot-Pots), Ólafsfjörður, Dalvik, Hofsós, Skagaströnd, Varmahlíð, Skagaströnd (Schwimmbäder)

Die Tour 7 durch den Norden Islands ist geprägt von Bergen, Fjorden, Walen und einem spannenden Ausflug in das Hochland. Wir verlassen Akureyri Richtung Norden über die Ringstraße, biegen aber bereits nach sechs Kilometern rechts in die 82 Richtung Siglufjörður ab. Es geht direkt am Wasser entlang mit toller Aussicht auf den Fjord und die gegenüberliegenden Berge.

Ein erster schöner Stopp ist der kleine Ort **Hauganes** (von der 82 rechts in die 809 abbiegen). Der Campingplatz liegt wundervoll in der Nähe des Fjords **(71)** und am Strand finden sich vier Hot-Pots mit Meerblick, einer davon ist sehr schick als Piratenschiff gestaltet. Sie gehören zum Campingplatz und können für 1.000 Kr. genutzt werden. Umkleidekabinen sind vorhanden, das kleine Bad ist wunderschön angelegt. Wer mag, kann zusätzlich im sehr kalten Fjord baden, die Hot-Pots liegen ja direkt daneben. Es gibt extra Duschen, damit spülen wir uns den Sand ab, bevor wir wieder in den heißen Topf steigen. Da die Bäder am Wasser liegen, sind Walsichtungen aus den Badepools durchaus möglich. Wer hier keine Wale sieht, kann auch mit dem ältesten Anbieter von Waltouren in Island, der Firma »Whale Watching Hauganes« in See stechen. Angeboten werden Touren im Holzboot für 10.600 Kr.

Hot Pots in Hauganes

(071) Offizieller WOMO-Stellplatz: Hauganes

GPS/Kontakt: N 65°55'26" W 18°18'25", Hafnargata 2, Hauganesi, Tel. +354 892 9795, elvar@ektafiskur.is, www.ektafiskur.is/tjalda.
Öffnungszeit: 1.5. - 15.9. **Max. WOMOs:** 50.
Ausstattung: WC, Abwaschbereich.
Beschreibung: Einfache, offene Wiese direkt am Fjord. Von hier aus Walbeobachtungs-Touren im Holzkutter, Hot Pots am Strand, Bucht mit Badestrand, Bademöglichkeit im Fjord.
Preise: 1.750 Kr pP, 750 Kr Kinder unter 12, Strom 1.750 Kr, Hot-Tubs 1.000 Kr., Bezahlung online über www.ektafiskur.is/hauganes.
Zufahrt: Von der 1 rechts ab die 809 nach Hauganes, dann bis zum Ende rechts in den Nesvegur.

Walkutter aus Hauganes

RIB-Boot aus Dalvik

Auch in der nächsten Stadt **Dalvik** (dt. Talbucht) dreht sich alles um Walbeobachtung. Die Firma »Arctic Sea Tours« bietet Walexkursionen mit dem Holzboot (9.900 Kr.) oder dem RIB an (15.990 Kr). Die Stadt liegt, wie Hauganes, sehr nahe an den Walgebieten und nach einer kurzen Anfahrt sind Sie bei den großen Säugetieren. Wir haben hier im Juli 2018 mehr als zehn Buckelwale um uns herum gesehen. Das war atemberaubend, überwältigend und ein ganz besonderes

Eyjafjörður

(072) Offizieller WOMO-Stellplatz: Dalvik Camping

GPS/Kontakt: N 65°58'05" W 18°31'59", Skíðabraut, Dalvik, Tel. +354 625 4775, sundlaug@dalvikurbyggd.is, http://tjalda.is/en/dalvik.
Öffnungszeit: 15.5. - 15.9. **Max. WOMOs:** 50.
Ausstattung: Sanitärcontainer mit Dusche, WC, Aufenthaltsraum, Entsorgung.
Beschreibung: Offene Wiese in der Nähe des Schwimmbads, innerorts.
Preise: 1.250 Kr pP, Strom 1.000 Kr.
Zufahrt: Von der 82 am Ortseingang gegenüber der Tankstelle links abbiegen, Camping ausgeschildert.

Erlebnis. Dalvik hat einen großen Campingplatz neben dem Schwimmbad **(72)** und mitten im Ort ein gemütliches Café (Kaffihûs Bakkabræðra). Hier gibt es ab 12 Uhr Mittag eine sehr gute Fischsuppe mit selbst gemachtem Bierbrot. Vom Hafen aus fahren auch Boote auf die Insel Grímsey, die direkt auf dem Polarkreis liegt. Die Fähre fährt 4 Tage die Woche für 8.000 Kr. *(https://www.samskip.is/innanlands/saefari)*. Etwas außerhalb von Dalvik liegt das Bjórböðin »Beer Spa«, hier können Sie in einem Bierbad entspannen, angeboten werden eine Stunde zu zweit im privaten Biertopf aus Holz. Ein Spa-Erlebnis der anderen Art.

Weiter die 82 nordwärts wird die Fahrt immer schöner, denn die Straße steigt langsam höher direkt am Kliff entlang und bietet einzigartige Ausblicke auf den Fjord. Die dramatische Küste ist rau, teilweise sehen wir Wasserfälle ins Meer stürzen. Die Straße windet sich immer höher und scheint über dem Fjord zu schweben. Und da, wo wir denken es geht nicht weiter, beginnt der 3,4 Kilometer lange, einspurige Tunnel Múlagöng. Er führt zum nächsten Fjord, dem **Ólafsfjörður** mit dem gleichnamigen Ort. Auch hier finden wir einen Campingplatz direkt am Schwimmbad **(73)**, in herrlicher Lage. Es ist für die Größe des Ortes gigantisch groß. Es ist ab 6:30 Uhr geöffnet, für uns also ein idealer Übernachtungsstopp.

(073) Offizieller WOMO-Stellplatz: Ólafsfjörður

GPS/Kontakt: N 66°04'16" W 18°38'58", Aðalgata, Ólafsfjörður, Tel. +354 663 5560, gistihusjoa@gmail.com, http://tjalda.is/en/olafsfjordur.
Öffnungszeit: Im Sommer je nach Witterung. **Max. WOMOs:** 20.

Ausstattung: Sanitärhaus mit WC, Duschbad, Abwaschbreich, Waschmaschine, Entsorgung.
Beschreibung: Offene Wiese am Schwimmbad, Picknickbänke.
Preise: 1.400 Kr pP, frei bis 16 Jahre, Strom 1.100 Kr.
Zufahrt: Direkt an der Hauptstraße (82, Aðalgata) neben dem Schwimmbad.

Schöne Aussicht im Norden Islands

Am Ende des Ortes geht es sofort weiter in den Tunnel Héðinsfjarðargöng, ein Bauwerk in zwei Etappen von 7,1 und 3,7 Kilometer Länge, er führt uns nach Siglufjörður (dt. Schiffsmastfjord). Der Tunnel ist zweispurig und wurde erst 2010 eröffnet. Hier, ganz im Norden in Siglufjörður angekommen, fragen wir uns, warum es hier überhaupt eine so große Stadt gibt. Noch mehr, da der Tunnel ja erst 2010 erbaut wurde und auch der Tunnel auf der anderen Seite des Fjords erst seit 1967 besteht. Dieser Tunnel selbst ist einspurig, 830 Meter lang und gilt als der älteste Straßentunnel Islands. Vor dem Tunnelbau musste der 630 Meter hohe Siglufjarðarskarð überquert werden, der auch erst ab 1940 als Straße ausgebaut wurde. Vorher ging es nur per Flugzeug oder Schiff hierher. Trotzdem hatte die Stadt in den 1950er-Jahren mehr als 3.000 Einwohner. Die Antwort finden wir hier im Heringsmuseum *(im Sommer 10-18 Uhr geöffnet, 2.200 Kr. Eintritt)*. Die Stadt war die Hauptstadt der Heringsfischerei und besonders zur Zeit des Heringbooms zwischen 1903 und 1968 herrschte hier Hochbetrieb. Und der Fisch war die Quelle vieler Rohstoffe. Fett (für Seife und Futter) und natürlich als Nahrungsquelle für ganz Europa. Island eignete sich aus vielen Gründen zur Fischverarbeitung. Einmal war der Hering

Der Pass Siglufjarðarskarð

hier praktisch unerschöpflich. Andererseits gab es hier endlos und preiswert Salz zum Pökeln. Denn während in Deutschland der Wald rund um Lüneburg in der Sole verbrannt wurde, konnte man hier auf Island die endlose Erdwärme nutzen. 15 Entsalzungsanlagen in der Gegend um Siglufjörður produzierten das wichtige Salz für den Hering. Daher wird den Touristen heute noch gerne Salz aus Island angeboten, was ja unendlich und preiswert zur Verfügung steht. Und auch eine uns bekannte Maßeinheit treffen wir hier wieder. Das »Barrel«, ein Heringsfass. Die 159 Liter werden heute noch für Rohöl verwendet, wie damals das Fischöl. All das und viel mehr gibt es in diesem Museum zu lernen. Die Stadt selbst ist gemütlich und hat einen charmanten Flair, es gibt mehrere Restaurants und die Bäckerei Aðalbakarí können wir besonders empfehlen.

Wandertipp: Bergwanderung Siglufjarðarskarð, 8 km hin und zurück GPS-Track unter www.island-womo.de

Die alte Straße über den 630 Meter hohen Siglufjarðarskarð ist eine hervorragende Wanderstrecke mit einer tollen Aussicht auf die Stadt und den Fjord. Fahren Sie von Süden kommend vor der Brücke der 76 links ab in die 793 Richtung Siglufjarðarskarð und dann weiter Richtung Skigebiet (Skíðavæði). Parken Sie hier auf dem Parkplatz des Skilifts GPS N 66°07'38" W 18°57'56. Von hier geht es dann zu Fuß so weit Sie mögen. Bis auf den Pass sind es 3,8 Kilometer und 400 Höhenmeter. Wir haben es nicht ganz bis nach oben geschafft, weil alles noch zugeschneit war - und das Anfang Juli. Die Wanderung über Schneefelder und der herrliche Blick macht es aber auf jeden Fall zu einer schönen Wanderung. Da wir auf der alten Passstraße wandern, ist der Weg leicht zu finden. Und es ist ein kleiner Ausflug in die Geschichte - dies war die Hauptstraße nach Siglufjörður.

(074) Offizieller WOMO-Stellplatz: Siglufjörður

GPS/Kontakt: N 66°08'58" W 18°54'36", Gránugata 24, 580 Siglufirði, Tel. +354 663 5560, gistihusjoa@gmail.com , tjalda.is/en/siglufjordur.
Öffnungszeit: 1.5. - 15.10. **Max. WOMOs:** 30.
Ausstattung: Sanitärblock mit WC und Dusche, Abwaschbereich, Entsorgung.
Beschreibung: Schotterfläche und Wiese direkt am Hafen, innerorts.
Preise: 1.400 Kr pP, frei bis 16 Jahre, Strom 1.200 Kr.
Zufahrt: Direkt an der Hauptstraße (76, Snorragata), am Hafen

(075) Offizieller WOMO-Stellplatz: Siglufjörður II

GPS/Kontakt: N 66°08'24" W 18°55'31", Hesthúsvegur, 580 Siglufirði, Tel. +354 663 5560, gistihusjoa@gmail.com, tjalda.is/en/siglufjordur.
Öffnungszeit: 1.5. - 15.10. **Max. WOMOs:** 15.
Ausstattung: Sanitärblock mit WC und Warmwasser, Abwaschbereich, Entsorgung.

Beschreibung: 2 Terassen am Berghang in landschaftlich herausragender Lage, Fjord- und Bergblick. 15 min zu Fuß in den Ort.
Preise: 1.400 Kr pP, frei bis 16 Jahre, Strom 1.200 Kr.
Zufahrt: Am Ortseingang links in die Norðurtún, am Ende links.

In Siglufjörður können Sie zwischen zwei Stellplätzen wählen. Einer direkt am Hafen im Ort in der Nähe zu Restaurants und Kneipen und der andere ist mitten in der Natur mit Blick auf den Fjord **(74) (75)**.

Wir verlassen die Stadt über den schon erwähnten 830 Meter langen, einspurigen Strákagöng. Dahinter erwartet uns, wie bereits davor, eine traumhafte Aussicht mit Blick auf das unendlich scheinende Meer. Langsam werden die Felsen weniger, die Landschaft flacher und immer mehr grüne Wiesen und Strände bestimmen das Bild.

Siglufjörður

Basaltsäulen in Hofsós

Schwimmbad in Hofsós

Ein Schwimmbad der Extraklasse gibt es in **Hofsós**, zehn Kilometer weiter (rechts die 77 abbiegen). Es ist eines der Bäder mit der schönsten Aussicht in ganz Island. Im Becken haben wir unweigerlich das Gefühl, direkt im Fjord zu schwimmen. Es ist zwar nicht explizit als Infinity Pool ausgelegt, es erweckt aber den Eindruck, wenn Sie im Becken sind. Fragen Sie vorher nach, ob Sie Ihre Kamera mitnehmen dürfen, das ist in Island üblicherweise strengstens untersagt. Hier drückt das Personal auf Nachfrage aber gerne mal ein Auge zu. Vom Parkplatz des Schwimmbads führt eine kleine Treppe hinunter zum Strand, von dem Sie einen schönen Blick auf beeindruckende Basaltsäulen haben. Ein guter Campingplatz befindet sich ganz in der Nähe zum Bad **(76).** Von hier erreichen wir zu Fuß auch den Ort und das schöne Restaurant Retro Mathús am Hafen. Hier gibt es einen hervorragenden Lammburger in isländischer Umgebung. Der Campingplatz und die drei folgende Plätze in Holar, Sauðárkrókur und Varmahlíð gehören demselben Besitzer. Sie können Rabatte für mehrfache Übernachtungen auf diese Plätze übertragen.

Traumhaftes WOMO fahren

(076) Offizieller WOMO-Stellplatz: Hófsos

GPS/Kontakt: N 65°53'53" W 19°24'22", Hofsósbraut, Hósos, Tel. +354 899-3231, tjaldsvaedi@gmail.com , www.tjoldumiskagafirdi.is.
Öffnungszeit: 15.5. - 15.9. **Max. WOMOs:** 50.
Ausstattung: Sanitärhaus mit Dusche, WC, Abwaschplatz, Aufenthaltsraum mit kleiner Küche, Entsorgung (an der Einfahrt).
Beschreibung: Große, offene Wiese am Ortsrand, Buschreihen, das nahe Schwimmbad hat eine herrliche Aussicht über den Fjord.
Preise: 1.500 Kr pP, frei bis 12 Jahre, Strom 1.000 Kr.
Zufahrt: Von der 76 rechts abbiegen in die 77 (Hofsósbraut), Camping nach 500 m auf der linken Seite

(077) Offizieller WOMO-Stellplatz: Holar

GPS/Kontakt: N 65°44'14 W 19°07'09", Tjaldstæðavegur, 551 Hólar, Tel. +354 899-3231, tjaldsvaedi@gmail.com, https://tjoldumiskagafirdi.is.
Öffnungszeit: 15.5. - 15.9.
Max. WOMOs: 20.
Ausstattung: WC, Abwaschbereich, kein Strom.
Beschreibung: Verschiedene Nischen mitten im Wald mit Holzbänken.
Preise: 1.500 Kr pP, frei bis 12 Jahre.
Zufahrt: Von der Hauptstraße (76), links ab Richtung Hólar (767), vor dem Ort links in den Wald.

Weiter geht es über die 76 Richtung Süden - wir machen einen Abstecher in den Ort **Hólar** über die Straße 767. Der Ort war jahrhundertelang der zweite Bischofssitz der Insel neben Skálholt (erinnern Sie sich an Tour 1?). Die Domkirche mit dem für isländische Verhältnisse imposanten Turm können Sie besuchen, den Turm besteigen. Einen Besuch wert ist auch das Pferdemuseum gleich neben der Fachhochschule für Pferde- und Fischzucht. Hier wird die Geschichte des Island-Pferdes und seine Bedeutung für Island deutlich gemacht. Neben dem Ort liegt mitten in einem Wald ein sehr schön gelegener Campingplatz **(77)**.

Zurück auf der 76 fahren wir rechts auf die 75 Richtung **Sauðárkrókur** (dt. Schafsflusswinkel). Es geht immer am Strand entlang, von der Straße aus sind die grasbewachsenen Dünen zu sehen. Halten Sie auf einem der Parkplätze vor der Stadt

In Hólar ist die Hochschule für Pferdezucht.

(078) Offizieller WOMO-Stellplatz: Sauðárkrókur

GPS/Kontakt: N 65°44'50" W 19°38'51", Skagfirðingabraut, 550 Sauðárkrókur, Tel. +354 899 3231, tjaldsvaedi@gmail.com, https://tjoldumiskagafirdi.is.

Öffnungszeit: 15.5. - 15.9. **Max. WOMOs:** 20.

Ausstattung: , WC, Dusche, Entsorgung.

Beschreibung: Offene Wiese direkt im Ort.

Preise: Preise: 1.500 Kr pP, frei bis 12 Jahre, Strom 1.000 Kr

Zufahrt: Im Ort Ausschilderung Schwimmbad folgen.

Der Strand von Sauðárkrókur

einmal an und werfen Sie einen Blick hinter die Dünen. Ein riesiger, feiner Strand breitet sich aus, an dem die Wellen toben. Im Hintergrund mit Gras bewachsene Dünen, wenn der Sand nicht so schwarz wäre, könnte es hier fast die Nordsee sein. Aber nur fast, denn die schneebedeckten Berge im Hintergrund zeigen etwas anderes und anders als an den Nordseestränden ist es hier menschenleer. Die Stadt ist Dienstleistungszentrum der Region um den Skagafjörður, recht groß und bietet einen Campingplatz mitten in der Stadt in der Nähe des Schwimmbads **(78)**.

Wir sind aber nicht wegen der Stadt hier - es lockt ein Hot-Pot in einer schönen landschaftlichen Umgebung. 14 Kilometer teils anstrengende Piste sind für dieses Erlebnis zu bewältigen. Für Hot-Pot Liebhaber wird sich die Fahrt aber lohnen, besonders weil es hier auch einen Stellplatz **(79)** gibt. Dieser liegt genau neben den beiden Hot-Pots **Grettislaug** und Jarslaug, direkt am Fjord mit einem einzigartigen Blick auf das Wasser und die hohen Berge auf der anderen Seite. Das Bad in den Hot-Pots kostet 1.000 Kr. und ist im Café zu entrichten. Umkleidekabinen sind vorhanden. Wer hier übernachtet wird die Einsamkeit in den Pools genießen.

(079) Offizieller WOMO-Stellplatz: Grettislaug

GPS/Kontakt: N 65°52'53" W 19°44'13", Reykjastrandarvegur, Tel: +354 841 7313.

Öffnungszeit: 1.6. - 31.8. **Max. WOMOs:** 10.

Ausstattung: WC, Abwaschbereich, Umkleide an den Hot-Pots.

Beschreibung: Offene Wiese am Fjord und Hot-Pot, Bademöglichkeit im Fjord und in den Hot-Pots.

Preise: 1.500 Kr pP, frei bis 12 Jahre, Hot-Pot 2.000 Kr.

Zufahrt: Sauðárkrókur nördlich verlassen, dann in die 748 Richtung Reykjaströnd, 8 km Schotterpiste bis ans Ende.

Grettislaug

Auf unserem Weg Richtung Süden nach Varmahlíð passieren wir, hinter der Kirche gut sichtbar, das Freilichtmuseum **Glaumbær**. Es handelt sich um einen gut erhaltenen Hof aus dem 19. Jahrhundert in Torfbauweise. Mangels Holz als Baumaterial wurden viele Höfe in diesem Stil errichtet - das Trägermaterial war üblicherweise Treibholz, die Deckung aus Torf. Im isländischen Klima ist dies ein sehr haltbarer Baustoff. Der Hof Glaumbær ist recht groß und besteht aus 13 einzelnen Häusern, die alle besichtigt werden können. Der Eintritt kostet 1.700 Kr.

Die Piste zum Grettislaug

Das Freilichtmuseum Glaumbær

Der Ort **Varmahlíð** (dt. Warmer Hang) scheint auf den ersten Blick nur aus der großen Tankstelle zu bestehen. Auch die Menge der Fahrzeuge, die hier meistens parken, scheint ungewöhnlich für eine abgelegene Tankstelle. Auch wenn Sie weder Benzin noch Verpflegung brauchen, gehen Sie einmal in die Tankstelle mit dem kleinen Einkaufsladen hinein. Hier gibt es alles, was das Herz begehrt. Vom Hufeisen über Autozubehör, Lebensmittel und Schafswolle. Und ein kleines Fast-Food Restaurant gibt es - hochmodern. Der Ort liegt strategisch günstig und ist seit langer Zeit ein Knotenpunkt für viele Reisende. Varmahlíð selbst ist klein, der Campingplatz und das Schwimmbad liegen etwas den Berg hinauf **(80)**. Von hier werden einige Rafting-Touren angeboten. Aus Varmahlíð bietet die Firma "Viking-Rafting" zwei Touren (Family und Extreme) an, der Treffpunkt ist auf dem Campingplatz. (*Family Tour 16.000 Kr, Kinder 10.990 Kr).*

(080) WOMO-Campingplatz: Camping Varmahlíð

GPS/Kontakt: N 65°33'07" W 19°27'22", Tel. +354 899 3231, tjaldsvaedi@gmail.com, https://tjoldumiskagafirdi.is.
Öffnungszeit: 15.5. - 15.9.
Ausstattung: Großes Sanitäthaus mit WC, Dusche, Waschmaschine, Entsorgung.
Beschreibung: Oberhalb des Ortes in einem Wäldchen, abgetrennte, geschütze Bereiche mit Wiese und Schotterplätze. Schwimmbad in ca 200 m zu Fuß (am Wald entlang).
Preise: 1.600 Kr pP, frei bis 12 Jahre, Strom 1.000 Kr.
Zufahrt: Von der 1 Richtung Tankstelle, dann gleich rechts in Varmahlíð (Camping gut ausgeschildert)

Immer am Fjord entlang

Jetzt wird es spannend - und schön. Wir fahren weiter auf der Ringstraße und biegen in die ehemalige F-Straße 35/731 »Kjöllur« Richtung Süden ab. Ziel ist das Hochland und das (unserer Meinung nach) schönste Hochtemperaturgebiet Islands, **Hveravellir** (dt. Quellenfeld). Obacht! Die folgenden 85 Kilometer sind anstrengende Piste, aber für fast alle Fahrzeuge bei vorsichtiger Fahrweise machbar. Der nördliche Teil der 35 ist deutlich angenehmer zu fahren als die südliche Anfahrt vom Gullfoss und auch für fast jedes Fahrzeug möglich, vorsichtiges Fahren vorausgesetzt. Nur die letzten sechs Kilometer sind sehr, sehr ungemütlich und mühsam. Für sehr große Wohnmobile mit überstehendem Heck ist daher die Fahrt ungeeignet. Mietmobile dürfen hier üblicherweise auch nicht lang, sprechen Sie mit Ihrem Vermieter. Ob Sie Ihrem Wohnmobil diese Strecke zutrauen, müssen Sie selber entscheiden oder noch besser: Schauen Sie sich das Video auf www.island-womo.de an.

Kein F vor der 35

Das Geothermalgebiet ist so gigantisch, dass sich die Mühe lohnt. Eine Oase im Hochland. Gleich neben dem Stellplatz

Entscheiden Sie selbst, ob ihr WOMO diese Strecke mitmacht

(081) Offizieller WOMO-Stellplatz: Hveravellir

GPS/Kontakt: N 64°51'58" W 19°33'13", Tel. +354 452 4200, info@hveravellir.is, www.hveravellir.is.
Öffnungszeit: Je nach Straßenöffnung. **Max. WOMOs:** 20.
Ausstattung: WC, Dusche, großer Hot-Pot.
Beschreibung: Mitten im Hochland am Hochtemperaturgebiet, offene, geschotterte Fläche hinter dem Hostel. Einer der schönsten Hot-Pots Islands direkt am Parkplatz, großes Geothermalgebiet, viele Wanderwege.
Preise: 2.000Kr pP, kein Strom.
Zufahrt: Von der 1 südlich in die 35/731 abbiegen (Kjölur), 86 km über die Schotterpiste. ACHTUNG: Die 35 ist eine ehemalige F-Straße und für größere WOMOs nicht geeignet. Mietbedingungen beachten.

Die 35 im nördlichen Teil ist gut zu fahren

(81) als Teil des dortigen Hostels geht es über schön angelegte Holzstege zu den wunderschönen Attraktionen. Kleine Springquellen, Solfatare, Fumarole und heiße Quellen, teilweise von wunderschönen Sinterterrassen umgeben. Anders als die dunklen Schlammquellen von Hverir (siehe Tour 6) sind die heißen Quellen hier meist mit glasklaren Wasser ge-

Geschafft: Das Hochtemperaturgebiet Hveravellir

Die Quellen von Hveravellir

Fagrihver

Grænihver

Bóluhver

Rauðihver

Bláhver

Öskurhöll

füllt, was edel aussieht. Die Farben blau und weiß dominieren, obwohl viele Farben vertreten sind. Die Namen der Quellen verraten das eindrucksvoll: Bláhver (dt. Blaue Quelle), Grænihver (dt. Grüne Quelle), Rauðihver (dt. Rote Quelle). Noch deutlicher wird es beim weiß-transparenten Fagrihver (dt. Schöne Quelle) oder dem kristallklar schimmernden und mit porzellanartigen Sinterterrassen umgebende Bóluhver (dt. Blubberquelle). Einige Quellen sind Mini-Geysire, auch wenn sie das Wasser nicht meterhoch rauspusten – es bleibt einige Minuten still, bis das Wasser dann herausspritzt. Wunderschön und spannend anzuschauen. Auch der fauchende Solfatar »Öskurhöll« (dt. Brüllender Hügel) macht schon etwas her und ist schon weit aus der Ferne zu hören. Wir haben ihn mal als Wolkenmaschine bezeichnet, so viel Dampf spuckt er aus. Wer die 150 verschiedenen geothermischen und hydrothermalen Eigenschaften genauer studieren möchte, hier sind alle aufgezählt *(www.volcanic-springs.com)*. Auf dem Rundweg sind die Namen der wichtigsten Quellen nachzulesen. Wir konnten uns hier stundenlang aufhalten. Nicht nur für Fotografen ist es ein Traum.

Und als Highlight am Abend dann ein Bad in dem berühmten Hot-Pot. Für uns ist es einer der schönsten Hot-Pots der ganzen Insel. Das

Blick von oben

Wandertipp Kjolur: 3,5 bis 21 km, je nach Strecke

Neben dem Hochtemperaturgebiet starten auch tolle Wanderwege durch die traumhafte Landschaft, die ein wenig wie das Auenland aus den bekannten Filmen aussieht. Im Hintergrund die schneebedeckten Berge und der Gletscher, eine sehr eindrucksvolle Aussicht. Wir können den Eyvindarrétt Trail empfehlen, es ist eine einfache Rundwanderung, die einen schönen Überblick verschafft. Wer die Tour verlängern möchte, läuft weiter Richtung Strýtur hin und zurück, der Wanderpfad zweigt bei der Eyvindarrétt-Höhle ab. Die Wanderwege sind allesamt sehr gut ausgezeichnet und farblich markiert, der Plan ist im Hotel erhältlich. Die 3 beliebtesten Wanderungen sind der kurze Eyvindarrétt Circle (Green trail, 3,5 km, ca. 40 min), die Wanderung nach Strýtur (red trail, 12 km, 240 Höhenmeter, 4 Std.) und nach Þjófadalir (orange trail, 21 km, 145 Höhenmeter, 5 Std.). Die Wege sind allesamt Teil der mehrtägigen Wanderroute Kjölur. Sie beginnen ganz am Ende der Holzwege im Hochtemperaturgebiet.

Hveravellir Hot Pot

mag aber auch daran liegen, dass wir den Hot-Pot ganz für uns allein hatten. Umkleiden gibt es keine, aber ein großes Holzdeck, wo wir unsere Sachen ablegen konnten. Die Temperatur wird manuell eingestellt. Auf der einen Seite fließt kaltes Wasser aus dem Fluss,

auf der anderen 80 Grad heißes Wasser aus einer heißen Quelle durch Rohrleitungen. Je nachdem, wie wir die Rohrleitungen nun in das Becken legen stellen wir unsere Lieblingstemperatur ein. Als wir dort ankamen hatte das Wasser 44 Grad (da hat jemand das Kaltwasserrohr weg gelegt) – wie gut, dass wir immer ein Thermometer dabei haben. Aber wir haben kaltes Wasser nachgefüllt und dann wurde es dort auch ganz schnell sehr angenehm. Ein traumhafter Tagesabschluss.

Es geht wieder die 85 Kilometer zurück auf die Ringstraße und dann links Richtung **Blönduós**. Die Stadt liegt genau am Zufluss des Gletscherflusses Blanda ins Meer. Wir bezeichnen die Stadt und den Campingplatz **(82)** mal als »verkehrsgünstig gelegen«. Eine große, gut besuchte Tankstelle, daneben ein Zweckbau mit Cafés und Restaurants und genau gegenüber der gut ausgestattete Campingplatz. Ein paar Meter weiter finden Sie ein großes Schwimmbad. Für einen Stopp auf der Durchreise ist dieser Ort gut geeignet. Das Café »Húnabúð Bæjarblómið« neben der Tankstelle, eine interessante Mischung aus Blumen- und Andenkenladen, bietet Kaffee und selbst gebackenen Kuchen in interessanter Atmosphäre. Gleich daneben liegt das moderne B&S Restaurant. Wer lieber die Gegend genießen möchte, vielleicht ein wenig wandern und etwas abgeschieden übernachten will, der folgt uns in den kleinen, gemütlichen Ort **Skagaströnd**, nur 20 Ki-

Buntes Hochland auf der Rückfahrt

lomer entfernt. Einfach kurz vor Blönduós die 74 Richtung Norden abbiegen. Der Ort lebt auch heute noch vom Fischfang, die Arnar, der fangreichste Trawler Islands, ist hier beheimatet. Wir würden den Ort, sehr positiv gemeint, als »verschlafen« bezeichnen. Ein Bummel durch den Ort oder die vielen Wanderungen hier strahlen eine ganz besondere Ruhe aus. Der Ort liegt am Fuße des dominierenden Berges Spákonufell (dt. Wahrsagerinnenberg), der seinen Namen von der im 10. Jahrhundert lebenden Wahrsagerin Þórdís bekam. Der Campingplatz **(86)** ist schön und ruhig etwas oberhalb des Ortes gelegen. Das kleine Schwimmbad am Hafen bietet eine Besonderheit. Hier dürfen wir im Hot-Pot einen Kaffee

Blick auf den Hjúnaflói

(082) WOMO-Campingplatz: Gladheimar Cottages

GPS/Kontakt: N 65°39'33" W 20°16'32", Brautarhvammur, 540 Blönduós, Tel: +354 820 1300, logeehf@gmail.com, http://www.gladheimar.is/tjaldsvaedi.asp. **Öffnungszeit:** Ganzjährig.
Ausstattung: Sanitärhaus mit WC und Dusche, Entsorgung, Bodenablass
Beschreibung: Wiese direkt an der 1 im Ortskern, mit Büschen leicht parzelliert, neben einem Guesthouse.
Preise: 1.500 Kr pP, frei bis 16 Jahre, Strom 1.000 Kr.
Zufahrt: Direkt an der 1, im Ortskern bei der Tankstelle rechts.

+(083) Offizieller WOMO-Stellplatz: Skagaströnd

GPS/Kontakt: N 65°49'33" W 20°17'35", Norðurbraut, Skagaströnd, Tel: +354 776 0040, skagastrond.camping@gmail.com , https://www.skagastrond.is/is/thjonusta/tjaldsvaedi.

Öffnungszeit: 1.6. - 1.9. **Max. WOMOs:** 50.

Ausstattung: Sanitärhaus mit WC und Dusche, großer, beheitzter Aufenthaltsraum mit Küche, Waschmaschine.

Beschreibung: Offene Wiesenbereiche mit Büschen abgegrenzt, sehr ruhig oberhalb des Ortes.

Preise: 1.500 Kr pP, frei bis 16 Jahre, Strom 1.000 Kr. Duschen 500 Kr, über parka.is.

Zufahrt: Die 74 Richtung Norden, dann am Ende links weiter nach Skagaströnd. Im Ort die erste rechts (Vetrarbraut), Camping ausgeschildert.

genießen, den Kaffee dazu gibt es gratis, gleich neben dem Pot. Der Ausblick auf den Hafen und das Meer ist durch den verglasten Windschutz möglich.

Wandertipps Skagaströnd: 2 km oder 4,5 km

Die Broschüre über die Wanderungen liegt im Ort aus, auch beim Campingplatz.

Um das Kap Spákonufellshöfði (Rundwanderung am Meer), ca. 3 km, ca 1 Std.

Los geht's am Parkplatz hinter dem Schwimmbad. Auch wenn die Wanderung sehr einfach und ohne große Höhendifferenz ist - schnüren Sie Ihre Wanderstiefel. Der Weg ist teilweise durchnässt, rutschig und felsig. Schöne Ausblicke aufs Meer und die kleine Bucht Vækilivik erwarten Sie und eine ganz besondere, ruhige Stimmung.

Auf den Spákonufell (Südroute, hin und zurück 4,5 km, 530 m Anstieg, schwer)

Los geht es auf dem Wanderparkplatz im Süden des Berges GPS N 65°49'37" W 20°15'10.2". Die Strecke ist sehr steil, schon nach kurzem Weg bietet sich ein fantastischer Blick auf den Fjord und die Landschaft unter uns. Oben auf dem Gipfel genannt Borgarhaus (dt. "Burgkopf") erkennen Sie das große Plateau des Gipfels sehr gut. Genießen Sie die Aussicht.

Basaltformationen bei Kálfshamarsviti

Einen besonderen Tipp haben wir 25 Kilometer nördlich (gute Schotterpiste) am Leuchturm Kálfshamarsviti. Hier befindet sich eine der größten **Basalt**-Formationen Islands in wahrlich gigantischem Ausmaß. Es ist kaum zu glauben, dass diese Gegend natürlichen Ursprungs ist, so regelmäßig sind die Säulen geformt. Unterhalb des Leuchtturms findet sich ein ganzes Amphitheater mit den imposanten Felsblöcken. Zu beschreiben ist das Ganze nicht, Sie müssen es erleben!

Unser letzter Stopp auf der Route ist der Ort **Hvammstangi** dt. Muldenlandzunge), den wir mal als "Robbenhauptstadt" Islands bezeichnen. Hier, an der Küste des Miðfjörður, leben auf den Felsen viele Robben.

Der Robbenkutter "Brimill"

Viele Robben auf den Felsen

(084) WOMO-Campingplatz: Hvammstangi

GPS/Kontakt: N 65°24'08" W 20°55'46", Kirkjuhvammsvegur, Hvammstangi, Tel: +354 899 0008, hvammur.camping@gmail.com, http://tjalda.is/en/kirkjuhvammur.

Öffnungszeit: 15.5. - 15.10.

Ausstattung: Mehrere Sanitärblocks mit WC, Aufenthaltsraum / Küche mit free WiFi, Entsorgung, Waschmaschine.

Beschreibung: Große, offene Wiese ca. 1,5 km oberhalb des Ortes.

Preise: 1.500 Kr pP, frei bis 16Jahre, Strom 800 Kr.

Zufahrt: Durch den Ort, am Ende rechts Richtung Schwimmbad / Camping (ausgeschildert).

Aus Hvammstangi fährt die »Brimill« zu den Seehundbänken. *(www.sealwatching.is, 8.500 Kr pP, Teenager 4.500 Kr)*. Am Hafen ist das Seehundzentrum »Icelandic Seal Center« beheimatet.*(http://www.selasetur.is, 1.100 Kr pP, Kinder 750 Kr).*

Die Stadt bietet einen großen, ruhigen Campingplatz oberhalb des Ortes **(87)** und ein Schwimmbad in der Nähe. Für Fans isländischer Wollprodukte ist ein Besuch im Factory-Store »KIDKA Wool Factory Shop« empfehlenswert. Neben Verkauf der fertigen Produkte kann die Fabrik mit modernen, großen Strickmaschinen besichtigt werden. Angeboten werden allerlei Wollprodukte, Reste oder Kleinigkeiten sowie Wolle mit Anleitungen zum selberstricken.

Unsere Tour durch den Norden endet hier, es geht nun weiter zu den Westfjorden (Tour 8) oder über die 59 nach Búðardalur zum Start der Tour 9 oder zurück nach Reykjavík - es sind nur 180 km in die Hauptstadt. Von dort gelangen Sie dann zum Start der Tour 10.

Viele Pferde treffen wir hier im Norden

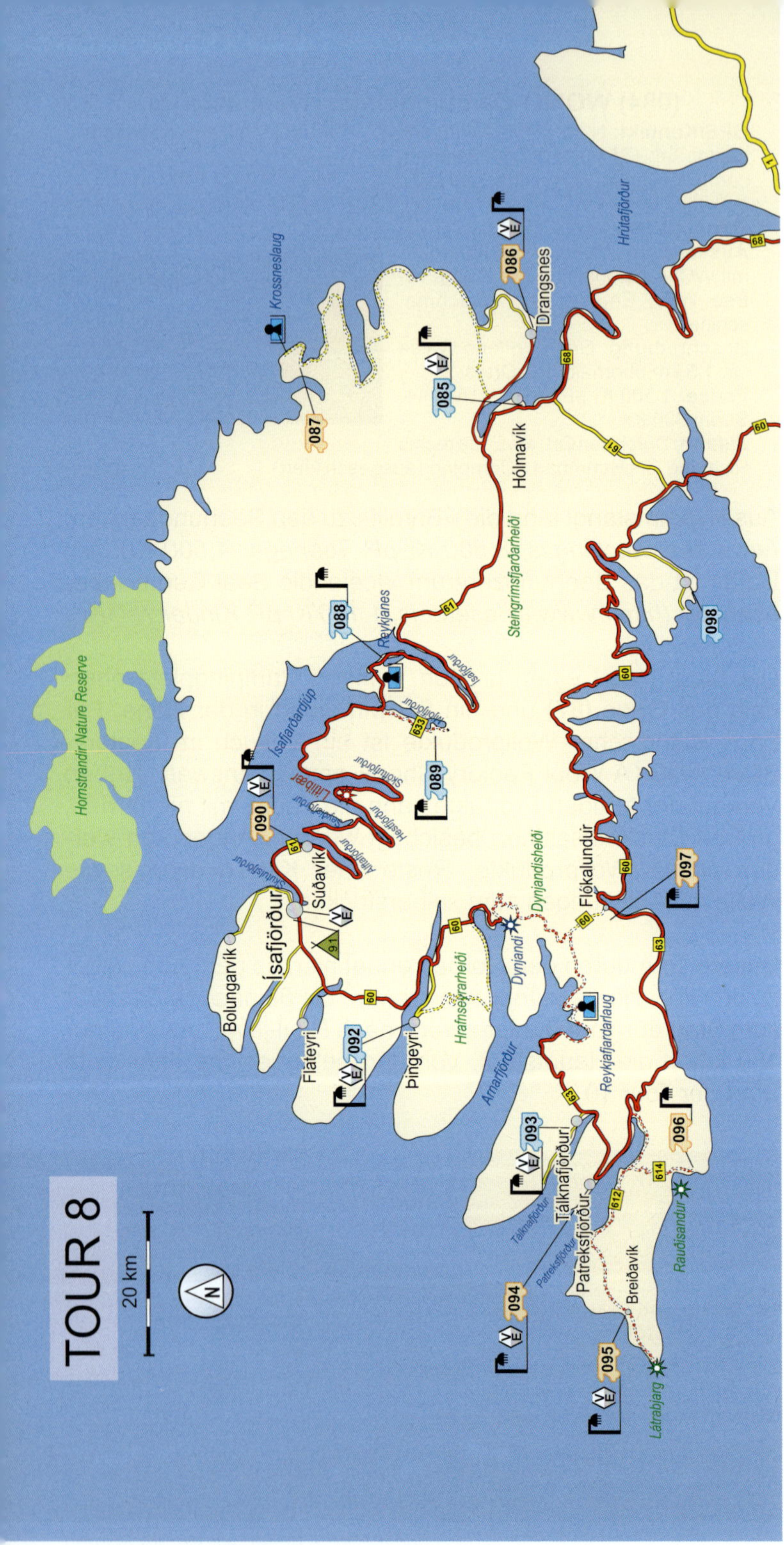

TOUR 8
20 km
N
Hornstrandir Nature Reserve
Krossneslaug
087
086
Drangsnes
085
Hólmavík
Hrútafjörður
Steingrímsfjarðarheiði
088
Reykjanes
Ísafjörður
Ísafjarðardjúp
089
633
Litlibær
Skötufjörður
Hestfjörður
Álftafjörður
090
Súðavík
Ísafjörður
Bolungarvík
91
Flateyri
092
Þingeyri
Hrafnseyrarheiði
Dynjandi
Dynjandisheiði
Flókalundur
097
Arnarfjörður
Reykjafjarðarlaug
093
Tálknafjörður
Patreksfjörður
094
Breiðavík
095
Látrabjarg
Rauðisandur
096
098
612
614
60
61
63
68
1

TOUR 8: Die Westfjorde 800 km

Hólmavík – Drangsnes – Ísafjörður – Þingeyri – Tálknafjörður – Flókalundur – Reykhólar

Stellplätze:	Hólmavík, Drangsnes, Urdartindur, Hotel Reykjanes, Heydalur, Súðavík, Þingeyri, Tálknafjördur, Patreksfjörður, Hotel Breiðavík, Melanes, Flókalundur, Bolaskeið
Campingplätze:	Ísafjörður
Besichtigungen:	Dynjandi (Wasserfall), Látrabjarg (Vogelfelsen), Rauðisandur (Strand)
Wanderungen:	Dynjandi (zum Wasserfall (3 km), Þingeyri (Alpen der Westfjorde)
Baden:	Drangsnes, Reykjafjardarlaug, Hellulaug (Hot-Pots), Hotel Reykjanes, Tálknafjördur, Patreksfjörður, Flókalundur (Schwimmbäder)

Die äußerste, westliche Spitze Islands, eine Halbinsel mit 50 tief eingeschnittenen Fjorden und hohen, schneebedeckten Bergen ist eine eigene Welt. Von der Nordspitze sind es nur 300 Kilometer bis nach Grönland, kaum weiter als zur Hauptstadt Reykjavík. Diese Gegend dürfen wir zurecht als eigenes Gebiet, ja fast Insel oder sogar ein ganz anderes Land bezeichnen, so unterschiedlich ist es hier im Vergleich zum restlichen Island. Die Westfjorde sind nur spärlich besiedelt, nach dem Ende des Heringbooms in den Fünfziger Jahren und dem Aufkommen der großen Fischtrawler waren die kleinen Orte in ihrer Existenz bedroht. Stetig gehen die Einwohnerzahlen zurück. Der Tourismus in dieser verlassenen Gegend fasst erst langsam Fuß und genau das macht den Reiz aus. Das Fehlen der ganz großen Attraktionen lässt eher natürlichen und ruhigen Tourismus aufkommen. Daher zählen die Westfjorde auch bei den Isländern noch zum Geheim-

Die Straße windet sich um die Fjorde

Immer am Fjord entlang

tipp. Wer Ruhe, Einsamkeit und Entspannung sucht, wilde Landschaft, tiefblaue Fjorde, weite Strände und Vogelklippen - der ist hier richtig.

Allerdings sind eine Menge anstrengende Straßenkilometer zu fahren, um diese Gegend einmal zu umrunden. Die tief eingeschnittenen Fjorde zollen ihren Tribut, entschädigen aber mit faszinierenden Ausblicken direkt von der Straße. Oftmals scheint die Straße im Fjord zu enden oder an einem Berg. Teilweise verliert sie sich im Himmel oder über einem Kliff. Besonders vorsichtiges Fahren ist hier lebensnotwendig, ohne Leitplanke geht es gerne einmal Hunderte Meter senkrecht abwärts, es gibt unzählige Straßenkuppen (Blindhæds) und viele Kilometer raue Schotterpisten. Achtung: Da sich hier Asphalt- und Schotterpiste sehr oft abwechseln, haben wir bei den Hauptrouten in der Karte die Pisten nicht immer extra eingezeichnet.

Die Farbe unseres WOMOs ändert sich

Abenteuerlich, einsam und einzigartig

Es sind viele Pistenkilometer zu fahren und diese werden Spuren an Ihrem Wohnmobil hinterlassen. Mit Glück nur sehr viel Schmutz (siehe Bild) - rechnen Sie aber auch mit anderen Schäden (Lackschäden durch den Schotter, lose Schrauben durch das ruckelige Fahren, abbrechende Plastikteile.) Die Westfjorde sind teilweise sehr abenteuerlich und die Straßen in entsprechendem Zustand. Die Fahrt ist anstrengend, anspruchsvoll und ermüdend. Machen Sie sich dies vor dem Besuch dieser Gegend klar.

Die Westfjorde beginnen unspektakulär

Wir starten die Tour an der Ostseite der Westfjorde bei der Abzweigung von der 1 in die 68 Richtung Ísafjörður. Die Westfjorde erschließen sich ganz langsam, noch dominiert der **Hrútafjörður**, der die Westfjorde vom Rest Islands trennt. Aber schon bald wird der Fjord breiter, die Straße wird zur Schotterpiste und nimmt an Höhe zu. Und ganz plötzlich befinden wir uns in einer anderen Landschaft. Wir erklimmen Berge, um kurz danach wieder direkt ans Wasser zu fahren. Die Strände sind mit Treibholz übersät und bieten ein skurriles Bild. Früher war das Holz eine wichtige Einnahmequelle und der Handel mit dem seltenen Holz war ein Wirtschaftsfaktor für die hiesigen Höfe. Es wurde »weißes Gold« genannt. Das Holz stammt aus Sibirien, ist fünf bis zehn Jahre unterwegs bevor es hier ankommt und ist daher sehr haltbar. Heute gibt es hauptsächlich ein schönes Fotomotiv ab.

Kunst aus Treibholz

Unser erster Stopp ist der Ort **Hólmavík** (dt. Inselbucht). Er ist bekannt für seine Tradition als Standort für Magie und Hexen, was sich auch am hiesigen Museum für Zauberei zeigt *(Galdrasafn,* *www.galdrasyning.is, Eintritt 950 Kr.)*. In der Tat wurden hier die meisten Anklagen wegen Hexerei und Gotteslästerung ausgeführt - es wurden gerne alte Magie-Traditionen der Wikinger praktiziert. Im Museum gibt es dazu viele Infos und Geschichten, magische Runen und Steine sowie Kräuter für Tränke. Die Stadt hat einen gut ausgestatteten Campingplatz direkt neben dem großen, modernen Schwimmbad **(85)**. Von einigen Stellplätzen des Platzes (ganz oben) haben Sie einen traumhaften Blick über den Fjord, die Plätze unten sind besser geschützt und ohne Ausblick, aber nicht weniger reizvoll.

(085) Offizieller WOMO-Stellplatz: Hólmavík

GPS/Kontakt: N 65°42'12" W 21°41'01", Hafnarbraut, Hólmavík, Tel: +354 4513560 , sundlaug@strandabyggd.is, www.strandabyggd.is.
Öffnungszeit: 15.5. - 15.9. **Max. WOMOs:** 40.

Ausstattung: WC, (Dusche im Schwimmbad), große Küche und Aufenthaltsraum im Gemeindezentrum, Entsorgung, Bodenablass.
Beschreibung: Direkt am Schwimmbad, Wiesenbereiche, vereinzelt Schotter, geschützt durch Wall und Hecken, Fjordblick.
Preise: 1.670 Kr pP, frei bis 14 Jahre, Strom 1.440 Kr, Schwimmbad (Duschen) 1.075 Kr.
Zufahrt: Von der 61 rechts nach Hólmavík, am Ortseingang gegenüber der Tankstelle zum Schwimmbad.

Unser nächstes Ziel sind die direkt am Meer liegenden Hot-Pots in **Drangsnes**. Also geht es wieder zurück auf die 61 Richtung Norden und nach zehn Kilometer rechts auf die 643/645 Richtung Drangsnes/Norðurfjörður. Der Ort ist sehr klein und hat einen einfachen Campingplatz **(86)**. Von diesem sind es 600 Meter zu den beliebten drei Töpfen - zwei

Die Hot-Pots in Drangsnes

moderne Pools und eine Fischwanne. Die Pools sind alle mit ca. 40 Grad warmen Wasser gefüllt, bei unserem Besuch war der mittlere 41 und die äußeren 39 Grad warm. In der Stadt wurde 1997 eine heiße Quelle entdeckt und sofort danach begann der Bau der drei Pots. Obwohl der Ort mittlerweile sogar ein kleines Schwimmbad hat, bleiben die Töpfe am Meer sehr beliebt. Sie stehen direkt an der Straße und sind sofort zu sehen, Umkleidekabinen und Parkplatz befinden sich auf der anderen Straßenseite, wobei WOMO-Besitzer sich natürlich viel einfacher in Ihrem Fahrzeug umkleiden können. Der Blick aus den Pools ist herrlich, angeblich sind hier manchmal Wale zu sehen. Aber allein das Meeresrauschen macht diese Hot-Pots zu einem besonderen Badeerlebnis. Da der Campingplatz nicht weit ist, können Sie in Ruhe auch nachts baden oder die Mitternachtssonne genießen. In der dunklen Jahreszeit erleben Sie mit etwas Glück Polarlichter direkt beim Baden.

Ein großartiger Blick aus den Hot-Pots

(086) Offizieller WOMO-Stellplatz: Drangsnes

GPS/Kontakt: N 65°41'29" W 21°26'34", Aðalbraut, 520 Drangsnes, Tel: +354 898 3239, isabella.benediktsdottir@gmail.com, www.drangsnes.is.
Öffnungszeit: 1.5. - 30.9. **Max. WOMOs:** 20.
Ausstattung: 2 Plätze nebeneinander, Sanitärcontainer mit WC, Entsorgung, Sanitärhaus mit WC, Dusche, Küche, Entsorgung.

Beschreibung: 2 offene Wiesen mit schönerm Blick auf den Fjord. 3 Hot-Pots am Meer in 600 m Entfernung, kleines Schwimmbad 300 m unterhalb.
Preise: 1.250 Kr pP, frei bis 14 Jahre, Strom 1.000 Kr.
Zufahrt: Am Ortsende links (ausgeschildert).

Die 643 können Sie 105 Kilometer weiterfahren, dann erreichen Sie das legendäre **Krossneslaug**. Ein Schwimmbad direkt am Strand - und das am Ende der Welt. Gerne hätten wir dieses Bad auch selbst besucht, das Wetter hat uns aber einen Strich durch die Rechnung gemacht. Die 100 Kilometer Schotterpiste bei Sturm und Regen wollten wir uns nicht antun, daher basiert die folgende Info auf einer Internetrecherche. Schauen Sie selbst bei Google nach und entscheiden dann, ob dieses Bad Ihnen 200 Kilometer Schotterpiste wert ist. Ein Campingplatz ist in 4 Kilometer Entfernung **(87)**.

(087) Offizieller WOMO-Stellplatz:
Urdartindur Guesthouse

GPS/Kontakt: N 66°03'03" W 21°34'02", Nordurfjördur 1, 524 Nordurfjördur, Tel: +354 843 8110, urdartindur@urdartindur.is, www.urdartindur.is.
Ausstattung: WC.
Beschreibung: Offene Wiese hinter dem Guesthouse, direkt am Fjord
Preise: 1.200 Kr pP, Strom 700 Kr.
Zufahrt: Die 643 Richtung Norðurfjörður, kurz vor Norðurfjörður liegt der Campingplatz.
Hinweis: Pool Krossneslaug (direkt am Meer) 4 km nördlich.

Nach dem Bad im Hot-Pot geht es für uns wieder die 643 zurück auf die 61 Richtung Ísafjörður. Die Schilder zeigen es bereits an, es folgt eine Passstraße mit 10 Prozent Steigung über den 440 Meter hohen Hochlandpass **Steingrímsfjarðarheiði**. Hier oben liegt Mitte Juli noch teilweise Schnee, die Landschaft hat sich binnen 20 Minuten stark verändert. Wir sind im Hochland. Die Straße ist die Hauptverbindung von Reykjavík nach Ísafjörður. Es wird versucht die Straße auch im Winter passierbar zu halten. Hinunter geht es gemächlicher und schon kommen wir am **Fjord Ísafjörður** (der aber nicht die gleichnamige Stadt beheimatet) unten an, unser Ziel ist schon in Sicht. 3 Kilometer ist die Entfernung per Luftlinie, wir müssen 38 Kilometer zurücklegen. Einmal geht es um den Fjord herum, dank der Aussicht wird es aber keinesfalls langweilig.

Hotel Reykjanes

Blick auf den Fjord

Schwimmbad am Ende der Welt

Unser Ziel ist ein surrealer Ort, das **Hotel Reykjanes**. Als wir hier ankamen, mussten wir an das Buch »Das Restaurant am Ende des Universums« von Douglas Adams denken. Hier steht ein Hotel am Ende der Welt. Für hiesige Verhältnisse ist der zweistöckige Bau riesig, er sieht derzeit noch sehr heruntergekommen aus, fast wie ein Setting eines Hitchcock-Films. Es wird aber kräftig renoviert und möglicherweise erstrahlt das Haus schon bald in neuem Glanz. Trotzdem wird dieser Ort etwas Besonderes bleiben, denn das Hotel steht mitten auf einer heißen Quelle im Nirgendwo, genau zwischen

(088) Offizieller WOMO-Stellplatz: Hotel Reykjanes

GPS/Kontakt: N 65°55'38" W 22°25'26", Djúpvegur, Tel: +354 456 4844, www.rnes.is.
Öffnungszeit: Ganzjährig. **Max. WOMOs:** 50.
Ausstattung: WC, Dusche, Abwaschbereich, überdachte Sitzecke
Beschreibung: Wiese am Fjord mit Wall hinter dem Hotel. Fjordblick, großer 50 m Pool mit mineralisiertem Wasser direkt nebenan.
Preise: 2.900 Kr pCamper, Strom 1.000 Kr.
Zufahrt: Von der 61 vor der Brücke Richtung Osten zum Hotel (ausgeschildert)

zwei Fjorden. Daher verfügt es über ein 25 bis 35 Grad warmes, riesiges Schwimmbecken mit 50 Meter Pool und zwei Hot-Pots. Der Campingplatz **(88)** ist neu und ansprechend, er befindet sich hinter dem Haus. Zum Pool, dem Restaurant und einer Küstenseeschwalbenkolonie, wo es während der Brutzeit recht laut zugeht, sind es keine 100 Meter. Im Hotel können Sie Abendessen und Frühstück dazu buchen. Sehenswert ist auf jeden Fall die kleine Salzmanufaktur »Saltverk« unterhalb des Campingplatzes. Schon 1774-94 wurde hier mithilfe der Erdwärme Salz hergestellt. Seit 2011 wurde die Tradition mit neuem Konzept wiederbelebt. Mit der Kraft der heißen Quellen (98 Grad) wird das Salzwasser aus dem Fjord eingekocht, das ausgefallene Salz per Hand abgeschöpft, getrocknet und als reines Produkt in diversen Geschmacksrichtungen oder als Kosmetikprodukt angeboten. Es wird in kleinen Mengen an Souvenirshops in ganz Island vertrieben

Salzherstellung mit Erdwärme

Souvenir aus den Westfjorden

Die Quelle und das alte Bad

und ist ein schönes Mitbringsel. Die Manufaktur kann in der Zeit von 10 - 16 Uhr besichtigt werden. Der Inhaber beantwortet auch gerne Fragen zum Thema Meersalz. Vom Campingplatz können Sie auch herrlich am Fjord entlang laufen und die Natur genießen. In wenigen Hundert Metern Entfernung, Richtung Süden, gibt es eine heiße Quelle samt altem Badeplatz, dem »Gamla Laugin«. Die Quelle über dem alten Bad ist 80 Grad heiß, also Vorsicht!

Angriffslustige Küstenseeschwalbe

Wer statt Schwimmbad und Salz lieber Reiten oder auf dem Fjord paddeln möchte, der fährt 30 Minuten weiter zum Guesthouse Heydalur am **Mjóifjörður (89)**. Einfach die 61 weiter und hinter der Brücke links ab. Hier werden allerhand Aktivitäten geboten. Besonders für Pferdefans ist dieser Ort empfehlenswert. Es werden Ausritte für Anfänger und Fortgeschrittene angeboten, diese können dann auf dem Strand am Ende des Fjords entlang galoppieren *(2 Std. 11.000 Kr., Tag 20.000 Kr., 2 Personen Minimum)*. Auch geführte Kajaktouren *(2 Std. 7.000 Kr.)* oder Kajakverleih *(Tag 8.000 Kr.)* werden hier angeboten. Am Guesthouse gibt es einen natürlichen Hot-Pot und ein Indoor-Pool in einem Gewächshaus, in dem auch Gemüse angebaut wird.

(089) Offizieller WOMO-Stellplatz: Heydalur

GPS/Kontakt: N 65°50'34" W 22°40'37", Heydalur 401 Ísafjörður, Tel: +354 456 4824, heydalur@heydalur.is , www.heydalur.is.
Öffnungszeit: Ganzjährig. **Max. WOMOs:** 10.
Ausstattung: WC und Dusche, Restaurant, Hot-Pot, kleiner Pool.
Beschreibung: Offene Wiese hinter dem Guesthouse. Reithof, Kajak-Verleih, Indoor-Pool und Hot-Pot direkt am Campingplatz.
Preise: 1.500 Kr pP, frei bis 15 Jahre, Strom 1.000 Kr.
Zufahrt: Von der 61 südlich in die 633 nach Heydalur, 12 km weiter rechts ab zum Hotel.

Genießen Sie die Landschaft auf der Weiterfahrt um die nächsten vier Fjorde herum nach Ísafjörður. Die Strecke ist reizvoll, auch wenn die Fahrt um die Fjorde herum endlos erscheint. Noch ein Vergleich: Die Entfernung von der äußersten Spitze des Sköftufjörður bis zum Ort Súðavík beträgt zehn Kilometer. Mit dem Auto sind Sie mehr als 80 Kilometer unterwegs. Unterwegs gibt es viele Aussichtspunkte und Picknickplätze,

Blick von einem der Aussichtspunkte

die alle gut ausgeschildert sind. Nutzen Sie die herrlichen Stopps zum Rasten und lassen Sie die eindrucksvolle Landschaft auf sich wirken. Auf der Landspitze zwischen **Sköftufjörður** und **Hestfjörður** liegt, von der Straße kaum zu übersehen, **Litlibær** (dt. Der kleine Hof). Das kleine, schmucke, mit Gras bewachsene Haus wurde 1895 erbaut und zeitweise lebten 20 Personen auf diesem Hof. Heute sind es Touristen,

Litlibær

Robbenkolonie

die hier vorzügliche Waffeln mit selbst gemachter Marmelade und gutem Kaffee aus dekorativen Porzellantassen genießen. Das Haus wurde 1999 vom isländischen Nationalmuseum erworben, restauriert und beherbergt nun ein gemütliches Café mit Museums-Charakter. Nur ein paar Hundert Meter weiter, direkt an der Landspitze der Fjorde, können Sie eine Robbenkolonie bestaunen. Ein großer, gut ausgebauter Parkplatz samt Info-Tafel ist vorhanden und zeigt den Weg. Die Robben liegen bei Ebbe weit draußen auf einem Felsen, für ein Foto reicht es allemal.

Der Hafen von Súðavík

Der kleine, schmucke Ort **Súðavík** ist der letzte Stopp vor Ísafjörður inklusive Übernachtungsmöglichkeit. Die Schiffe im Hafen zeigen es an: Hier lebt man von Fischfang, Fischzucht und Fisch-Tourismus, die Firma Iceland Sea Angling betreibt hier eine große Basis. Im Ort findet sich auch das »Arctic Fox Center«, ein Forschungszentrum über den Polarfuchs mit angeschlossenem Café und einer Ausstellung. Der Polarfuchs ist das einzige natürlich vorkommende Landsäugetier Islands. Bei den Forschungen konzentriert man sich auf die Entwicklung der Population und der Interaktion der Tiere mit dem Tourismus. *(Im Sommer von 9-18 Uhr geöffnet, 1.200 Kr.).* Der gut ausgestattete Campingplatz liegt oberhalb des Ortes mit einer schönen Aussicht auf den Fjord **(90)**.

(090) Offizieller WOMO-Stellplatz: Súðavík

GPS/Kontakt: N 66°02'12" W 22°59'23", Tel. +354 848 7959, sudavik@sudavik.is, www.sudavik.is.

Öffnungszeit: Ganzjährig. **Max. WOMOs:** 20.

Ausstattung: WC, Dusche, überdachter Grillbereich, Entsorgung, Bodenablass.

Beschreibung: Wiese oberhalb vom Ort, Schöner Fjordblick.

Preise: 1.200 Kr pP, frei bis 12 Jahre, Strom 1.000 Kr.

Zufahrt: Von der 61 hinter dem Hafen links (ausgeschildert).

Ísafjörður

In **Ísafjörður** (dt. Eisfjord) angekommen, glauben wir zunächst, uns in einer riesigen Metropole wiederzufinden. Die Stadt hat 2.500 Einwohner, nach einiger Zeit in Nordisland und in den Westfjorden fühlt sie sich an wie eine riesige Stadt. Allein der große Flughafen und der gegenüberliegende Kreuzfahrer machen einen weltstädtischen Eindruck auf uns. Als vor einiger Zeit die deutsche Presse über einen 3D-Zebrastreifen in der Stadt berichtet hat (siehe Foto) haben wir uns darüber lustig gemacht, wer braucht überhaupt einen Zebrastreifen in der Stadt mit so wenig Einwohnern? Aber jetzt wird es klar. Wir haben seit vielen Tagen mehr Schafe als Menschen auf der Straße gesehen. Jetzt sind wir wieder in der Zivilisation, da macht dieser besondere Zebrastreifen schon Sinn. Die Stadt bietet

3D-Zebrastreifen

Der Campingplatz

alles, was das Camperherz begehrt. Einkaufsmöglichkeiten, Gasversorgung, Tankstellen und einen traumhaften Campingplatz etwas außerhalb des Ortes in einem Tal. In der Stadt finden sich außer der schönen Bäckerei Gamla Bakaríið, die frisches Brot sowie Kaffee und Kuchen in schöner Atmosphäre anbietet, mehrere Restaurants und einige Bekleidungsgeschäfte mit durchaus touristischer Prägung. Das Heimatmuseum Neðstikaupstaður besteht aus alten Häusern der deutschen und englischen Handelsstationen aus dem 18. Jahrhundert und zeigt vor allem viel rund um das Thema Fischerei - was die Stadt auch heute noch prägt. Interessant ist auch die moderne, ockerfarbene Betonkirche von 1995 in einem eigenwilligen Stil. Die Stadt selbst liegt hübsch ein-

(091) WOMO-Campingplatz: Tungudalur (Ísafjörður)

GPS/Kontakt: N 66°03'39" W 23°12'14", Skógarbraut, Ísafjörður, Tel: +354 864 8592, tjald@gih.is, www.gih.is.

Öffnungszeit: 15.5. - 15.9.
Ausstattung: Sanitärblock mit WC und Dusche, Küchenbereich und Aufenthaltsraum, free WiFi, Entsorgungsstation mit Bodenablauf öffentlich bei der Straßenmeisterei am Seljalandvegur GPS N 66°04'09" W 23°09'04"
Beschreibung: Außerhalb des Ortes in einem Tal, terrassenförmige Wiese mit Büschen geschützt, Blick auf den Wasserfall, Wandermöglichkeit.
Preise: 1.800 Kr pP, frei bis 17 Jahre, Strom 1.000 Kr.
Zufahrt: Von der 61 nach Ísafjörður, an der Kreuzung der 60 vorbei (Bónus Markt), dann links links Camping/ Tungudalur ausgeschildert.

Wanderung am Campingplatz

gerahmt zwischen den Bergen Eyrarfjall (731 Meter) und Kirkjubólsfjall (832 Meter) am Fjord Skutulsfjörður. Der Name des Fjords ist durch den ersten Siedler benannt, der hier bereits im Jahr 920 eine Harpune am Strand fand (isl. Skutul).

Der gut ausgestattete Campingplatz **(94)** liegt zwei Kilometer außerhalb des Ortes in einem Tal, dem kleinen Wald Tunguskógur, heute ein Naherholungsgebiet in wildromantischer Natur. Ein kleiner, imposanter Wasserfall und der Bach, der mitten durch den Platz läuft, geben dem Campingplatz zusätzlich eine schöne Atmosphäre. Vom Campingplatz aus führen kurze Wanderungen durch den Wald und zum Wasserfall (Infotafel an der Rezeption). Eine schöne, kleine Rundwanderung führt vom Campingplatz links am Wasserfall hinauf und dann durch den Wald wieder zurück. Von oben haben Sie nicht nur eine herrliche Aussicht auf den Wasserfall, sondern auch auf den Fjord. Von hier können Sie in der Ferne die Maschinen vom Flughafen starten sehen, die eindrucksvoll enge Kurven fliegen, um aus dem schmalen Fjord zu kommen.

Bevor es weitergeht, machen wir einen Abstecher nach **Bolungarvík**, was durch den 2010 erbauten und 5,4 Kilometer langen, zweispurigen Tunnel auch schnell erreicht werden kann. Die Vorstellung, dass ein Ort mit weniger als 1.000 Einwohnern mit einem so imposanten Straßenbauwerk bedacht wird, ist für uns sicher diskussionswürdig. Die Stadt ist touristisch bekannt für das Freilichtmuseum der Fischerei in Ósvör am Ortseingang.

(092) Offizieller WOMO-Stellplatz: Þingeyri Sundlaug

GPS/Kontakt: N 65°52'49" W 23°29'38", Hafnarstræti, Þingeyri, Tel: +354 450 8470, sundth@isafjordur.is, https://tjalda.is/thingeyraroddi.
Öffnungszeit: Ganzjährig. **Max. WOMOs:** 20.
Ausstattung: Sanitärhaus mit WC, Küche und Aufenthaltsraum, Waschmaschine, Entsorgung.
Beschreibung: Wiese hinter dem Schwimmbad, Hecken, Fjordblick.
Preise: 1.830 Kr pP, Strom 1.200 Kr.
Zufahrt: Von der 60 Richtung Norden bei der Abzweigung weiter geradeaus auf die 622 Richtung Thingeyri, durch den Ort hindurch zum Schwimmbad.

Wir nutzen das Schwimmbad samt Campingplatz im weiter westlich gelegenen Ort **Þingeyri**. Dazu fahren wir die Straße 60 weiter Richtung Patreksfjörður. Die Fahrt durch den nun folgenden Tunnel ist spannend. Er ist zunächst zwei Kilometer zweispurig und hat dann mitten im Tunnel einen Abzweiger (rechts nach Suðureyri, was nicht auf unserer Tour liegt) und geradeaus geht es einspurig vier Kilometer weiter. Wir müssen in Richtung Westen oft ausweichen, es sind aber viele gut gekennzeichnete Ausweichstellen vorhanden. In Þingeyri angekommen, lassen wir uns auf dem Campingplatz **(92)**

nieder, der direkt neben dem Schwimmbad liegt. Das kleine Hallenbad ist modern und gepflegt, der Campingplatz liegt dahinter, durch die Büsche hindurch ist der Fjord zu sehen. Die Stadt ist ein Wanderparadies, besonders für Bergwanderer, die Gegend heißt hier nicht zufällig “die Alpen der Westfjorde”. Die Berge westlich des Ortes bieten eine herrliche Aussicht über den Fjord. Die Strecken überwinden meist viele Höhenmeter und sind Ganztagestouren. Die Wanderkarte gibt es in der Tourist-Information am Hafen. Als kleinere Tour direkt vom Ort können wir die Wanderung um den Hausberg Sandafell empfehlen (6 Kilometer, 250 Höhenmeter). Mehrere beliebte alpine Touren führen auf den 998 Meter hohen Kaldbakur, den höchsten Berg der Westfjorde. Die Einfachste beginnt allerdings nicht hier, sondern startet von der anderen Fjordseite hinter dem Pass vom Fossdalur aus.

Ausblicke von der Straße

Weiter geht es durch den neuen 5,6 Kilometer langen, zweispurigen Tunnel Dýrafjarðargöng. Er erlaubt daher den Besuch des spektakulären Wasserfalls Dynjandi auch im

Die Fahrt durch die Westfjorde

Arnarfjörður

Winter. Wer im Sommer unterwegs ist und Abenteuer bevorzugt nimmt die landschaftlich einzigartige und sehr interessante Passstraße 622. Planen Sie allerdings etwas mehr Zeit für diese Tour ein. Zunächst geht es 522 Meter bergauf über die **Hrafnseyrarheiði** zwischen den beiden Fjorden Dýrafjörður und dem **Arnarfjörður**. Die Fahrt ist mit einem normalen Wohnmobil im Sommer machbar, aber anstrengend, die Straße ist in einem schlechten Zustand. Wir hatten bei der Überfahrt tiefe Wolken ab ca. 400 Höhenmetern und dadurch oben auf dem Pass kaum Sicht, was zusätzliches Abenteuer bedeutet. Als wir aus der Wolkendecke herauskamen und den unter uns liegenden **Arnarfjörður** entdeckten, wurden wir mit einer grandiosen Aussicht belohnt. Denn der Fjord und die tafelförmigen Berge gegenüber lassen die anstrengende Fahrt im Nu vergessen. Unten am Fjord angekommen können wir unser Ziel in zwölf Kilometern Entfernung (Luftlinie) auch schon gut erkennen, den majestätischen **Dynjandi.**

Interessante Bergformationen

Dynjandi

Der Wasserfall **Dynjandi** (dt. der Dröhnende, Tobende) zählt zu den schönsten Wasserfällen der Insel, für viele ist er der schönste Wasserfall überhaupt. Eigentlich heißt er Fjallfoss, durch seinen Lärm und die mächtige Ausstrahlung hat sich aber Dynjandi durchgesetzt. Seine besondere Form, einem Brautschleier gleich, macht ihn wirklich einzigartig. Seine Breite beträgt oben 30 Meter, unten fast 60, er ist 100 Meter hoch. Ein gigantischer Wasserfall. Aber nicht nur das, hier in der Schlucht fällt der Fluss Dynjandisá kaskadenförmig gleich durch mehrere Wasserfälle, die allein schon imposant sind.

Hundafoss, im Hintergrund der mächtige Dynjandi

Die fünf größten heißen (von oben) Hundafoss, Göngufoss, Háifoss, Úðafoss und Bæjarfos. Es führt ein einfacher Weg vom Parkplatz GPS N 65°44'11" W 23°12'31" bis hoch vor den Dynjandi. Seien Sie auf extreme Nässe vorbereitet, auch wenn die Sonne scheint. Der Wasserfall erzeugt extrem viel Spray. Die Wanderung zum oberen Aussichtspunkt ist nicht schwer, ca. 1,5 Kilometer lang und 110 Höhenmeter hoch. An den verschiedenen Wasserfällen gibt es unzählige, gut ausgebaute Aussichtsplattformen, von denen schöne Fotos gelingen können. Durch die Gischt ist es nicht immer einfach, ein Foto zu bekommen, denn in Kürze ist jede Linse voller Wassertropfen. Ein Tuch sollten Sie daher nicht vergessen. Entgegen vieler Berichte ist Übernachten in Wohnmobilen auf dem Parkplatz nicht erlaubt. Camping ist nur für Wanderer und Fahrradfahrer im Zelt eine Nacht gestattet. Wir durften hier also nicht, wie geplant, eine Nacht bleiben. Schade, denn so müssen wir bis nach Tálknafjörður und einen weiteren Pass überqueren, den 468 Meter hohen Dynjandisheiði. Das

Blick von der Dynjandisheiði

Hochplateau Gláma war vor 100 Jahren noch ein Gletscher, heute zeugen nur noch die Wassermengen hier oben davon.

Abkürzung: Wenn Sie wenig Zeit oder genug von den Westfjorden haben, dann fahren Sie geradeaus weiter bis nach Brjanslaekur, von hier geht es entweder per Fähre oder wieder ostwärts zurück. Sie verpassen den Vogelfelsen Látrabjarg und den Strand Rauðisandur

Reykjafjardarlaug

Die heiße Quelle

Wir biegen oben auf dem Hochplateau auf die Straße 63 Richtung Bíldudalur/Tálknafjörður ab. Unser heutiges Ziel ist der Ort **Tálknafjörður** am gleichnamigen Fjord. Vorher machen wir aber noch einen kleinen Badestopp beim **Reykjafjardarlaug**. GPS N 65°37'24" W 23°28'09". Es handelt sich um eine heiße Quelle, die durch Steine aufgestaut wurde und so einen perfekten Hot-Pot bildet. Das Wasser war bei unserem Besuch 42 Grad warm, die Quelle hat fast 50. Unterhalb der Quelle ist ein Schwimmbad, welches 1975 von Freiwilligen gebaut wurde. Es ist 16,67 Meter lang und 10 Meter breit und hat damit die Ausmaße eines regulären Schwimmbads. Es wird durch die Quelle gespeist und hatte bei unserem Besuch 25 bis 30 Grad, je nach Bereich. Es ist 1,2 bis 1,8 Meter tief und so in der Tat zum Schwimmen geeignet - und das mitten in der Natur. Auch wer nicht baden mag - der Ort eignet sich perfekt für ein Picknick.

Der Campingplatz **Tálknafjörður (93)** liegt neben dem Freibad, einfach ausgestattet aber das Schwimmbad ist ja gleich nebenan. Selten für die Westfjorde - es handelt sich diesmal nicht um ein Hallenbad, denn es wird durch eine heiße Quelle gespeist. Der Ort ist ein typischer Fischerort, der heute von der Lachszucht lebt. Interessant ist die moderne Kirche mit Glasturm und einem Altar aus Basalt. Eine weitere Übernachtungsmöglichkeit gibt es im nächsten Ort **Patreksfjörður** nur 17 Kilometer weiter. Auch hier finden Sie ein schönes Freibad mit Blick auf den Fjord, der Campingplatz **(94)** ist hier aber nicht gleich nebenan.

(093) Offizieller WOMO-Stellplatz: Tálknafjördur

GPS/Kontakt: N 65°37'44" W 23°50'49", Sveinseyri, 460 Tálknafjörður, Tel: +354 456 2639, sundlaug@talknafjordur.is, https://tjalda.is/talknafjordur.
Öffnungszeit: 1.6. - 1.9. **Max. WOMOs:** 20.
Ausstattung: Sanitärcontainer mit WC, Dusche, geheizter Küche und Aufenthaltsraum, Wachmaschine. Entsorgung vor dem Schwimmbad, Bodenablass.
Beschreibung: Große Wiese am Schwimmbad am Ende des Ortes.
Preise: 1.700 kr pP, frei bis 17 Jahre, Strom 1.300 Kr.
Zufahrt: Von der 63 Richtung Norden in die 617 Richtung Tálknafjördur abbiegen, 5 km durch das Dorf, Ausschilderung Schwimmbad folgen.

(094) Offizieller WOMO-Stellplatz: Patreksfjörður

GPS/Kontakt: N 65°35'27" W 23°58'28", Aðalstræti, Patreksfjörður, Tel: +354 456 1515, info@vesturbyggd.is, http://tjalda.is/en/patreksfjordur.
Öffnungszeit: 28.5.- 15.9. **Max. WOMOs:** 20.
Ausstattung: WC, Dusche, große Küche mit Herd, Entsorgung.
Beschreibung: Offene Wiese und Schotterbereich am Ortsrand.
Preise: 1.540 Kr pP, frei bis 17 Jahre, Strom 1.330 Kr.
Zufahrt: Am Ortseingang vor der N1-Tankstelle rechts (ausgeschildert).

Am nächsten Tag machen wir uns auf den Weg zu einem weiteren Highlight der Westfjorde, dem Vogelfelsen Látrabjarg. Die Fahrt dorthin ist nicht ganz einfach, 33 Kilometer Piste sind zu meistern, die teilweise sehr tiefe und sehr viele Schlaglöcher aufweist. Es wird also anstrengend. Aber auch hier ist auf der Fahrt einiges zu sehen. Zuerst machen wir

Die moderne Kirche in Tálknafjörður mit Basalt-Altar

Walfangschiff Garðar BA 64

einen Stopp beim ehemaligen Walfangschiff Garðar BA 64. Es wurde 1912 unter dem Namen Globe IV in Norwegen in Dienst gestellt und war das erste Stahlschiff, welches in Island eingesetzt wurde. Kräftige Dampfmaschinen und der verstärkte Rumpf erlaubten Operationen im Eis. Das Schiff war lange als Walfänger unterwegs bis es in Island nach 1963 als Heringsfänger eingesetzt wurde und dann seinen heutigen Namen bekam. 1981 wurde es ausgemustert und hier auf den Strand gesetzt, wo es bis heute vor sich hin rostet und ein interessantes Fotomotiv abgibt. Sehenswert sind auch die großen und zahlreichen Sandstrände im Fjord Patreksfjörður, gleich der erste beim Flugplatz ist eine mächtige Sandbank mit Blick auf den gegenüber liegenden Ort.

Der Fjord Patreksfjörður

Der Látrabjarg

Der **Látrabjarg** ist der größte Vogelfelsen Europas, Millionen Vögel sollen hier brüten, hauptsächlich Möwen, Lummen, Tordalken und Papageientaucher. Vor allem die putzigen und in Kontinentaleuropa kaum zu sehenden Papageientaucher ziehen viele Besucher an diesen Ort. Bei unserer Reise Mitte Juli war der Parkplatz fast überfüllt. In der Tat konnten wir hier die Tiere aus nächster Nähe beobachten, weniger als einen Meter hinter der Absperrung bewachen die beliebten Vögel ihre Bruthöhlen. Egal welche Kamera Sie besitzen, hier gelingt jedem ein schönes Bild von einem Papageientaucher, wenn Sie in der Brutzeit von Mitte April bis Mitte August kommen. Die übrige Zeit verbringen die Vögel auf dem Meer. Das Kliff ist gigantisch, die Felsen sind bis zu 441 Meter hoch und ragen senkrecht aus dem Meer. Das Kap Bjargtangar, auf dem wir hier stehen, ist übrigens der westlichste Ort Europas.

Papageientaucher

Auch Alken brüten hier

Da die Fahrt hierher und der Aufenthalt am Vogelfelsen doch einige Zeit in Anspruch nimmt, nutzen wir den Campingplatz am Hotel **Breiðavík (95).** Die Übernachtung ist mit 2.400 Kr. recht teuer, aber Alternativen gibt es erst in einiger Entfernung. Wifi, Strom und Waschmaschine sind inklusive. Bei unserem Besuch waren die Waschmaschine kaputt und das WiFi nicht sehr stabil. Wer noch fit ist und die 33 Kilometer wieder die 612 zurück Richtung 62 und dann noch zehn Kilometer übelste Schotterpiste über die 614 zum Strand **Rauðisandur** fährt, kann auf dem Campingplatz in Melanes sehr schön am

(095) Offizieller WOMO-Stellplatz: Hotel Breiðavík

GPS/Kontakt: N 65°32'58" W 24°20'50", Tel. +354 456-1575, breidavik@patro.is, breidavik.is.

Öffnungszeit: 28.5.- 15.9. **Max. WOMOs:** 20.

Ausstattung: Sanitärbereich mit WC und Dusche, großer Küchenbereich im Hotel, free WiFi, Entsorgung (hinter dem WC-Haus).

Beschreibung: Offene, etwas unebene Wiese am Hotel mit Blick auf den Strand.

Preise: 2.400 Kr pP, frei bis 12 Jahre, Strom incl., Frühstück 2.500 Kr.

Zufahrt: Direkt von der 612, 14 km vor Látrabjarg.

(096) Offizieller WOMO-Stellplatz: Melanes

GPS/Kontakt: N 65°26'48" W 23°56'57", Melanes, Raudasandi, Tel: +354 783 6600, melanes451@gmail.com, www.melanes.com.
Öffnungszeit: 15.5. - 15.9. **Max. WOMOs:** 20.
Ausstattung: Sanitär-Häuser mit WC, Dusche, kleine Küche.
Beschreibung: Große, offene Wiese direkt am bekannten Rauðisandur Strand.
Preise: 1.500 Kr pP, frei bis 16 Jahre, Strom 1.000 Kr, zahlbar über parka.is.
Zufahrt: Die 614 Richtung Rauðisandur kurz vor dem Strand links ab, 4 km bis Melanes (ausgeschildert).

Rauðisandur

Saurbæjarkirkja

Meer in unmittelbarer Nähe zum Strand übernachten **(96)**. Die Fahrt hierher ist aber extrem abenteuerlich. Die Straße ist in einem sehr schlechten Zustand, rechnen Sie mit max. 20 bis 30 km/h. Bei schlechtem Wetter würden wir die Straße auf keinen Fall empfehlen. Da die Gegend nur bei Sonnenschein richtig schön aussieht, macht die Fahrt dann auch wenig Sinn. Der Strand, eher eine Sandbank mit 10 Kilometer Länge, ist außergewöhnlich. Es ist aber nicht ganz einfach, vorne auf die Sandbank zu kommen. Bei unserem Besuch war alles überflutet, nur vom Campingplatz gab es ein Durchkommen. Ein reizvolles Fotomotiv finden

Sie hier auch, die Saurbæjarkirkja. Sie wurde 1963 in Reykhólar erbaut und 1982 nach Saurbær am hellen Sandstrand von Rauðisandur transportiert. In ihrer minimalistischen Art aus schwarzem Holz und weißen Fenstern gibt sie einen tollen Kontrast zu den hohen Bergen im Hintergrund ab. Entscheiden Sie selbst, ob ein Strand in der Einsamkeit und die Fotokirche Ihnen diese Anfahrt wert ist.

Der riesige Strand

Wir sind froh, wieder auf der asphaltierten 62 Richtung Brjánslækur unterwegs zu sein. Auch wenn alle Straßenschilder hierher weisen - Sie werden hier nichts, außer einem Fährterminal entdecken. Wenn keine Fähre am Anleger ist, bleibt es einsam und ruhig. Mit der Fähre können Sie nach Stykkishólmur übersetzen und dann unsere Tour 9 entgegengesetzt abfahren. Die einfache Überfahrt kostet mit Wohnmobil ca.

(097) Offizieller WOMO-Stellplatz: Hótel Flókalundur

GPS/Kontakt: N 65°34'37" W 23°10'23", Flókalundur, Tel: +354 456 2011, flokalundur@flokalundur.is, www.flokalundur.is.

Öffnungszeit: 15.6.- 10.9. **Max. WOMOs:** 20.

Ausstattung: Sanitärcontainer mit WC und Dusche, Restaurant am Hotel in ca. 300 m Entfernung.

Beschreibung: Offene Wiese mit schönem Blick auf den Fjord, Schwimmbad und Hot-Pot (Hellulaug) in der Nähe.

Preise: 1.400 Kr pP, frei bis 16 Jahre, Strom 1.000 Kr.

Zufahrt: Direkt an der 60 in Flókalundur, nahe des Hotels, westlich der Kreuzung zur 62.

Blick von Flókalundur auf den Fjord

200 Euro und Sie sparen 260 Kilometer Autofahrt, zeitlich ist es identisch. Wir haben uns für die Weiterfahrt am Fjord entlang entschieden. Es war eine gute Wahl, denn bei ruhigem Wetter ist das Wasser in den südlichen Fjorden glatt und die Berge spiegeln sich malerisch im Wasser. Außer den schönen Fjorden ist hier allerdings nicht mehr viel zu sehen, die Gegend ist menschenleer.

Das Schwimmbad von Flókalundur

Einige Stopps können wir Ihnen noch empfehlen. An der Kreuzung der 60 und 62 vom Dynjandi treffen wir all diejenigen wieder, die den westlichen Teil der Strecke nicht mitgemacht haben. Hier in **Flókalundur** lässt es sich herrlich rasten oder übernachten. Der Campingplatz ist einfach, aber mit Weitblick über den Fjord **(100).** Ein kleines Schwimmbad mit dem gleichen Ausblick befindet sich 500 Meter weiter südlich. Wer natürliche Hot-Pots

Hellulaug

bevorzugt, findet 500 Meter östlich das beliebte Hellulaug, direkt am Fjord. Es hat herrliche 40 Grad und eignet sich hervorragend zum Aufwärmen nach dem Baden im Fjord. Das Hotel, zu dem der Campingplatz gehört, bietet Speisen sowie eine Tankstelle. Der Ort ist nach dem ersten Siedler Islands benannt und hat hohe geschichtliche Bedeutung - hier wurde der Name der Insel - Island - geboren. Der Norweger Flóki Vilgerðarson suchte 868 die Insel, die zuvor sein Landsmann Garðar Svavarsson umsegelt hatte. Mithilfe Dreier Raben (daher auch sein Spitzname Hrafna (dt. Raben)-Flóki) entdeckte er diesen Landstrich und schlug sein Sommerlager hier im Vatnsfjörður auf. Der Winter war allerdings so hart, dass seine Tiere nicht überlebten, er verließ die Insel und gab ihr den Namen “Eisland”. Bevor wir die Westfjorde verlassen, können wir noch eine Übernachtung auf dem Stellplatz in Reykhólar **(098)** einlegen.

Der Süden der Westfjorde

(098) WOMO-Stellplatz: Reykhólar campsite

GPS/Kontakt: N 65°26'45" W 22°12'07", Hellisbraut, Reykhólar, Tel: +354 434 7738.
Öffnungszeit: Sommer. **Max. WOMOs:** 20.
Ausstattung: WC und Abwaschbereich, Dusche im Schwimmbad
Beschreibung: Wiese am Schwimmbad.
Zufahrt: Von der 60 die 607 Richtung Süden nach Reykhólar (14 km), bei der Abzweigung links in den Ort, im Ort links Richtung Schwimmbad.

TOUR 9
20 km
N
Langjökull
Hraunfossar
Reykholtsdalur
Reykholt
Kleppjárnsreykir
Deildartunguhver
Borgarnes
Laugar
Búðardalur
Eldborg
Gerðuberg Cliffs
Stykkishólmur
Grundarfjörður
Ytri Tunga
Kirkjufell
Bjarnafoss
Búðir
Arnastapi
Ólafsvík
Rauðfeldargjá
Snæfellsjökull
Hellissandur
Lóndrangar
Djúpalónssandur
099
100
101
102
103
104
105
106
107
108
109
110
111

TOUR 9: Die Halbinsel Snæfellsnes 470 km

Borgarnes – Kleppjárnsreykir – Húsafell – Borgarnes Arnarstapi – Ólafsvík – Grundarfjörður

Stellplätze:	Laugar, Borgarnes, Varmaland, Hverinn, Snorrastadir, Langaholt, Arnastapi, Hellissandur, Ólafsvik, Grundarfjörður
Campingplätze:	Budardalur, Húsafell, Stykkishólmur
Besichtigungen:	Reykholt (Kulturstätte), Deildartunguhver (heiße Quelle), Hraunfossar (Wasserfall), Langjökull (Gletscher), The Cave (Höhle), Gerðuberg (Doleritsäulen), Gatklettur (Felsformation), Rauðfeldargjá (Schlucht), Snæfellsjökull (Gletscher), Lóndrangar (Krater), Djúpalónssandur, (Strand), Kirkjufell (Berg)
Wanderungen:	Hotel Edda (3-6 km), Elborg (7 km zum Krater), Auf den Gletscher Snæfellsjökull (700 hm)
Baden:	Guðrúnarlaug, Hotel Edda (Hot-Pot), Krauma (Spa), Húsafell, Borgarnes , Lýsuhólslaug, Ólafsvík (Schwimmbäder)

Die Fahrt über die Halbinsel Snæfellsnes (dt. Schneeberghalbinsel) wird uns im Süden durch offene Ebenen am Meer, im Norden an hohen Bergen vorbei und am Ende der Tour einmal um den bedeutenden Berg und Gletscher samt Nationalpark Snæfellsjökull führen. Die Halbinsel wird auch »Klein Island« genannt, denn hier finden sich auf engem Raum viele Landschaftsformen Islands.

Snæfellsjökull

Wenn Sie von Norden kommen, haben wir noch zwei schöne Übernachtungstipps, bevor wir die Region erkunden. Der Campingplatz Laugar í Sælingsdal **(99)** ist sicher etwas Besonderes. Einerseits ist hier ein natürlicher Hot-Pot, das Guðrúnarlaug. Der Pool sowie die Namensgeberin Gudrun Osvifursdóttir wird in mehreren Island-Sagas erwähnt und genießt in Island daher hohe Bekanntheit. Das historische Becken wurde verschüttet und 2009 an dieser Stelle wieder aufgebaut. Das Wasser hat 40 Grad, vom Campingplatz sind es keine 100 Meter dorthin und der Pool kann 24 Stunden am Tag benutzt werden. Andererseits gibt es ein modernes

(099) Offizieller WOMO-Stellplatz: Laugar

GPS/Kontakt: N 65°14'47" W 21°48'13", Laugar í Sælingsdal, 371 Búðardalur, Tel: +354 888 6207, info@hlsd.is, hlsd.is.

Öffnungszeit: 15.6. - 27.8. **Max. WOMOs:** 30.

Ausstattung: WC, Kaltwasser, Dusche im Schwimmbad.

Beschreibung: Große Wiese am Hotel/ Schwimmbad, durch Hecken parzelliert.

Preise: 1.700 pP, frei bis 12 Jahre, Strom 1.000 Kr.

Zufahrt: Von der 60 rechts abbiegen nach Sælingsdal.

Hinweis: Schwimmbad und Hotel nebenan, natürlicher Hot-Pot, viele Wanderungen.

Schwimmbad. Der Campingplatz ist einfach ausgestattet, durch die Nähe zum Bad und Hotel ist dies verschmerzbar. Im Hotel lässt sich gut speisen, eine Reservierung ist erforderlich. Das Hotel war eine ehemalige Húsmæðraskólinn (Hausfrauenschule). Generell wurden in Island in den Sechzigerjahren mit Aufkommen des Tourismus viele weiterführende Schulen, die grundsätzlich Internate waren, in den langen Sommermonaten als Hotel genutzt. Die Schulen standen dann ja leer.

Guðrúnarlaug

Wandern beim Hotel Edda

(100) WOMO-Campingplatz: Camping Dalakot

GPS/Kontakt: N 65°06'30" W 21°45'49", Vesturbraut, 370 Búðardalur, Tel: +354 767-2100, info@dalir.is, http://tjalda.is/en/budardalur/.
Öffnungszeit: Ganzjährig.
Ausstattung: Großer Sanitärblock mit WC / Duschen, Waschmaschine, Entsorgung.
Beschreibung: Wiese in der Stadt gegenüber Tankstelle und Supermarkt, teilweise mit Hecken parzelliert.
Preise: 1.500 kr pP, frei bis 17 Jahre, Strom 1.000 Kr.
Zufahrt: Direkt an der Hauptstraße (60), mitten im Ort Búðardalur.

Ein weiterer Platz liegt verkehrsgünstig im kleinen Ort **Búðardalur** direkt an der 60. Er ist gut ausgestattet, Tankstelle und Supermarkt sind gleich gegenüber **(100)**.

Wir starten die Tour an der Kreuzung der 60 zur 1. Hier treffen wir all diejenigen wieder, die uns nicht in die Westfjorde gefolgt sind. Unser Ausgangspunkt für die Reise ist der Ort **Borganes**. Die Stadt ist das Dienstleistungszentrum Westislands und bietet Einkaufsmöglichkeiten, ein großes Schwimmbad und einen einfachen, an der Ringstraße gelegenen, aber landschaftlich schönen Stellplatz an der Bucht. Die hinteren WOMO-Plätze haben eine herrliche Aussicht und sind auch weit genug von der Straße entfernt.

Schöner Stellplatz in Borganes

(101) Offizieller WOMO-Stellplatz: Borgarnes

GPS/Kontakt: N 64°33'05" W 21°54'30", Granastaðir, Borganes, Tel: +354 775 1012, borgarnes.camping@gmail.com, https://tjalda.is/borgarnes.
Öffnungszeit: 15.5. - 1.10. **Max. WOMOs:** 10.
Ausstattung: WC, Abwaschbereich, Entsorgung (bei der Einfahrt).
Beschreibung: Einfacher Platz am Ortsrand zwischen Ringstraße und Bucht, Schotterplätze für WOMO.
Preise: 1.500 Kr pP, frei bis 15 Jahre, Strom 900 Kr, über parka.is.
Zufahrt: Mitten in der Stadt an der Ringstraße 1, gut ausgeschildert.

(102) Offizieller WOMO-Stellplatz: Varmaland

GPS/Kontakt: N 64°41'29" W 21°35'35", Varmalandsvegur, Tel: +354 775 1012, varmaland.camping@gmail.com, http://tjalda.is/en/varmaland.
Öffnungszeit: 15.5. - 1.10. **Max. WOMOs:** 50.
Ausstattung: WC, Duschen im Schwimmbad (separat zu zahlen).
Beschreibung: Wiese neben dem Hallenbad, Ausweichfläche Schotter am Schwimmbad.
Preise: 1.500 Kr pP, frei bis 15 Jahre, Strom 1.000 Kr, zahlbar über parka.is
Zufahrt: Von der 50 nördlich in die 527 Richtung Varmaland, Camping/ Schwimmbad ab hier ausgeschildert.

(103) Offizieller WOMO-Stellplatz: Hverinn

GPS/Kontakt: N 64°39'19" W 21°24'27", Borgarfjarðarbraut Kleppjárnsreykir, Tel: +354 820-1310, birgir@isa.is, www.hverinn.is.
Adresse: Öffnungszeit: 30.3. - 30.9. **Max. WOMOs:** 20.
Ausstattung: WC und Dusche, kleines Restaurant + Bar (mit Frühstück).
Beschreibung: Einfache Wiese im Hochtemperaturgebiet, von Bäumen umringt, Zelten im Gewächshaus möglich (Hobbit House), viele Gewächshäuser.
Preise: 1.600 kr pP, frei bis 15 Jahre, Strom 1.200 Kr.
Zufahrt: Mitten im Ort Kleppjárnsreykir an der 50, Gasthof Hverinn.

Bevor es auf die Halbinsel Snæfellsnes geht, machen wir einen Ausflug in Richtung Osten ins **Reykholtsdalur** (dt. Rauchtal) - uns erwarten Geschichte, Wasserfälle und Gletscher. Auf dem Weg liegen drei Campingplätze. Die beiden eher einfachen Plätze in Varmaland (am Hallenbad) **(102)** und einen bei einer Bar in Kleppjárnsreykir **(103).** In **Kleppjárnsreykir** stehen viele Gewächshäuser. Dort können Sie frisches Gemüse (Gurken, Tomaten, Paprika, Kräuter) aus lokalem Anbau kaufen. Wir haben den großen und sehr gut ausgestatteten Platz in Húsafell **(104)** genutzt, dazu aber später mehr. Der Weg führt über die 50 Richtung Reykholt und weiter die 518 Richtung Húsafell. Die Sehenswürdigkeiten sind alle gut ausgeschildert.

In der Nähe des Ortes Kleppjárnsreykir befindet sich die heiße Quelle **Deildartunguhver**. Es handelt sich um die ergiebigste Springquelle Islands (180 Liter/ Sekunde), sie versorgt den gesamten Landkreis und die Städte Borgarnes und Akranes mit heißem Wasser und ist beeindruckend anzuschauen. Eine

Deildartunguhver.

Menge Wasser sprudelt sehr energisch neben uns aus der Erde. Die Quelle liegt direkt an der Straße 50 und ist daher auf jeden Fall einen Besuch wert. Daneben ist das sehr moderne Thermalbad »Krauma, Geothermal Baths & Spa«. Aus den Pools haben wir einen schönen Blick auf das Deildartunguhver. Die Hot-Pots sind alle schön gestaltet und laden zum Entspannen ein. Fünf Pools in unterschiedlichen Temperaturen von 35 - 42 Grad, ein Eisbad, zwei Dampfbäder und ein Ruhebereich befinden sich hier nebst Restaurant und Bar. Die Getränke durften wir auch in den Pools genießen. *(Eintritt 4.900 Kr., www.krauma.is).*

Krauma

Reykholt ist eine der historischen Städte in Island. *(GPS N 64°39'48.5" W 21°17'48.9").* Es war die Heimat von Snorri Sturluson (1179-1241) von 1206-1241 sicher einer der einflussreichsten Isländer aller Zeiten. Er war Saga-Schriftsteller, Politiker, Geschichtsschreiber und Dichter. Während

Snorralaug

Snorri Sturluson

seiner Zeit, die nach ihm als »Sturlungenzeit« bezeichnet wird, galt er als der mächtigste Mann Islands. Er war Islands größter Saga-Autor und Autor von Heimskringla, der Geschichte der norwegischen Könige, der Snorra-Edda, mit vielen Informationen über nordische Mythologie und Poesie und er gilt auch als Autor der Egils Saga. Er selbst hatte zweimal das Amt des Gesetzessprechers, der einflussreichsten Position im isländischen Parlament, dem Althing inne. Er war einer der Ersten, der die heißen Quellen zum Bau eines Bades genutzt hatte. Diese nutzte er dann geschickt als Verhandlungsplatz und demonstrierte so Macht und Einfluss. Das »Snorralaug« wurde rekonstruiert und kann heute in Reykholt besichtigt werden. Nach dem Mord an Snorri durch den norwegischen König endete der isländische Freistaat. Es wurde erst norwegische, dann dänische Kolonie. Das Snorralaug war das letzte seiner Art bis Anfang des 20. Jahrhunderts. Reykholt behielt aber seine politische Stellung, im Mittelalter war es ein kirchliches- und kulturelles Bildungszentrum. Heute beherbergt der Ort ein Hotel, ein Konferenzzentrum (hinter der Statue Snorris), eine historische und eine moderne Kirche sowie das Kulturzentrum Snorrastofa. In diesem befinden sich eine Ausstellung und ein Shop, in dem viele Bücher des Poeten (auch in deutscher Übersetzung) erworben werden können.

Kirche in Reykholt

Hraunfossar

Nach diesem kulturellen Stopp ist wieder ein Naturwunder Islands an der Reihe, der **Hraunfossar** (dt. Lavafall). *(GPS N 64°42'06" W 20°58'43")*. Auch wenn wir schon viele Wasserfälle gesehen haben, dieser ist wirklich außergewöhnlich, eindrucksvoll und einzigartig. Auf einer Länge von 700 Metern strömt Wasser in Hunderten Wasserfällen aus der Lava (daher der Name) in den darunter liegenden Fluss Hvítá. Das Wasser scheint aus dem Nichts aufzutauchen und allein durch die Breite des Spektakels ist dieser Wasserfall einzigartig. Auch die Farbenspiele, wenn das glasklare Wasser aus der Lava in den trüben Fluss fließt, sind schön anzusehen. Nur wenige Hundert Meter weiter flussaufwärts stürzt zusätzlich der Fluss beim Barnafoss (dt. Kinderwasserfall) neun Meter in die Tiefe. Die Namensgebung entstammt einer älteren Sage über die Kinder des naheliegenden Hofes Hraunsás, die hier ertran-

Barnafoss

ken. Beide Wasserfälle sind von einem großen Parkplatz aus gut zu erreichen, einfache Wege führen zu schön ausgebauten Aussichtspunkten. Es gibt auch ein Café mit Souvenirshop.

Der Campingplatz in **Húsafell (104)** liegt in einem beliebten touristischen Zentrum Islands. Seit Anfang des 19. Jahrhunderts war dies ein begehrter Rastplatz auf der Route zwischen Nord und Süd und wurde seitdem als Zentrum für touristische Dienstleistungen ausgebaut. Hier finden Sie ein großes Hotel, viele Wochenendhäuser, Golfplatz, Schwimmbad und einen großen Campingplatz. Von hier werden zwei außergewöhnliche Touren angeboten. Auf den Gletscher Langjökull (dt. Langer Gletscher), in den für touristische Zwecke eine Eishöhle gebaut wurde *(www.intotheglacier.is)* sowie in eine Lavahöhle *(www.thecave.is)*. Für beide Touren können die Tickets an der Rezeption des Campingplatzes erworben werden. Die Touren starten direkt von hier.

(104) WOMO-Campingplatz: Húsafell Camping

GPS/Kontakt: N 64°41'58" W 20°52'06", Stórarjóður, Húsafell, Tel: +354 435 1556, camping@husafell.is, www.husafell.is.
Öffnungszeit: 1.6. - 31.8.
Ausstattung: WC, Dusche, Küche mit Aufenthaltsraum beheizt, Entsorgung, kleines Schwimmbad.
Beschreibung: In einem Ferienhausgebiet. Befestigte Wiesenbereiche mit Bäumen/Büschen parzelliert. Langzeitcamper. Von hier aus viele Touren zum Gletscher, Wanderwege.
Preise: 1.800 kr pP, Kinder 900 Kr pP, frei bis 6 Jahre, Strom 1.200 Kr,
Zufahrt: Die 518 bis Húsafell.

Es geht in eine Gletscherhöhle

Die Gletscherhöhle »Into the Glacier« auf dem Langjökull ist einzigartig und ein unvergessliches Erlebnis. Die Kosten sind mit 21.900 Kr. für die Classic Tour und 42.000 Kr. für die Snowmobile Tour recht hoch. Der Bau der Eishöhle war mit extremem Aufwand und mit hohen Kosten verbunden. Allein die Fahrt in umgebauten Militär-Fahrzeugen über den Langjökull Gletscher ist spannend und optisch reizvoll, vor allem wenn die Sonne scheint. Oben angekommen haben wir ein wenig Zeit, den Schnee zu genießen und ein paar Fotos von dieser herrlichen Landschaft zu machen. Schnee,

.... mit diesen Fahrzeugen

so weit das Auge reicht und ein fantastischer Rundblick bei strahlendem Sonnenschein macht diese Tour für uns jetzt schon zu einem unvergesslichen Erlebnis. Dabei geht es nun erst richtig los. In zirka 40 Minuten wird die 500 Meter lange und bis 30 Meter tiefe Höhle durchlaufen, wobei wir allerhand Infos zu Gletschern und deren Geschichte erhalten. Während der Tour ist nicht nur der abenteuerliche Eisgang zu sehen, sondern beeindruckende Gletscherformationen, unter anderem eine Gletscherspalte - von unten. Bei der Snowmobile-Tour fahren Sie statt mit den Fahrzeugen auf einem Snowmobil auf den Gletscher, sonst sind beide Touren identisch. Sie dauern etwa vier Stunden mit An- und Abreise ab Húsafell.

Bei der Tour »The Cave« steigen Sie zu Fuß, mit Stirnlampen ausgestattet in eine große Vulkanhöhle. Die Höhle wurde durch einen Lavastrom gebildet, Holzwege führen einmal hindurch, daher ist es für die ganze Familie geeignet. Die Tour kostet 7.000 Kr. und dauert etwa 1,5 Stunden.

Die Rückfahrt führt über die 518 und die 50 Richtung Borgarnes. Von hier aus erreichen wir unser nächstes Ziel, die Halbinsel Snæfellsnes. Dazu folgen wir im Norden des Ortes im Kreisverkehr der Straße 54 dem Snæfellsnessvegur.

Eldborg

Auf dem Krater, im Hintergrund der Snæfellsjökull

Wandertipp: Auf den Krater Eldborg, 7 km (hin und zurück), 2 Stunden, 130 Höhenmeter

Der Start liegt beim Hof Snorrastadir, auf dem Sie auch übernachten können. Ansonsten kann das WOMO hier gut auf dem Parkplatz abgestellt werden (GPS siehe Stellplatz). Die Wanderung beginnt einfach sichtbar bei der Brücke und folgt einem gut erkennbaren Weg Richtung Krater. Der Weg ist bis kurz vor dem Krater fast eben, erst kurz vor dem Ziel geht es dann über Steintreppen und einen Felsenweg steil aufwärts. Es ist ein wenig Kletterei, eine Kette als Handlauf hilft beim Aufstieg. Von oben gibt es nicht nur einen tollen Blick in den Krater hinein sondern auch auf die Gegend drumherum bis hin zum Snæfellsjökull. Zurück geht es auf demselben Weg, wer mag macht noch einen Abstecher zu einem Aussichtspunkt unterhalb des Kraters.

Unser erstes Ziel ist der formschöne Krater **Eldborg** (dt. Feuerburg). Der perfekte Lavaring ist schon von der Straße auf der linken Seite gut zu sehen und hebt sich kontrastvoll gegen die hohen Berge im Hintergrund ab. Er hat einen Durchmesser von 200 Meter, ist fast kreisrund und 50 Meter tief. Sein letzter Ausbruch datiert 5.000 - 9.000 Jahre zurück, dabei schuf er das auch heute noch gut sichtbare Lavafeld Eldborgarhraun. Den Krater können Sie besteigen. Eine schöne Wanderung, an deren Beginn ein Stellplatz liegt **(105)**, führt auf den Krater hinauf.

Unser zweiter Stopp sind die Doleritsäulen von **Gerðuberg**. Sie sind bereits von der Straße auf der rechten Seite gut zu erkennen, eine kurze Pis-

(105) Offizieller WOMO-Stellplatz: Snorrastadir

GPS/Kontakt: N 64°46'25" W 22°18'06", Ferðaþjónustan Snorrastöðum, Tel: +354 863 6628, snorrastadir@simnet.is, www.snorrastadir.is.
Öffnungszeit: Sommer. **Max. WOMOs:** 20.
Ausstattung: WC, Dusche, Küche, Aufenthaltsraum.
Beschreibung: Einfache Wiese am Guesthouse, Pferdeverleih und geführte Reittouren, von hier Wanderung zum Eldborg.
Zufahrt: Von der 54 westlich nach Snarrastadir (blaues Schild).
Preise: 3.000 Kr pCamper, Strom 500 Kr.

Das Bergmassiv Hafursfell

te führt bis vor die imposanten Felsen *(GPS N 64°51'34" W 22°21'44")*. Sie können direkt bis an die riesigen Säulen laufen, die bis 14 Meter hoch und jede Säule bis zu 1,5 Meter breit sind. Ein schöner Zwischenstopp, Zeit für eine Rast oder einen kleinen Spaziergang.

Wir fahren weiter die 54 Richtung Westen, rechts von uns das imposante Bergmassiv Hafursfell mit vielen Gipfeln, der höchste ist 956 Meter. Auf dem Weg passieren wir eine Quelle, die Ölkelduvatn Mineral Spring *(GPS N 64°50'10" W 22°58'31")*, bei der Sie Ihre Wasserflaschen mit sprudelndem, sehr eisenhaltigen Mineralwasser auffüllen können (200 Kr). Das Wasser enthält natürliches Kohlendioxid, sprudelt herrlich und soll durch den hohen Mineralgehalt sehr gesund sein. Es schmeckt sehr metallisch - probieren müssen Sie aber selbst. Dann knickt die Straße leicht ab und führt uns auf die großen Ebenen der Küste. Auch wenn die Straße fast

Strand beim Stellplatz Langaholt

am Meer entlang läuft, ist dieses nicht einfach zu erreichen. Am besten bekommen Sie einen schönen Blick aufs Meer bei Ytri Tunga, biegen Sie dazu in den Weg bei GPS N 64°48'32" W 23°04'26" Richtung Meer. Der Weg führt an einem kleinen Hof vorbei, danach liegt direkt am Strand ein kostenpflichtiger Parkplatz. Hier sind auch sehr häufig Robben und Seehunde am Wasser und auf den Felsen zu sehen.

(106) Offizieller WOMO-Stellplatz: Langaholt

GPS/Kontakt: 64°48'48.1"N 23°08'33.7"W (64.8134, -23.1427), Gordum Stadarsveit.
Öffnungszeit: Juni - Aug. **Max. WOMOs:** 10.
Ausstattung: WC, Kaltwasser, kein Strom.

Beschreibung: Einfache Wiese in landschaflich traumhafter Umgebung (Strandnähe), schöner Blick auf den Snæfellsjökull, direkt am Golfplatz, Vogelgebiet, Strandzugang.
Zufahrt: Direkt an der 54 am Golfplatz (ausgeschildert).
Preise: 1.000 kr pP (nur Bargeld).

Noch besser erreichen Sie einen traumhaften Strand vom Stellplatz **(106)**. Der Platz liegt mitten in einer großen Seeschwalbenkolonie in den Sandebenen. Von hier sind es wenige hundert Meter zum Strand, der zu langen Spaziergängen einlädt und für Steinesammler ein Traum ist. Bitte fragen Sie die Stellplatzbetreiberin nach dem Weg, der wegen der Vogelkolonie jedes Jahr anders verläuft. Von hier aus, aber auch direkt vom Stellplatz bietet sich ein herrlicher Blick zum Snæfellsjökull.

Viele Seeschwalben brüten in den Ebenen des Südens

Ein wenig weiter westlich findet sich das Lýsuhólslaug, das algengrüne Wasser ist mineralisiert und soll sehr gesund sein. Entscheiden Sie selbst, ob Sie das Bad für den Jungbrunnen oder nur für ein lange nicht von Algen befreites Becken halten. Im Sommer ist es von 11 bis 20 Uhr geöffnet. Hier im Süden von Snæfellsnes werden viele Reittouren angeboten, gut zu sehen an den vielen »Achtung-Pferde-Schildern« an der Straße. Also aufgepasst, häufig passieren Reitgruppen die Straße. Es gibt eine Vielzahl an Tourangeboten, von mehrtägigen Trips für erfahrene Reiter bis hin zu kurzen einstündigen Ausflügen. Wir haben hier in Lýsuhóll eine kurze Tour gebucht - als absolute Anfänger. Obwohl wir noch nie auf einem Pferd gesessen haben, durften wir hier einmal mit zum Strand reiten. Unsere Pferde waren sehr ruhig und gut trainiert. Selbst im zügigen Tölt (eine der speziellen Gangarten der Island-Pferde) konnten wir reiten, während wir auf dem Rücken der Pferde die Landschaft und Weite der Natur genossen haben. Pferdebegeisterte werden eh an verschiedenen Stellen der Insel in den Sattel steigen. Hier im Süden der Halbinsel sind lange Ausritte an den Stränden sicher ein Highlight.

Reiten im Süden der Halbinsel Snæfellsnes

Rauðfeldargjá

Bjarnafoss

Weiter geht es Richtung Arnarstapi, doch vorher schauen wir uns noch drei Sehenswürdigkeiten an. Kurz vor der Abzweigung in die 574 liegt rechts der sehr hohe Bjarnafoss (dt. Bärenfall), der vom 566 Meter hohen Berg Mælifell 80 Meter in die Tiefe stürzt. Er führt wenig Wasser, daher verweht bei starkem Südwind manchmal das Wasser am Berg, sodass unten kein Tropfen mehr ankommt. Danach folgen wir links der 574 Richtung Arnastapi. Kurz dahinter, auf der Meerseite, liegt der Ort Búðir (gleich wieder links abbiegen) mit einer beliebten Kirche als Fotomotiv. Die ganz in Schwarz und Weiß gehaltene Kirche stammt aus dem Jahre 1848 und gilt als eine der ältesten Holzkirchen Islands und ist wirklich schön anzusehen. Die dritte Sehenswürdigkeit, die hoch aufragende Schlucht Rauðfeldargjá, liegt drei Kilometer vor Arnastapi. Wir parken den Wagen und schnüren unserer wasserdichten Schuhe. Wir laufen

Die Kirche von Búðir

Rauðfeldargjá

durch den Bach hinein in die hoch aufragende Schlucht, die Felsen türmen sich über uns auf und es liegt noch Schnee. Es ist beeindruckend.

Landschaft bei Búðir

Lenticularis-Wolken

Und auch wer nicht für die Sehenswürdigkeiten anhält, wird bemerken, wie sich die Landschaft verändert hat. Wir fahren durch das große Lavafeld Búðahraun, es steht wegen der vielen Pflanzenarten seit 1977 unter Naturschutz und ist sehr attraktiv. Es entstammt dem Krater Búðaklettur - der wiederum gehört zum Vulkansystem des **Snæfellsjökull**. Wir sind also angekommen an dem besonderen Berg. Ein formschöner Kegel mit einer Schneekappe obendrauf. Er gilt bei den Isländern als berühmter Berg, da er einerseits von Reykjavík zu sehen ist, andererseits eine wichtige literarische Rolle spielt. Jeder Isländer kennt die Geschichte von Jules Verne »Reise zum Mittelpunkt der Erde«, in der dieser Berg als Ausgangspunkt der Reise dient, der gleichnamige Film wurde hier gedreht. Auch der isländische Literaturnobelpreisträger Halldór Laxness hat einen seiner Romane dem Berg gewidmet. Jeder Isländer

Snæfellsjökull

kennt die Passagen aus seinen Büchern. Durch seine Form, seine exponierte Lage und die häufig auftretenden Lenticularis (Linsen)-Wolken gilt er in Esoterik-Kreisen als energiegeladener Berg. Rein technisch ist der Snæfellsjökull ein 1.446 Meter hoher Stratovulkan, der vor 700.000 Jahren entstand. Unüblicherweise heißt der Berg genau so wie der Gletscher, um ihn von dem anderen Berg Snæfell (siehe Tour 4) unterscheiden zu können. Auf den Gletscher werden von Arnastapi aus regelmäßig Touren mit einer Schneeraupe angeboten *(Mai-August, +354 865 0061, www.theglacier.is)*, im Sommer bei gutem Wetter auch als Sonnenuntergangstour um Mitternacht. Es geht mit dem Bus zur Basisstaion in 700 Meter Höhe, von dort bis fast auf den Gipfel. Man kann die 700 Höhenmeter auch zu Fuß gehen, es werden Wandertouren bis zum Gipfel angebotern *(Mai-September, Tel: +354 793 5519, www.gowest.is)*. Erfahrene Gletscherwanderer können die Tour auch privat machen, dazu fährt man die F540 den Berg bis nach Stóri-Kambur hinauf (4X4) und folgt von dort den Schneeraupenspuren.

Mit der Schneeraupe auf den Gletscher

(107) Offizieller WOMO-Stellplatz: Arnarstapi

GPS/Kontakt: N 64°45'59" W 23°38'00", Arnastapi, Tel: +354 416 4466, info@arnarstapicenter.is, www.parka.is/arnarstapi.
Öffnungszeit: 1.5. - 15.9. **Max. WOMOs:** 60.
Ausstattung: 2 neue Sanitärhäuser mit WC, Duschen (gebührenpflichtig), Abwaschplätze außen, Warmwasser, Entsorgung.
Beschreibung: Große, offene Wiese oberhalb des Ortes mit schöner Aussicht auf das Meer und die Berge. 5 Zonen A-E ausgeschildert.
Preise: 2.000 kr pP, frei bis 14 Jahre, Strom 1.500 Kr (nur in Zone C). Bezahlung online über Parka.is.
Zufahrt: Direkt am Ortseingang auf der linken Seite.

Die Küste bei Arnastapi

Restaurant in Arnastapi

Der kleine Ort **Arnarstapi** ist mittlerweile sehr touristisch geprägt und verfügt über viele Fast Food Restaurants, große Parkplätze und Hotels. Der große WOMO-Stellplatz **(107)** befindet sich gleich am Ortseingang oberhalb des Ortes mit herrlichem Rundblick über das Meer und in die Berge. Nur den Snæfellsjökull sieht man trotz seiner Nähe nicht, der Hausberg Stapafell blockiert die Sicht. Unser Ziel ist neben den schmucken Fischerhäusern, die heute als Restaurants dienen, vor allem die auffallend erodierte Basaltküste mit vielen Felsenbögen, Buchten und Höhlen. Die beliebtesten sind der große Bogen Gatklettur und die drei höhlenartigen Buchten Eystrigja, Mid-

Arnastapi und Stapafell

Gatkelttur

gja and Musargja. Zu allen Naturwundern führen vom Besucherparkplatz unterhalb der großen Steinstatue gut ausgezeichnete Wege und es gibt schöne Aussichtspunkte. Die Statue verkörpert die Sagenfigur Bárður Snæfellsás, die hier in der Gegend gelebt haben soll. Trotz des touristischen Angebots wirkt der Ort durch seine kleinen Häuser, den Fischereihafen und das weitläufige Grün sehr gemütlich und hat eine beruhigende Atmosphäre.

Midgja

Lóndrangar

Auf der weiteren Tour, immer der gut asphaltierten 574 folgend, geht es einmal durch den Nationalpark Þjóðgarðurinn Snæfellsjökull um den Berg herum, es gibt viel zu entdecken. Unser erster Stopp sind die Felsnadeln **Lóndrangar**, ein erodierter Kraterschlot. Das verborgene Volk nutzt diese Formation als Elfenkirche. Vom Parkplatz führt ein kurzer Fußweg zu einem Aussichtspunkt, schöner ist die etwa einen

Lóndrangar vom Wasser aus

Kilometer lange Wanderung hinunter direkt zu den Felsen. Dort können wir die wahre Größe und Schönheit der Felsformation genießen. Wer mag, folgt einem gut ausgeschilderten Wanderweg bis zum Leuchtturm und dem Besucherzentrum des Nationalparks. Dieses erreicht man aber auch mit dem WOMO, indem man den nächsten Parkplatz ansteuert.

Als nächsten Stopp haben wir den riesigen Strand **Djúpalónssandur** ausgesucht. Auch hier gibt es eine Aussichtsplatform, der Weg hinunter zum Strand durch eine imposante Lavagalerie mit Felsbogen ist aber absolut lohnenswert. Der riesige Strand besteht aus feingeschliffenen Kieseln und hat eine besondere Ausstrahlung. Die rostigen Metallteile sind kein Müll, sondern die Reste eines verunglückten Schiffes.

Auf dem weiteren Weg liegen Picknickplätze in der Lavaebene, von denen viele Wanderungen starten. Der 50 Meter hohen Krater Saxhóll ist über Treppen leicht zu erklimmen, von oben bietet sich ein schöner Blick. Am Ende fahren wir noch

Djúpalónssandur

Skarðsvík

links in die 579 zum schönen Strand Skarðsvík, eingerahmt in Basaltfelsen und ungewöhnlich hell. Den weiteren Weg zum Leuchtturm Öndverðarnesviti über eine üble Schotterpiste empfehlen wir nicht, es gibt schönere und leichter erreichbare Küstenabschnitte auf unserer Reise.

Das historische Fischerdorf **Hellissandur** markiert das Ende des Nationalparks. Der weiße Sandstrand, an dem früher ein kleiner Hafen existierte, war Namensgeber. Laut dem lokalen Fischereimuseum Sjóminjasafnið ist es einer der ersten Fischerorte Islands. Das Museum zeigt neben einer besonderen Bootsform aus dieser Gegend auch allerhand aus Vogel-, Muschel- und Steinewelt (1.300 Kr.). Der Ort bietet einen gut ausgestatteten Campingplatz, der schön mitten in einem Lavafeld liegt **(108)**. Das drei Kilometer entfernte Rif ist dagegen ein reger Hafenort, er war seit langer Zeit der be-

(108) Offizieller WOMO-Stellplatz: Hellissandur

GPS/Kontakt: N 64°54'45" W 23°53'22", Hellisbraut, Hellissandur, Tel: +354 433 6929, patelbek.roloff@gmail.com, http://tjalda.is/en/hellissandur.
Öffnungszeit: 1.5. - 30.9. **Max. WOMOs:** 30.
Ausstattung: Neues, großzügiges Sanitärhaus mit WC, Duschen, Küche mit Aufenthaltsraum, Entsorgung, Bodenablass.

Beschreibung: Wiesen und einige Schotterplätze innerhalb einer terrassenartigen Lavalandschaft mit schönem Blick auf aufs Meer und die Lava drumherum.
Preise: 1.700 kr pP, frei bis 16 Jahre, Strom 800 Kr.
Zufahrt: In Hellisandur am Ortseingang, Camping gut ausgeschildert.

(109) Offizieller WOMO-Stellplatz: Ólafsvik

GPS/Kontakt: N 64°53'21" W 23°41'16", Dalbraut, Olafsvik, Tel: +354 433 6929, patelbek.roloff@gmail.com, http://tjalda.is/en/olafsvik.
Öffnungszeit: 1.6. - 30.9. **Max. WOMOs:** 30.
Ausstattung: Großzügiges Sanitärhaus mit WC, Duschen, Küche mit Aufenthaltsraum, Entsorgung.
Beschreibung: Große, offene Wiese am Ortsrand mit Wall eingefasst. Einige Schotterplätze. Schöner Bergblick. Das Wasserkraftwerk neben dem Platz stört etwas die sonst schöne Sicht.
Preise: 1.700 kr pP, Kinder 500 Kr, frei bis 13 Jahre, Strom 800 Kr,
Zufahrt: Am Ende des Ortes vor dem Fischkutter rechts in Dalbraut.

(110) Offizieller WOMO-Stellplatz: Grundarfjörður

GPS/Kontakt: N 64°55'13" W 23°15'34", Borgarbraut 19, Grundarfjörður, Tel: +354 831-7242, camping@grundarfjordur.is, www.grundarfjordur.is.
Öffnungszeit: 1.6. - 31.8. **Max. WOMOs:** 40.
Ausstattung: WC, Entsorgung.
Beschreibung: Einfache, offene Wiese hinter dem Schwimmbad oberhalb des Ortes mit schöner Sicht auf Meer und Berge.
Preise: 1.600 kr pP, frei bis 16 Jahre, Strom 1.000 Kr (Zahlung im Schwimmbad)
Zufahrt: Von der 54 im Ortszentrum links Richtung Schwimmbad.

deutendste Hafen der gesamten Halbinsel. Von Hellissandur nach Rif führt ein schöner Wanderweg am Meer entlang durch die größte Kolonie von Seeschwalben. In der Brutzeit ist wegen der angriffslustigen Vögel der Weg kaum begehbar. Kurz hinter Rif führt eine gute Schotterpiste zu einem

Kirkjufellsfoss

Svöðufoss - im Hintergrund der Snæfellsjökull

großem Aussichtspunkt beim Wasserfall Svöðufoss, der vor dem Gletscher sehr fotogen ist. Es folgen im Norden noch die beiden größeren Orte Ólafsvík und Grundarfjörður, beide bieten Campingplatz, Schwimmbad, Einkaufsmöglichkeiten und Tankstelle **(109) (110)**. Beide Orte sind Fischerdörfer und Handelszentren der umliegenden Höfe.

Der Norden der Halbinsel ist geprägt von formschönen Bergen des Vulkansystems Lýsuskarð, welches bereits vor 1-2 Millionen Jahren entstand und dadurch diese Berge durch Erosion geschaffen wurden. Der wohl formschönste und bekannteste Berg liegt zwischen den beiden Orten, der **Kirkjufell** (dt. Kirchberg). Seine keilförmige Form macht ihn zu einem der meistfotografierten Berge der Halbinsel, üblicherweise mit dem Wasserfall Kirkjufellsfoss im Vordergrund. Der kostenpflichtige Parkplatz zum Wasserfall ist nicht zu verfehlen und liegt direkt an der 54 kurz vor Grundarfjörður GPS N 64°55'38.9" W 23°18'24.6"W. Markierte und befestigte Wege führen zum Wasserfall, eine Brücke geht über den Fluss zur anderen Seite.

Wir verlassen die Halbinsel über die 56 und 54 zurück nach Borganes. Für all diejenigen, die mit der Fähre von den Westfjorden in Stykkishólmur ankommen und die Tour 9 in entgegengesetzter Richtung fahren, sei noch der dortige Campingplatz beschrieben.

(111) WOMO-Campingplatz: Camping Stykkishólmur

GPS/Kontakt: N 65°04'15" W 22°43'55", Hafnargata 3, 340 Stykkishólmur, Tel: +354 438 1075, mostri@stykk.is, www.stykkisholmur.is.
Öffnungszeit: Ganzjährig.
Ausstattung: Großer Sanitärblock mit WC und Outdoor-Duschen, Außenküche, free WiFi, Entsorgung.
Beschreibung: Große, offene Wiese nahe Schwimmbad, Rezeption im Golfclub, vereinzelt Hecken.
Preise: 1.600 kr pP, frei bis 15 Jahre, Strom 1.100 Kr.
Zufahrt: Von der 54 nach Norden in die 60 Richtung Stykkishólmur, bei der Ortseinfahrt rechts hinter der Tankstelle.

TOUR 10
10 km
N
Reykjavík
Kópavogur
Garðabær
Hafnarfjörður
Hveragerði
Selfoss
Eyrarbakki
Stokkseyri
Þorlákshöfn
Ölfusá
Strandakirkja
Kleifarvatn
Grænavatn
Seltún
Fagradalsfjall
Grindavík
Blue Lagoon
Vogar
Keflavík
Tankstelle
Supermarkt
Flughafen Keflavík
Garður
Sandgerði
Hafnir
Hafnaberg
Miðlína
Brimketill
Gunnuhver Hot Springs
Reykjanesviti
112
113
114
115
116
117
118
119

TOUR 10: Die Halbinsel Reykjanes 210 km

Hveragerði – Stokkseyri – Eyrarbakki – Þorlákshöfn – Grindavík – Sandgerði – Garður

Stellplätze:	Stokkseyri, Þorlákshöfn, Gata, Garður, Vogar
Campingplätze:	Hveragerði, Grindavik, Sandgerði
Besichtigungen:	Hverasvæðið (Geothermiepark), Strandakirkja (Kirche), Grænavatn, Kleifarvatn (Seen), Séltun (Solfatarengebiet), Gunnuhver (heiße Quelle), Reykjanesviti (Leuchtturm), Miðlína (Brücke zwischen den Kontinenten)
Wanderungen:	Reykjadalur (7 km zum Badefluss), Stokkseyri (8 km am Meer), Flói (4 km im Vogelgebiet), Valahnúkur (3 km), Hafnaberg (5 km bis zum Vogelfelsen)
Baden:	"Bláa Lónið" - Blaue Lagune (Thermalbad), Stokkseyri, Þorlákshöfn, Grindavik, Garður (Schwimmbäder)

Die Tour 10 führt uns von Süden um die Halbinsel Reykjanes (dt. Rauchspitze) zu dem Touristenhighlight »Blaue Lagune« und den Hochtemperaturgebieten »Gunnuhver Hot Spring« und »Séltun«, vorbei an einer rauen Küste und durch endlos scheinende Lavafelder.

Lavafelder prägen die Halbinsel - hier im Winter

Trotz der Nähe zu Reykjavík ist es im Süden der Halbinsel an vielen Stellen einsam. Der Flughafen Keflavík befindet sich auf Reykjanes und so eignet sich die Tour am Ende oder auch am Anfang Ihrer Reise, wenn Sie mit dem Flugzeug kommen. Die Halbinsel liegt direkt über der Riftzone der beiden Kontinentalplatten Europas und Amerikas. Die beiden Platten bewegen sich jährlich zwei Zentimeter auseinander, dadurch ist hier der Vulkanismus sehr aktiv. Das ist der Gegend anzusehen. Es dominieren die Farben Grau und Braun be-

Das Geothermiekraftwerk Svartsengi

dingt durch die riesigen Lavafelder ohne jeglichen Pflanzenbewuchs. Die meisten Geothermie-Kraftwerke wurden in dieser Gegend gebaut, nicht zuletzt weil die Hauptstadt von hier aus beheizt wird. Der Norden der Halbinsel ist geprägt von Industrie, Gewerbe und Handel und touristisch weniger interessant, sehen wir mal vom Einkaufen oder Wohnmobilverleih ab. Wir starten daher von Süden, der viel ruhiger und unserer Meinung nach auch viel interessanter ist.

Ein schöner Start ist die Stadt **Hveragerði** 40 Kilometer südöstlich von Reykjavík (wenn Sie von den Touren 7, 8 oder 9 kommen nehmen Sie im Norden Reykjavíks, noch vor der Stadt, die Ausfahrt 1s Richtung Hveragerði / Vik). Bekannt ist die Stadt durch die vielen Gewächshäuser, die mit Erdwärme beheizt werden. Es wird allerlei Gemüse und Obst angebaut. Die Stadt hat eine Gartenbaumschule und einige Gewächshäuser bieten zusätzlich als Café oder Kneipe ihre Waren an. Im Restaurant »Kjöt og Kúnst« können Sie auch Gerichte, die mit geothermalem Dampf zubereitet werden, bestellen. Gleich daneben findet sich der Geothermalpark Hverasvæðið, der mittlerweile nach dem Austrocknen der heißen Quellen seit 2013 sehr an

Geothermie-Restaurant

Das neue Solfatarengebiet nördlich des Schwimmbads

Laugaskarð

Attraktivität verloren hat. Es finden sich nur noch Schilder vor leeren Erdlöchern, ein trauriges Bild. Der Eintritt beträgt 300 Kr., für weitere 100 Kr. dürfen Sie ein Ei in geothermischem Wasser kochen und für weitere 750 Kr. ein Fußbad im Schlamm nehmen. Gespeist wird das Ganze durch einen kleinen Bach, der übrigens der Überlauf der hier angelegten Bohrlöcher ist. Historisch bleibt es interessant und für Kinder ist es eventuell ein Spaß. Interessanter ist mittlerweile das bei dem Erdbeben 2008 entstandene Solfatarenfeld oberhalb des Schwimmbads. Parken Sie beim Schwimmbad und gehen Sie 300 Meter weiter bergauf, das Feld ist durch den austretenden Dampf nicht zu übersehen. Ein kleiner Rundweg führt um die Quellen und fauchenden Erdlöcher. Das Gebiet ist weiträumig abgesperrt, da sich immer wieder kleine Löcher bilden, aus denen heißer

(112) WOMO-Campingplatz: Hveragerði

GPS/Kontakt: N 63°59'57" W 21°10'55", Reykjamörk, Hveragerði, Tel: +354 844 6617, hveragerdicampsite@gmail.com, http://tjalda.is/en/hveragerdi.
Öffnungszeit: Ganzjährig..

Ausstattung: Sanitärblock mit WC/Dusche, überdachter Aufenthaltsbereich mit Kocher/Grill, Waschmaschine, Entsorgung und Bodenablass.
Beschreibung: großer Stadtplatz, für WOMO geschotterter Bereich, sehr geschützt. In der Stadt gute Einkaufsmöglichkeiten, Schwimmbad mit 50 m Bahn 300 m entfernt.
Preise: 1.750 Kr pP, frei bis 15 Jahre, Strom 1.000 Kr, zahlbat über parka.is.
Zufahrt: Von der 1 im Stadtzentrum am Kreisel nördlich in Breiðamörk, rechts in Austurmör, dann links in Reykjamörk, Campingplatz ausgeschildert auf der rechten Seite.

Das neue Solfatarengebiet nördlich des Schwimmbads

Wandertipp: Reykjadalur (Baden im Fluss), 7 km (hin und zurück), 2 Stunden, 300 Höhenmeter GPS-Track unter www.island-womo.de

Mit dem WOMO geht es 3 km Richtung Norden zum Hot River Café (nördlich aus der Stadt heraus auf Breiðamörk, dann links halten zum Café) GPS 64°01'20.7"N 21°12'41.3"W (64.0224, -21.2115). Der Parkplatz zeigt es uns schon, wir sind nicht die einzigen Besucher. Von hier aus wandern wir ca. 3,5 km bergauf, 300 Höhenmeter immer am Fluss entlang. Der Weg ist gut ausgeschildert. Das Ziel der Besucher ist auch schnell gefunden - das Badegebiet Reykjadalur Bathing Pools. Hier treffen sich 2 Flüsse und vereinen sich zu perfekt 40 °C natürlichem Flusslauf. Der Fluss ist flach, wurde allerdings immer wieder mit Steinen aufgestaut, so dass sich praktisch natürliche Hot-Pots bilden. Die Gegend ist so beliebt, dass mittlerweile im Badebereich Holzwege verlegt wurden und auch kleine Umkleidebereiche aus Holzwänden entstanden sind. Der Fluss gilt als "secret place", was allerdings anhand der vielen Besucher nicht mehr stimmt. Wer allerdings dem Weg weiter folgt, wird hinter der Badestelle mit einem sehr ruhigen Wanderweg belohnt, nach ca. 2 weiteren Kilometern entdecken Sie dann die sehr heiße Quelle des Flusses. Wer die 3,5 km nicht laufen mag, kann eine Pferdetour buchen.

Dampf entweicht. Also Vorsicht! Gleich nebenan liegt das außergewöhnliche Schwimmbad Laugaskarð mit 50 Meter Becken, das übrigens nur 300 Meter vom Campingplatz **(114)** entfernt liegt. Es ist eines der ältesten Bäder Islands (erbaut 1939) und schön renoviert.

Die Küste bei Stokkseyri

Aus der Luft

Bekannt ist die Gegend mittlerweile durch das Tal Reykjadalur, wo Sie in einem Fluss baden können.

Nach der Wanderung fahren wir die 1 Richtung Süden und beginnen unsere Südküstentour der Halbinsel in **Selfoss** (Infos zur Stadt gibt es am Anfang der Tour 2). Wir biegen gleich am Stadtrand von Selfoss im Kreisel rechts ab auf die 34 Richtung Eyrarbakki/Stokkseyri. Nach ca. 10 km beginnt die Küste, wir fahren direkt ans Meer und steuern zunächst den kleinen Ort **Stokkseyri** an, dazu geht es 4 Kilometer Richtung Westen über die 33. Uns erwarten grüne Marschlandschaften, viele Pferde und eine raue Küste, an der je nach Tide Tausende

(113) Offizieller WOMO-Stellplatz: Stokkseyri

GPS/Kontakt: N 63°50'11" W 21°03'15", Sólvellir, 825 Stokkseyri, Tel: +354 896-2144, camping.stokkseyri@gmail.com, http://tjalda.is/en/stokkseyri.
Öffnungszeit: 15.5. - 1.10. **Max. WOMOs:** 30.
Ausstattung: Kleiner WC-Block beheizt, Abwaschbereich im Aufenthaltsraum, Entsorgung, Bodeneinlass.
Beschreibung: Einfacher Wiesenplatz, 500 m von der Küste entfernt.
Preise: 1.500 Kr pP, Kinder 1.000 Kr pP, frei bis 12 Jahre, Strom 1.100 Kr.
Zufahrt: Von der Hauptstraße (Hásteinsvegur) nördlich in Sólvellir abbiegen (ausgeschildert).

kleine Felseninseln mit vielen brütenden Vögeln herausragen. Die Gegend ist wenig touristisch besucht und hat dadurch einen besonderen, verschlafenen Flair. Der Ort selbst hat eine lebendige Kunst- und Kulturszene. Von hier aus werden Kajaktouren angeboten (www.kajak.is). Eine abwechslungsreiche Tour führt durch die Marschlandschaften bis zum Meer durch die Schären hindurch und endet am Hafen. Der Campingplatz

Strand bei Eyrarbakki

Die Landzunge

in dem Ort ist einfach, aber schön gelegen **(113)**. Am Abend lockt hier ein kleiner Fußmarsch an die Küste, auch wenn die Sonne hinter uns untergeht, romantisch ist es trotzdem. Aber wenn es stürmt, ist es vorbei mit der Idylle, die Fotos am ehemaligen Hafen zeugen von wilderen Zeiten, als hier noch Fischfang betrieben wurde. Auch ein kleines Schwimmbad hat der Ort zu bieten.

Wir folgen den Küstenstraßen 33 und 34 über **Eyrarbakki**, die direkt am Meer entlang führen. Hinter dem Ort fahren wir über die Landzunge an der Lagune des Flusses **Ölfusá** entlang, der sich hier stark verbreitert hat, nachdem er in Selfoss

Strand bei Eyrarbakki

Wandertipp: Stokkseyri - Eyrarbakki, Am Meer entlang, 4 km eine Richtung

Direkt am Meer auf dem Damm oder teilweise unten am Strand. Viele Lavaformationen, Vögel und mit Glück sind Robben zu sehen. Einfache Wanderung für die ganze Familie

Wandertipp: Flói Vogelgebiet, markierter Weg im Vogelgebiet, 2-2,5 km je nach Wasserstand

GPS N 63°54'01" W 21°11'28", westlich von Eyrarbakki nach Norden Richtung Óseyri abbiegen. Die Wanderung führt durch das Marschland am Fluss Ölfusá und ist gut markiert. Es ist sehr nass, am besten sind Gummistiefel, wasserfeste Wanderstiefel tun es auch.

noch ein reißender Fluss war. Die Landzunge hat Züge einer typischen Nehrung mit Sanddünen, Strand und Meer. Ein guter Stopp ist das Restaurant Hafið Bláa (The Blue Sea) GPS N 63°52'44" W 21°13'25. Über die Dünen hinweg haben Sie einen sagenhaften Blick auf das Meer und die Lagune. Eine Treppe hinunter an den Strand lädt zu langen Strandspaziergängen ein. Bei schönem Wetter ist der Kontrast zwischen dem blauen Meer, dem grünen Seegras und dem schwarzen Sand einfach einmalig. Hier können Sie, wie auch an vielen anderen Stellen Islands, Weite und Ruhe genießen.

(114) Offizieller WOMO-Stellplatz: Þorlákshöfn

GPS/Kontakt: N 63°51'10" W 21°22'46", Skálholtsbraut, Þorlákshöfn, Tel: +354 839 9091, camping.thorlakshofn@gmail.com, http://tjalda.is/en/thorlakshofn.
Öffnungszeit: 15.5. - 15.9. **Max. WOMOs:** 50.
Ausstattung: WC, Dusche, Entsorgungstation mit Bodeneinlass.
Beschreibung: Wiesenplatz, Teil des Schwimmdbads, mit Erdwall drumherum.
Preise: 1.500 kr pP, frei bis 12 Jahre, Strom 1.000 Kr.
Zufahrt: Die 427 bis Ölfus, am Kreisel rechts nach Þorlákshöfn (Leuchtturm), in Þorlákshöfn Camping ausgeschildert.

(115) Offizieller WOMO-Stellplatz: Gata free camping

GPS/Kontakt: N 63°49'49" W 21°40'40", Selvogur, Tel: +354 892 7954, gumorn@simnet.is.
Öffnungszeit: 15.5. - 15.9. **Max. WOMOs:** 20.
Ausstattung: WC und Dusche, kleiner Küchenbereich, kein Strom.
Beshreibung: Einfache, offene Wiese in Meeresnähe, guter Hot-Dog Stand.
Preise: Kostenlos (Spende möglich), Dusche 500 Kr.
Zufahrt: Von der 427 Richtung Süden zur Strandarkirkja, am Ende der Straße.

Gata free Camping

Zurück im WOMO fahren wir die 34 und dann links die 427 nach **Þorlákshöfn**. Es ist die einzige Hafenstadt an der Südküste nach dem 400 Kilometer entfernten Höfn. Früher fuhr die Fähre auf die Westmänner Inseln von hier los, bei sehr schlechtem Wetter ist dies heute noch der Fall. Ein praktischer Übernachtungsplatz liegt direkt neben dem großen Schwimmbad.

Wer noch etwas weiter fährt, findet auf dem Weg zur **Strandakirkja** einen schönen und kostenlosen Stellplatz ca. 1,5 Kilometer östlich der kleinen Kirche **(115)**. Dank des Einsatzes der Besitzer ist es eine der seltenen, kostenlosen Übernachtungsmöglichkeiten

Strandakirkja

Islands. Statten Sie Gudrun (spricht deutsch) einen Besuch beim Hot-Dog-Stand ab.

Die Strandakirkja hatte früher für die Seefahrer eine zentrale Bedeutung, markierte sie doch den Wunsch nach einer sicheren Heimfahrt. Es gibt eine schöne Geschichte, bei der Engel den betenden Seeleuten den richtigen Kurs gewiesen haben sollen, daher heißt der nahe gelegene Strand Engilsvík (dt. Engelsbucht) und die Kirche wurde aus Dankbarkeit erbaut. Der Ort heißt eigentlich Selvogur, von ihm ist aber mittlerweile nichts mehr zu sehen.

Die weitere Fahrt auf der 427 Richtung Grindavík ist geprägt von Einsamkeit und großen Lavafeldern, teilweise sehr schön mit Moos bewachsen. An einigen Stellen stürzte die Lava wie Wasserfälle den Bergrücken des Brennisteinsfjöll (dt. Schwefelberge) hinunter, von der Straße schön zu sehen. Es wurden Reitpfade unter der Lava entdeckt, die Ausbrüche fanden also nach der Landnahmezeit statt.

Bevor Sie die 427 nach Grindavik fahren, sollten Sie auf keinen Fall den Abstecher auf die 42 Richtung Norden verpassen - es erwarten Sie ein Hochtemperaturgebiet und zwei Seen in traumhafter Umgebung. Der kleine Umweg ist wirklich lohnenswert und auch etwas für wandermüde Besucher, denn die Sehenswürdigkeiten sind alle gut mit dem WOMO zu erreichen. Der erste schöne Stopp ist der See **Grænavatn** (dt. grüner See), der eigentlich ein mit Wasser gefüllter Explosionskrater ist. GPS N 63°52'57" W 22°03'18". Die Farbe bekommt er von gelöstem Schwefel im Wasser, dadurch ist er eigentlich

Das Hochtemperaturgebiet Seltún

Grænavatn

gelb, schimmert aber mit dem blauen Wasser in Blaugrün, bei Sonnenschein ein traumhafter Anblick. Ein kleiner Wanderweg führt um den knapp 300 Meter im Durchmesser messenden See, ein schöner Spaziergang mit lohnenden Ausblicken auf den See und die bunten Berge im Hintergrund. Unser nächstes Ziel können wir am aufsteigenden Dampf schon erkennen:

Seltún

Das **Hochtemperaturgebiet Seltún** (auch Krýsuvík genannt) ist nicht zu verpassen. Ein großer Parkplatz mit WC befindet sich genau an der Straße, ca. fünf Kilometer hinter der Abzweigung von der 42. GPS N 63°53'43" W 22°03'04". Es handelt sich um ein sehr farbenfrohes und schön anzusehendes Solfatarenfeld mit Schlammlöchern, sprudelnden Quellen und kleinen Bächen. Schöne Holz- und Wanderwege führen um die Attraktionen herum und etwas auf den Berg hinauf. Von hier gibt es grandiose Ausblicke auf das Geschehen und die vielen Farben in allen Nuancen von Gelb, Braun, Silber, Grau und Rot. Bis 1880 wurde hier Schwefel abgebaut, heute dient er nur noch der Farbgebung dieser Gegend. Der große heiße

Kleifarvatn

“See” gleich auf der rechten Seite bei der ersten Aussichtsplattform entstand 1999 durch eine große Explosion. Die weißen Wände des 43 Meter großen Explosionskraters sind heute noch zu sehen, damals wurde das hier stehende Kaffeehaus völlig zerstört.

Wir empfehlen, bis zum etwas nördlich liegenden großen See **Kleifarvatn** zu fahren. Es ist der größte See auf der Halbinsel Reykjanes. Der See hat keinen sichtbaren Zufluss, das Wasser kommt wird unterirdisch zugeführt. Allein die Fahrt direkt am See ist ein Erlebnis. Zahlreiche Parkplätze laden zu einer Rast, einer Wanderung oder einen Fotostopp ein. Oder Sie machen einen kleinen Spaziergang an einem der vielen schwarzen Strände. Der See, fast 100 Meter tief, ist von dunklen Bergen eingerahmt und hat dadurch einen ganz speziellen Charakter. Der See schrumpft derzeit stark, ob dies mit den aktuellen Vulkanausbrüchen zu tun hat ist ungeklärt.

Kleifarvatn im Winter

Auf der Fahrt nach Grindavik

Zehn Kilometer vor der Stadt Grindavik erreichen wir den mittlerweile sehr bekannten Vulkan **Fagradalsfjall** (dt. Berg im schönen Tal), der am 19. März 2021 und erneut am 3. August 2022 ausbrach und sich viel Lava in das Tal Geldingadalir ergoss. Die vulkanische Aktivität zog viele Besucher an. Während dieses Buch entsteht, läuft der zweite Ausbruch und die weitere Entwicklung ist nicht vorhersagbar. Derzeit sind viele offizielle Parkplätze und Wanderwege zum Vulkan entstanden und auch organisierte Touren werden angeboten. Egal was passiert - eine Wanderung zu der neu entstandenen Lava und den neuen Vulkanen wird einen spannende Angelegenheit bleiben. Bitte informieren Sie sich vor Betreten des Gebietes über die aktuelle Situation.

Grindavik (dt. Gitterbucht) ist ein größerer Fischerort mit langer Tradition als Heringshafen. Vor allem die Hanse, die hier im 16. Jahrhundert erbittert gegen die Engländer um das Monopol im Heringshandel kämpfte, war hier aktiv. Zu sehen ist das alles im lokalen Salzfischmuseum (»Saltfisksetur«) ganz im südlichen Hafengebiet gelegen. Die Stadt ist die größte Ansiedlung im Süden der Halbinsel und hat alles zu bieten, was der Camper benötigt. Der große, sehr gut ausgestattete Campingplatz **(119)** ist beliebt für die letzte Übernachtung vor dem Flug und dient auch als Ausgangspunkt zur blauen Lagune, einer der Hauptattraktionen Islands.

Die **»Blaue Lagune«** (isl. Bláa Lónið) erreichen wir direkt von Grindavik, ca. 4,5 Kilometer nördlich über die 425 nach Westen und dann Richtung Norden auf die 426 (eine gute Nebenstrecke) oder alternativ über die 43. Dieses riesige, 5.000 Quadratmeter große Thermalfreibad ist die beliebteste und auch bekannteste Touristenattraktion Islands. Dadurch hat der Besuch zwei Seiten: Einerseits ist es hier sehr voll (dank begrenztem

(116) WOMO-Campingplatz: Grindavik

GPS/Kontakt: N 63°50'36" W 22°25'23", Austurvegur 26, Grindavik, Tel: +354 830 9090, camping@grindavikcampsite.com, www.visit-grindavik.is.
Öffnungszeit: 1.3. - 30.11.
Ausstattung: Großer, moderner Sanitärbereich und Gemeinschaftsraum / Küche, Waschmaschine, Entsorgung mit Bodeneinlass.
Beschreibung: Große Wiese am Ortsrand, parzelliert mit Erdwällen, teilweise geschottert.
Preise: 2.000 kr pP, frei bis 14 Jahre, Strom 1.200 Kr.
Zufahrt: In Grindavik am Ortsausgang, gut ausgeschildert.

Einlasses aber im Wasser nicht überfüllt). Andererseits ist das Bad in dem türkisblau schimmernden, warmen Wasser in der kargen Vulkanlandschaft wirklich einzigartig. Wenn der Preis Sie nicht abschreckt, sollten Sie das Bad unbedingt besuchen. Das Wasser ist von einer ganz besonderen Farbe, die Kieselsäure ist nachweislich zur Heilung von Hautkrankheiten geeignet und in der Tat fühlt sich die Haut nach dem Bad glatt und angenehm an. Auch die Atmosphäre ist unbeschreiblich, so etwas werden Sie auf der Welt kein zweites Mal finden. Die "Blaue Lagune" besteht aus dem Abwasser des nahe gelegenen Geothermie-Kraftwerkes Svartsengi. Das Kraftwerk nutzt ein Gemisch aus Süß- und Salzwasser, welches in 2.000 Meter Tiefe erhitzt wird und mit über 200 Grad zur Stromerzeugung und Warmwasserversorgung der Region dient. Da das umliegende Gestein sehr silikathaltig ist, kann die Anlage nicht im Kreislaufprinzip betrieben

Die blaue Lagune

Blaue Lagune im Winter

Ein paar Tipps für den Besuch:

- Die Tickets sollten Sie unbedingt vorher im Internet buchen. Die Lagune ist in der Hauptsaison teilweise Wochen vorher ausgebucht.
- Nutzen Sie am besten die späten Abendstunden. Im Sommer hat die Lagune bis 23 Uhr (bis Ende Juni) und im Juli bis Mitte August sogar bis Mitternacht auf. Es ist deutlich weniger voll. Zu später Stunde gibt es im Sommer auch ein wunderschönes Licht. Vermeiden Sie möglichst den frühen Nachmittag, da hier selbst Fluggäste auf dem Transfer von/nach Nordamerika gerne ein Bad nehmen. Der Flughafen ist nur einige Autominuten entfernt. Vom Campingplatz in Grindavik sind es keine 10 min Autofahrt.
- Die Preise sind dynamisch, je nach Tageszeit. Auch hier gilt: Spät abends nach 21 Uhr ist es preiswerter.
- Es gibt 3 Buchungsklassen (Comfort, Premium, Luxury), prüfen Sie hier, was für Sie wichtig ist.
- Comfort (ab 78 €): Eintritt in die Blue Lagoon, Handtuch und Drink
- Premium (ab 94 €): zusätzlich Bademantel und Badeschuhe, Gesichtsmaske
- Luxury - Retreat Spa (ca. 275 €): Eigener Umkleidebereich, exklusiver Zugang für 4 Stunden zum Day-Spa im Retreat Hotel mit eigenem Bade- und Spa Bereich.
- Wer noch mehr Luxus möchte, kann auch sein WOMO verlassen und die beiden exklusiven Hotels Silica oder Retreat buchen. Beide Hotels fügen sich sehr geschmackvoll in die Lavafelder der Gegend ein.

Badebereich des Silica Hotels

werden, daher wird silikathaltiges Abwasser auf die Lavafelder abgelassen. Hier bildeten sich dann natürliche Pools, da der Silikatschlamm das poröse Lavagestein verschließt. In den 80er Jahren badeten dort zuerst Werksangehörige, die über die heilende Wirkung des Wassers berichteten. Schnell wurde die Lagune zur lokalen Attraktion. 1986 wurde dann der Plan zur offiziellen Nutzung erarbeitet, 1999 die blaue Lagune offiziell eröffnet. Der Salzgehalt beträgt ca. 2,5 Prozent, also weniger als Meerwasser. Die blaue Farbe entsteht durch den großen Anteil der gelösten Kieselsäure und Algen.

Uns ist bewusst, dass die blaue Lagune eine Touristenmaschine ist und Isländer dieses Bad meiden, allein wegen der Nichteinhaltung von Baderegeln (siehe Tipps und Infos). Wer etwas ruhiger baden möchte, auch Einheimische im Bad treffen will und lokales Flair bevorzugt, sollte die diversen Badetipps in diesem Buch beherzigen und andere Thermalbäder auf der Insel nutzen.

Außenbereich des Retreat-Hotels

in der Blauen Lagune

Brimketill Brimketills Nachbar

Zurück auf der Straße fahren wir zu einem weiteren Geothermiekraftwerk, das Reykjanesvirkjun ganz im Westen. Bevor wir dieses besuchen, gibt es noch einen schönen Aussichtspunkt **Brimketill** (dt. Brandungskessel) direkt an der 425 (Ausschilderung beachten). Hier können wir nicht nur die Felsenküste des Südens bestaunen, sondern auch noch den Kessel aus Naturstein, der wahrlich wie ein perfektes Schwimmbad aussieht. Nun geht es weiter ganz in den Westen der Halbinsel, wo das Kraftwerk und heiße Quellen schon am Dampf gut zu erkennen sind. Das Kraftwerk hat zwölf Bohrlöcher in eine Tiefe bis 2700 Meter und fördert rund 320 Grad heißes Wasser - das ist weltweit einmalig. Es handelt sich um das Kraftwerk mit dem höchsten Druck und der höchsten Temperatur Islands. 2 Turbinen produzieren 100 Megawatt Energie. Schön zu sehen ist das Ganze an den vielen Rohrleitungen, Bohrlöchern und dem aufsteigenden Dampf, der schon von Grindavik aus zu erkennen ist. Die Kraft der hiesigen Quellen sehen wir ganz

Im Kraftwerk Reykjanesvirkjun

Gunnuhver Hot Springs

Gunna - im Hintergrund Reykjanesvirkjun

nah und eindrucksvoll bei den **Gunnuhver Hot Springs** mit »Gunna«, der heißesten Quelle Islands. Dazu fahren wir die 425 westlich und dort, wo die Straße nach Norden abknickt, links in die 425 Richtung Reykjanesviti (ist ausgeschildert) und dann wieder links zum westlichen Parkplatz Gunnuver Hot Springs GPS N 63°49'06" W 22°41'14". Zusätzlich gibt es eine Zufahrt von der Ostseite, sie ist aber nicht asphaltiert (außerdem wollen wir gleich eh noch zum Reykjanesviti, der auch über die Westseite erreichbar ist). Derzeit hat die Quelle etwa 300 Grad, was wir beeindruckend an meterhohen Wasserfontänen sehen und hören können. Laut blubbert es, ja geradezu explosionsartig kocht das Wasser aus der Quelle. Wenn der Wind ungünstig steht und der Dampf der Quelle über die Aussichtsplattform weht reduziert sich die Sicht auf null, der Dampf durchnässt die Kleider in sekundenschnelle. Es ist unheimlich und beeindruckend zugleich. Der Name geht auf eine Sage des Gespensts namens Gunna (eigentlich Guðrún Önundardóttir) zurück, die hier den Menschen Streiche spielte, bis der Pfarrer Eiríkur Magnússon den Geist in die Quelle bannte.

Gunna

Reykjanesviti

Auf der Rückfahrt wollen wir noch ein echtes Highlight besuchen. Statt

Valahnúkur vom Parkplatz aus

rechts zurück zur 425 fahren wir an der Abzweigung geradeaus, direkt zum **Reykjanesviti** (dt. Leuchtturm von Reykjanes). Vom Parkplatz unterhalb des Leuchtturms (GPS N 63°48'51" W 22°42'19") laufen wir bis zum Felsen Valahnúkur, der hier senkrecht ins Meer fällt. Der direkt am Felsen liegende Parkplatz ist nur über eine äußerst schlechte Piste zu erreichen und für WOMOs nicht empfehlenswert. Hier an der äußersten Ecke der Halbinsel gibt es einiges zu entdecken: Felssäulen,

Wandertipp: Kleine Runde am Felsen Valahnúkur, 3 km, 1 Std mit vielen Fotostopps

Wir parken den Wagen am Parkplatz unterhalb des neuen Leuchtturms. Das erste Ziel ist die von hier aus linke Seite des Berges. Ein schmaler Wanderpfad führt über eine kleine Holzplattform hinunter am Berg entlang (siehe Foto oben). Vergessen Sie Ihre Brotzeit nicht, denn rechts, halb versteckt zwischen den Felsen, liegt windgeschützt ein schöner Picknickplatz am Berg. Wir laufen weiter bis ans Meer. Der Weg endet hier. Große, von der Brandung rund geschliffene Steine säumen die Wasserkante.

Hier, direkt unterhalb der Felsen, spüren wir die wilde Kraft des Atlantiks. Auf demselben Weg geht es zurück bis zur Plattform und von dort links herum den Berg hinauf und dann weiter bis zur anderen Seite des Felsens, wo sich die wildromantische Küste vor uns ausbreitet.

Valahnúkur - Wasserseite

Vögel, schroffe Felsen und wilde Brandung. Auch die Reste des alten Leuchtturms, der wegen eines Erdbebens aufgegeben werden musste, sind hier zu sehen. Sie können am Wasser entlang spazieren oder den Berg hinauf. Nach dieser schönen Wanderung fahren wir wieder auf die Hauptstraße 425 zurück.

Und gleich in der Nähe liegt die **Miðlína**, die Brücke zwischen den Kontinenten. Hier führt eine Brücke von der eurasischen zur amerikanischen Kontinentalplatte. Die Brücke hat symbolischen Charakter und es werden auf Schautafeln al-

Miðlína- Die Brücke über den Grabenbruch zwischen den Kontinenten

Hafnaberg

lerhand Infos zur tektonischen Plattenverschiebung erklärt. Der Parkplatz liegt nur wenige Meter von der 425 entfernt (GPS N 63°51'59" W 22°40'35"und ist ein schöner Zwischenstopp. Eine nette Geschichte ist es allemal, über diese Brücke zu laufen. Ein beliebtes Fotomotiv ist es auch, besonders da Sie auch unter der Brücke laufen können.

Und jetzt noch eine letzte Wanderung zum **Hafnaberg**, dem Vogelfelsen dieser Gegend. Die Wanderung startet beim Wanderparkplatz GPS N 63°53'02" W 22°41'30", ist fünf Kilometer lang (Hin- und Rückweg) und recht einfach. Es geht über einen gut erkennbaren und markierten Sandweg durch Lavawüste mit nur wenig Höhendifferenz bis zum Vogelfelsen. Für isländische Verhältnisse ist der Vogelfelsen recht klein und wenig bevölkert. Hauptsächlich Klippen- und Dreizehenmöwen brüten hier. Alken haben wir keine sehen können. Sehen Sie die Wanderung eher als eine sportliche Einlage als ein Naturhighlight.

Blick von Garður auf den Snæfellsjökull

Hier endet unsere Reise. Die vier Übernachtungsmöglichkeiten in Grindavik **(116)**, Sandgerði **(1117)**, in Garður **(118)** und Keflavik **(119)** eignen sich hervorragend für die letzte Nacht vor dem Abflug, wenn Sie ihr Wohnmobil am Flughafen oder in Keflavík abgeben. Der Campingplatz in Garður am Leuchtturm hat die schönste Aussicht und auch ein schönes Restaurant mit Ausblick aufs Meer. Der Platz Grindavik ist am besten ausgestattet (Entsorgung, Waschplätze), der Platz in Keflavik ist praktisch neben dem Flughafen.

Hier sagen wir »Auf Wiedersehen« und hoffen, Sie hatten eine schöne Reise auf der Insel und unser Reiseführer war Ihnen eine Hilfe. Wenn ja, sagen Sie es weiter und schreiben Sie Bewertungen. Wenn nein, schreiben Sie uns direkt an, wir freuen uns über Ihre Verbesserungsvorschläge. Haben Sie Fragen oder Anregungen? Dann schicken Sie eine E-Mail (ramin@womo.de) oder hinterlassen Sie einen Kommentar auf unserer Internetseite oder nutzen Sie das WOMO-Forum.

(117) WOMO-Campingplatz: iStay Camping

GPS/Kontakt: N 64°02'21" W 22°41'52", Byggðavegur, Sandgerði 245, Tel: +354 854 8424, istay@istay.is, airportcamping.is.
Öffnungszeit: 1.4. - 30.9.
Ausstattung: WC und Duschen, Abwaschbereich außen, free WiFi, Waschmaschine, Entsorgung mit Bodenablass.
Beschreibung: Offene Wiese, einige Schotterplätze an der Einfahrt
Preise: 1.500 kr pP, frei bis 16 Jahre, Strom 800 Kr.
Zufahrt: Direkt an der 45 in Sandgerði.

(118) Offizieller WOMO-Stellplatz: Garður

GPS/Kontakt: N 64°04'57" W 22°41'31", Skagabraut, Garður, Tel: +354 433 7220, johann@gardskagi.com, https://www.gardskagi.com/campsite.
Öffnungszeit: Ganzjährig. **Max. WOMOs:** 50.
Ausstattung: WC, Abwaschplatz.
Beschreibung: Einfacher, offener Wiesenplatz, direkt an der Mole und Leuchtturm, Restaurant.
Preise: 1.500 kr pP, frei bis 12 Jahre, Strom 1.000 Kr.
Zufahrt: Von der 45 am Ortsausgang Garður leicht rechts halten, bis zum Leuchtturm.

(119) Offizieller WOMO-Stellplatz: Keflavík

GPS/Kontakt: N 63°58'14" W 22°30'31", Stapabraut 21, Keflavík, Tel: +354 578 7860 info@happycampers.is.
Öffnungszeit: Ganzjährig. **Max. WOMOs:** 20.
Ausstattung: WC, Duschen, free WiFi.
Beschreibung: Einfacher Wiesenplatz direkt an der Autobahn, Teil des WOMO-Verleihers Happy Camper, nah am Flughafen.
Preise: 1.500 kr pP , Strom 1.000 Kr, Bezahlung über parka.is.
Zufahrt: Direkt an der 41 Ausfahrt Innri rechts abbiegen.

Anreise / Reisevorbereitung

Wohnmobil mieten:

Viele Urlauber sind der Meinung, unbedingt ein teures 4WD- WOMO mieten zu müssen. Das macht aber nur Sinn, wenn Sie unbedingt lange Hochlandtouren auf F-Straßen unternehmen wollen. Auch ohne F-Straßen kommt man teilweise ins Hochland und die meisten Naturschönheiten sind über normale Straßen zu erreichen. Für den Ersturlaub auf Island braucht es keinesfalls ein 4WD, außer Sie möchten explizit länger in die ganz wilde Natur. Für einen Ausflug zu Gletschern oder ins Hochland ist es meist besser, das viele Geld für ein 4WD zu sparen und dafür eine Tour zu buchen. Dieses Buch befasst sich ausschließlich mit Touren für normale WOMOs. Schwierige Strecken sind immer im Text erwähnt.

Gut überlegen sollten Sie, ob Sie die ganz, ganz kleinen »Wohnmobile« mieten wollen. Wegen der hohen Preise werden in Island auch Hochdachkombis (z. B. Renault-Kangoo, VW-Caddy etc.) ausgebaut und vermietet, meist sogar mit Heizung. Was sich nach preiswerter Alternative anhört, ist oft ein fauler Kompromiss. Es ist nur ein Auto zum Schlafen, alle anderen Aktivitäten müssen draußen stattfinden, auch wenn es regnet. Ein Abendessen im Restaurant vernichtet gern das gesparte Geld. Eine Toilette ist nicht an Bord, was die Platzwahl oft einschränkt. Überlegen Sie sich gut, ob so ein Auto das Richtige für Sie ist. Eine preiswerte Alternative ist es allemal.

Auch sehr große »Riesenmobile« würden wir nicht empfehlen. Mit den ganz großen Geschossen sind Sie zwar komfortabel unterwegs, sind aber bei der Auswahl der Straßen etwas eingeschränkt. Die Ringstraße und viele andere Straßen sind asphaltiert und gut befahrbar, es gibt aber auch rauere Pisten zu einigen Naturschönheiten, die ein zu großes WOMO nicht bewältigen wird. Sie müssen dann auf einige Attraktionen verzichten.

Schotterpisten sind nicht unüblich auf Island

Wir empfehlen einen Kastenwagen oder Teilintegrierte/Alkoven-Modelle. Die kommen auch auf rauen Straßen dank hoher Bauweise und wenig Überhang gut zurecht und haben alles an Bord – Bett, Küche und WC.

Beachten Sie beim Mieten, dass die Vermieter manche Straßen explizit verbieten. So ist z.B. die 35 nach Hveravellir oft verboten, was sehr schade ist. Auch die 864, 550 und 26 werden oft nicht erlaubt. Das sollten Sie vorher mit dem Vermieter klären und vielleicht eine Ausnahme aushandeln, damit Sie diese einzigartigen Gebiete trotzdem erleben können. Die 35 von Norden nach Hveravellir und erst Recht die 864 zur Ostseite des Dettifoss sind eigentlich gut befahrbar - das weiß mittlerweile auch ihr Vermieter. Alternativ nutzen Sie Busse oder organisierte Touren.

Anreise mit der Fähre:

Die Norröna der Smyril-Line fährt wöchentlich von Hirtshals nach Seyðisfjörður. In der Hauptsaison sind die Plätze schnell ausgebucht, frühzeitige Buchung ist erforderlich. Die Preise sind ne nach Jahreszeit unterschiedlich, in der Hauptsaison müssen sie mit 4.000 € für Hin- und Rückfahrt rechnen. Die Norröna ist zwar kein Kreuzfahrtschiff und auch nicht mit den Fähren der Color-Line von Kiel nach Oslo zu vergleichen, hat aber einen hohen Standard. Das macht die Reise schon bei der Überfahrt zu einem besonderen Urlaubserlebnis. Ob Gourmet-Restaurant, Buffet oder Cafeteria, es ist für jeden Geschmack etwas dabei. Auch für Selbstversorger finden sich an Deck oder im Schiff genügend schöne Sitzmöglichkeiten. Angebote für Kinder, ein kleines Schwimmbad, Hot-Pots zum Entspannen für die Erwachsenen oder gemütliche Sitzecken machen die Überfahrt zu einem schönen Urlaubsbeginn. Die Ankunft in Seyðisfjörður ist deutlich schöner als die Ankunft am Flughafen, denn in den Ostfjorden beginnt man den Urlaub sehr isländisch.

Wohnmobil-Verschiffung:

Eine Verschiffung ist nicht nur die schnellere, sondern vor allem in der Hochsaison die günstigere Variante. Das Fahrzeug kann bis zu einer Woche vor Abfahrt des Schiffes im Hafengelände von Cuxhaven oder Rotterdam verbleiben, sodass Sie entspannt wieder nach Hause kommen. Wir empfehlen auch die praktische Lieferung des Wohnmobils zum Flughafen, der Urlaub beginnt dann sofort nach der Landung, das Wohnmobil steht auf dem Parkplatz gleich beim Terminal. Wir haben unser WOMO bereits zwei Mal verschiffen lassen, für uns ist dies weiterhin die beste Variante, um das Wohnmobil nach Island zu bekommen. Alle Infos zur Verschiffung, Details zum Ablauf, Versicherung und Preise gibt es bei www.kria-tours.de.

Wohnmobil-Ausstattung:

Für Island benötigen Sie kein besonders ausgestattetes oder vorbereitetes Fahrzeug. Nur einige wichtige Prüfungen sollten Sie nicht vergessen:

Reifen: Prüfen Sie unbedingt die Qualität und den Zustand der Reifen - auch des Reserverads. Das nötige Werkzeug und Wagenheber sollten kontrolliert werden. Denken Sie an eine Unterlage für den Wagenheber, um auch auf Sand oder Geröll den Reifen wechseln zu können. Die Chance auf eine Reifenpanne ist in Island ungleich höher als bei uns. Da auch Schotterpisten zu befahren sind, werden die Reifen stark beansprucht.

Heizung: Nicht übertrieben - die Funktionstüchtigkeit der Heizung sollten Sie auf jeden Fall prüfen. Egal zu welcher Jahreszeit, es kann besonders im Hochland auch mitten im Sommer Minus-Grade geben. Im Sommer ist 7 Grad die mittlere Tiefsttemperatur. Auch das Trocknen durchnässter Kleidung nach einem Regenguss ist in einem warmen WOMO deutlich einfacher. Wer ein Wohnmobil ohne Heizung mietet oder mitbringt, sollte sich über die feuchte Kälte im Klaren sein. Wer keine Heizung hat, sollte dann Wärmflaschen einpacken.

Verschraubungen: Durch Schotterpisten wird ihr Wohnmobil stellenweise sehr umhergeschüttelt. Lockere Verschraubungen können sich dabei leicht lösen. Ein Schraubendreher ist ein wichtiges Werkzeug.

Werkzeug: Generell sollten Sie neben Schraubendreher einige wichtige Werkzeuge wie Hammer, Zange, Schraubenschlüssel etc. an Bord haben, um in der Einsamkeit einige Notreparaturen vornehmen zu können. Auch ein kräftiges Klebeband sollte in Ihrer Erste-Hilfe WOMO-Box vorhanden sein.

Schneeketten sind im Winter ein Muss, aber auch im Sommer hilfreich. Auf den Campingwiesen ist die Gefahr, bei Regen stecken zu bleiben, recht hoch, Schneeketten können hier eine gute Hilfe sein.

Abschleppseil: Nicht selten fährt man sich auf matschigen Wiesen oder beim Fahren in unwegsamen Gelände fest. Da auf Island viele 4WD Fahrzeuge unterwegs sind, ist hier Hilfe schnell verfügbar.

Navigation: Google Maps kann in Island ohne Probleme verwendet werden, die Karten sind recht vollständig und aktuell. Island passt auf zwei Download-Bereiche und kann daher auch offline betrieben werden. Nicht alle kleineren Straßen sind verzeichnet, hier ist also ein wenig Eigenplanung notwendig. Die Routenberechnung bei Google macht zeitlich oft erhebliche Fehler, wenn es um Schotterpisten geht. Diese sind bei Google auch nicht zu erkennen und von asphaltierten Straßen zu unterscheiden. Nutzen Sie dazu anderes Kartenmaterial. Die Eingabe der GPS-Koordinaten aus diesem Buch erfolgt bei Googe Maps im Format N xx xx xx W xx xx xx . Die Eingäbe der Grad, Minuten und Sekundenzeichen ist nicht erforderlich.

Packliste Island:

Hier einige islandspezifische Dinge, die neben den üblichen Sachen sinnvoll sind:

Verdunklung fürs WOMO – wenn man im Hellen nicht so gut schlafen kann. Entweder das Wohnmobil lässt sich mit Jalousien verdunkeln oder man nimmt entsprechende Tücher mit.

Thermometer, am besten ein Laser-Infrarot Gerät. Das ist wichtig für die Überprüfung von heißen Quellen oder der Wassertemperatur eines Sees. Außerdem ist es sehr interessant, die verschiedenen Temperaturen der Insel zu erforschen.

Wärmflasche für kalte Nächte, wenn man die Heizung nicht immer aufdrehen möchte oder man keine Heizung hat.

Fernglas für die Tierbeobachtung. Wale, Papageientaucher oder Rentiere in der Ferne machen sich mit dem Fernglas einfach besser.

Viele **Speicherkarten** oder Festplatten, weil die Menge der Fotos doch alles übersteigt. An jeder Ecke gibt es ein Fotomotiv. Außerdem fotografiert man alles mehrfach, weil meist 5 min. später das Licht noch etwas besser wird.

Warme Sachen, also alles, was Sie haben. Es ist kälter als gedacht. Daunenjacken und dicke Pullis sind Pflicht, am besten Zwiebel-Look. Oder Sie kaufen sich Island-Pullover vor Ort.

Regensachen, also alles, was wirklich dichthält. Sonst kommt man hier nicht so oft an die frische Luft. Wir haben gelernt, dass Wandern im Regen ein besonderes Erlebnis sein kann. Nicht nur bei Regen, auch dicht an den Wasserfällen kann es sehr nass werden, wie hier am Gullfoss.

Regenkleidung ist wichtig

Alkohol (wenn benötigt) ist hier nicht nur teuer, sondern auch nur in speziellen Geschäften (Vinbudn) zu beschaffen.

Badesachen, denn man badet oft hier, ob im Schwimmbad oder in den natürlichen Hot-Pots.

Sie werden oft im Wasser sein

Handtücher, viele Handtücher. Einerseits zum Baden, andererseits zum Abtrocknen nach dem Regen-Wandern. Und dann empfehlen wir noch Extra-Handtücher für die Hot-Pots, die teilweise sehr nach Schwefel riechen. Und bekanntlich ist ein Handtuch ja das wichtigste Reiseutensil überhaupt.

Regenschirm: Nein, den Regenschirm brauchen Sie nicht bei Regen, denn der kommt üblicherweise waagerecht. Ein Regenschirm hilft enorm bei der Durchquerung von Vogelbrutgebieten, denn die Küstenseeschwalbe (Kria) oder die Raubmöwe (Skua) sind in der Brutzeit extrem angriffslustig und werfen beim Fliegen Kot ab. Hier hat uns unser Regenschirm sehr geholfen.

Kria im Angriffsflug

Was in Island unsinnig ist, sind Taschenlampen im Sommer (es ist immer hell).

Auto fahren

In Island gelten Rechtsverkehr und im Großen und Ganzen gleiche Verkehrsregeln wie im Rest Europas. Die Straßen sind wenig befahren, was das Fahren recht einfach gestaltet. Aufgrund der lokalen Gegebenheiten gibt es speziell für Island doch einiges zu beachten. Vor allem die Witterung, enge Straßen, Schotterpisten, spezielle Verkehrsschilder und viele Tiere auf der Straße machen das Fahren etwas komplexer als bei uns zu Hause. Die wichtigsten Tipps:

Straßenzustand und Witterung beobachten und Fahrt entsprechend planen: Unbedingt bei www.road.is nachschauen oder die Servicenummer 1777 kontaktieren. Besondere Witterungsverhältnisse oder Naturereignisse werden bei www.safetravel.is veröffentlicht. Besonders in der Zeit vor Mitte Juni oder nach Mitte Oktober sind viele Straßen gesperrt. Auch im Sommer können durch Sturm, Schnee oder Nebel Straßen gesperrt sein oder sie sind durch Naturereignisse unpassierbar. Deshalb sollten diese Internetadressen in Ihren Favoriten ganz oben gespeichert sein. Am besten täglich einmal hineinschauen. Hier finden Sie neben den Straßenverhältnissen auch die Windvorhersage (wichtig, siehe Wind) und gesperrte Straßen sehr aktuell. Bei road.is finden sich auch Live-Verkehrs-Webcams, um sich vorab einen Überblick zu verschaffen sowie eine aktuelle Verkehrszählung (Autos pro Stunde / ab 24 h).

Elfis fragen: Vor der Reise die wichtigsten Regeln lernen. Dazu gibt es mehrere Webseiten, die über www.road.is zugänglich sind (siehe »driving safely in Iceland«). Speziell für Touristen gibt es bei www.drive.is ein gutes Übersichtsvideo mit »Elfis«, einem Elfen, der Ihnen die wichtigsten Gefahren in Island erläutert.

Schotterstraßen: Nicht alle Straßen in Island sind asphaltiert, in diesem Buch sind die Schotterstraßen üblicherweise in den Karten und auch im Text benannt. Besondere Vorsicht ist beim Übergang von Asphalt zu Schotter geboten. Geschwindigkeit anpassen! Schotterpisten haben oft Querrillen, bei denen das Fahrzeug hüpft. Das ist nicht nur ärgerlich für das Geschirr im Schrank, sondern auch gefährlich, da das Fahrzeug wenig Bodenkontakt hat. Eine aktuelle Übersicht von Asphalt und Schotterstraßen finden Sie auf road.is - Road Info Viewer (schwarz Asphalt, braun Schotter). Bei Regen fährt es sich auf Schotterpisten oft wie auf Schmierseife. Passen Sie Ihre Fahrweise besonders auf Schotterpisten der Witterung an.

F-Straßen (Fjellvegur = Bergstraße): Alle Straßen, die ein F im Namen tragen, sind nur für 4x4 Fahrzeuge geeignet. In diesem Buch klammern wir diese Straßen aus. Daher müssen wir uns auch nicht

über Furten (Flussdurchquerungen) unterhalten oder über Verhalten im extremen Gelände. Wir gehen davon aus, dass sich sehr abenteuerliche WOMO-Fahrer anderweitig informieren, wie die F-Straßen zu befahren sind. Zu beachten ist, dass mittlerweile nicht alle Hochlandstraßen mehr als F-Straßen bezeichnet sind. Details finden Sie bei www.road.is.

Kuppen (Blindhæds): Fahrbahnkuppen gibt es in Island häufig und diese sind gefährlich, da der Gegenverkehr nicht eingesehen werden kann. Noch gefährlicher wird es auf Schotterpisten. Denn dort fährt man nicht immer rechts, sondern gerne auf der Seite mit der besseren Straßenqualität. Und wenn beide entgegengesetzt fahrende Fahrzeuge sich deshalb in der Mitte treffen, dann wird es logischerweise sehr gefährlich. Also: Vor Kuppen rechts fahren, auch wenn diese Fahrbahnseite deutlich schlechter ist.

Wind: In Island ist es oft stürmisch. So stürmisch, dass Fahrzeuge auch mal von der Straße geweht werden, Wohnmobile sind natürlich besonders betroffen. Auf den o. g. Webseiten www.road.is sind die Windgeschwindigkeiten nachzulesen (in m/s). An Passstraßen oder besonders gefährlichen Straßenabschnitten finden sich spezielle Schilder mit LED-Anzeigen. Angegeben wird die Windgeschwindigkeit in m/s im Mittel und ganz rechts in Böen. Achtung: Ab 15 m/s (54 km/h, Anzeige wechselt dann von orange auf rot) wird es für ein Wohnmobil gefährlich. Sie sollten dann Ihre Fahrt einstellen. Mietmobile dürfen dann üblicherweise eh nicht mehr fahren (Mietbedingungen beachten).

Sturmwarnung nicht beachtet

Brücken und Tunnel sind in Island gerne einspurig. Also Vorsicht mit dem Gegenverkehr und langsam fahren. Bei Brücken gilt: Wer eher da ist, hat Vorfahrt. Bei Tunneln ist das schwieriger, da sie oft auch mal mehrere Kilometer lang sind. Das ist mitunter recht spannend und aufregend. Aber keine Panik: In den Tunneln befinden sich gut markierte Ausweichstellen und üblicherweise ist das mit Verkehrszeichen geregelt.

Tiere auf der Straße, vor allem Schafe. Sie laufen in Island im Sommer frei herum und lassen sich üblicherweise, auch wenn sie mitten auf der Straße stehen, durch Fahrzeuge kaum stören. Rechnen Sie außerdem mit Tieren, die plötzlich auf die Straße hüpfen, vor allem wenn Jungtiere von den Eltern getrennt werden. Also vorsichtig fahren. Etwas kritisch wird es, wenn man Tiere auf Brücken oder eingeengten Stellen trifft, wo die Tiere nicht fliehen können. Solche Situationen sollten Sie am besten ganz vermeiden. Sollte es Ihnen passieren, dass Sie ein Tier anfahren, rufen Sie auf jeden Fall die 112 an. Nur so ist sichergestellt, dass der Bauer informiert und sich um eventuell verwaiste Jungtiere kümmern kann. Neben Schafen muss man übrigens auch mit frei laufenden Pferden oder (selten) Rentieren rechnen.

Vögel auf der Straße: In Vogelgebieten sind viele der Tiere auf der Straße unterwegs. Besonders in der Brutzeit ist Vorsicht geboten, da viele Jungvögel auf der Straße umherlaufen. Teilweise ist das durch ein Schild "Varúð - varpland / Fuglar á vegi" (dt. "Warnung, Brutgebiet / Vögel auf der Straße") angezeigt. In Vogelgebieten sollte besonders zur Brutzeit im Sommer achtsam und langsam gefahren werden.

Sand: Bei Sturm oder starkem Wind kann durch Sand die Sicht stellenweise bis auf null sinken. Mit Sandsturm können in Island auch umher fliegende kleine Steine gemeint sein. Das ist nicht nur ärgerlich wegen des beschädigten Autos, sondern natürlich extrem gefährlich. Fahren Sie umsichtig und vermeiden Sie sandige Strecken bei Sturm.

Schnee, Eis: In der Hauptreisezeit im Sommer ist das üblicherweise kein Problem, trotzdem kann die Temperatur auch im Sommer mal unter null Grad sinken und die Straßen entsprechend glatt sein. Außerhalb der Sommersaison können Straßen sehr schnell zuschneien. Durch den im Winter üblicherweise starken Wind kann es zu extremen Schneeverwehungen kommen. Prüfen Sie die Wettervorhersage und fahren Sie nicht bei Schneesturm!

Licht: Muss in Island auch tagsüber eingeschaltet sein.

Tiefe Sonne: Gerade im Winter oder in der Sommernacht ein Problem, besonders an den o. g. Kuppen.

Geschwindigkeitsbegrenzungen: In Island gelten recht geringe Höchstgeschwindigkeiten. Innerorts gilt Tempo 50 km/h, außerorts 90 km/h auf asphaltierten Straßen bzw. 80 km/h auf Schotterpisten. Schon geringe Übertretungen werden mit empfindlichen Geldbußen geahndet. Die Strafen für das Überschreiten der erlaubten Höchstgeschwindigkeit beginnen mit 5.000 ISK (ca. 40 Euro) bei einer Überschreitung von 6-10 km/h. Die Höchststrafe beträgt 150.000 ISK (ca. 1.200 Euro) und 3 Monate Führerscheinentzug. Die Polizei kassiert an Ort und Stelle!

Parken: Viele Parkplätze bei den Naturwundern sind kostenpflichtig. Die Bezahlung erfolgt üblicherweise online und per Kreditkarte oder Paypal, QR Codes sind bei den Parkplätzen angebracht. Der am meisten verwendete Anbieter ist www.parka.is. Wir empfehlen, noch vor Reiseantritt die App zu installieren und Zahlungsinformationen, e-mail Adresse und das Kennzeichen zu hinterlegen. So kann man vor Ort mit einem Klick bezahlen und spart sich die lästige Eingabe aller Daten erneut. Eine Quittung ist in der App hinterlegt und wir auch per E-Mail versendet.

Wenn doch etwas passiert: Die **112** anrufen. Noch besser: Die kostenlose App 112 Neyðarlín herunterladen und sich damit melden. So wird gleich die Lokation mit übertragen und man wird schneller gefunden. Wenn Sie ein Wohnmobil mieten, informieren Sie sich bei Ihrem Anbieter über dessen Notrufnummer.

Bus

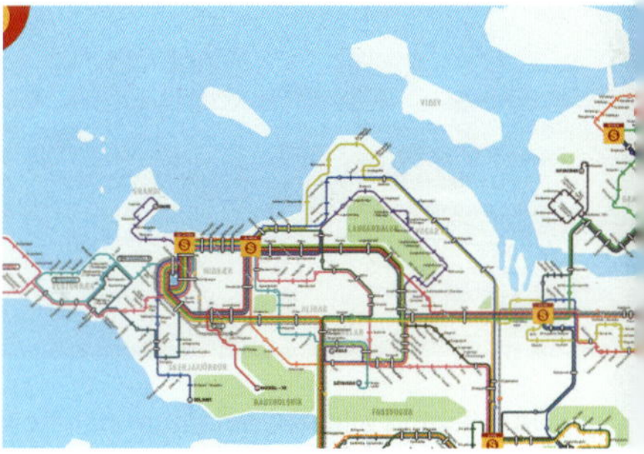

Den Bus brauchen Sie eventuell aus zwei völlig unterschiedlichen Gründen. Einerseits in Reykjavík, um die Stadt zu erkunden. Andererseits können Sie Überlandbusse nehmen, wenn die Touren ins Hochland mit dem eigenen WOMO nicht möglich sind.

Reykjavík hat ein gut ausgebautes Busnetz. Wenn Sie die Stadt erkunden und zentral parken oder wohnen, benötigen Sie den Bus eigentlich nicht, denn alles ist dicht beieinander. Sollten Sie außerhalb campen oder nicht so weit zu Fuß laufen mögen bzw. können, dann nehmen Sie den Bus. Empfehlenswert ist die App »Straeto« (iOS, Android). Damit können Sie Ihre Tour planen und in Echtzeit sehen, wo der Bus gerade steckt. Tickets können über die KLAPP-App erworben werden. Es geht auch ohne App, die Fahrpläne sind klassisch an jeder Haltestelle vorhanden und bezahlen können Sie beim Busfahrer (Bargeld, exakte Summe, Fahrer geben kein Wechselgeld). Automaten gibt es nicht. Eine Tour kostet (Stand 2022) 490 Kr, Kinder 245 Kr.

Die Fernbuslinien sehen Sie auf www.publictransport.is. Besonders die Busse HB1/9 (Þórsmörk) und HB2/11 (Landmannlaugur) könnten von Interesse sein, wenn Sie ins Hochland möchten, ihr Wohnmobil dafür aber ungeeignet ist. Die Busse fahren mehrmals am Tag, sind also auch für einen Tagesausflug geeignet. Die Abfahrtszeiten entnehmen Sie den o. g. Webseiten. Aushänge der Abfahrtszeiten finden Sie auch auf den größeren Campingplätzen. Dort können Sie dann Ihr Wohnmobil stehen lassen und den Bus von hier ins Hochland nehmen.

Camping / freies Campen

Freies Campen ist in Island seit 2016 verboten. Auf der offiziellen Seite der isländischen Verkehrsbehörde steht geschrieben:
»It is illegal to spent the night in tent trailers, tent campers, caravans, camper van or similar outside organised campsites or urban areas unless the land owner or rightholder has given their permission«. Übersetzt: Übernachtung in Wohnmobilen ist verboten, wenn Sie keine Genehmigung des Landbesitzers haben. Daher sind in diesem Buch auch nur Campingplätze als Übernachtungsmöglichkeiten genannt. Campingplätze sind in Island im Vergleich zu anderen europäischen Ländern nur sehr selten organisierte Großplätze. Sie liegen meist landschaftlich wunderbar, teilweise sehr einsam und sind oft sehr klein. Jede Wiese eines Bauern, der einen Platz für uns Touristen absperrt, heißt in Island Campingplatz. Campen ist im Vergleich zu Hotels und Guesthouses preiswert, die Ausstattung aber oft extrem einfach. Die sanitären Anlagen sind gerne nur ein umgebauter Container. Aber wie gesagt, der Großteil der Campingplätze liegt wunderbar und landschaftlich traumhaft.

Da in Island alles »Campingplatz« heißt, haben wir eine eigene Klassifizierung vorgenommen, um die Unterschiede ein wenig deutlich zu machen. Die Definition finden sie im Kapitel »Gebrauchsanweisung« auf Seite 8.

Eine **Reservierung** der Plätze ist auf Island nicht üblich und auch nicht erforderlich. Die Plätze sind ausreichend dimensioniert und selten überfüllt. Wenn es einmal eng werden sollte, findet sich auch schnell eine Lösung im Außenbereich des Platzes. Nur wer in einer großen Gruppe unterwegs ist (> 10 Fahrzeuge) sollte vorher reservieren.

viel Platz

Die **Öffnungszeiten** der Plätze können in der Nebensaison schwanken und je nach Wetter von den angegebenen Zeiten abweichen. Ist das Wetter im Frühjahr schlecht, öffnen viele Plätze erst später, im Herbst andersherum. In der Nebensaison oder im Winter können geschlossene Plätze aber oft als Ausweichplatz verwendet werden, dann aber ohne jeglichen Service.

Die meisten Stellplätze und alle Campingplätze verfügen über eine **Stromversorgung.** Als Stecker kommen üblicherweise 3-polige CEE-Stecker (blau) zum Einsatz, ganz selten ein normaler Schuko-Stecker. Die wenigen Plätze ohne Strom erkennen sie daran, dass beim Preis dazu keine Angabe gemacht wird und wir das im Text extra vermerken. Der Strom wird mit einer Tagespauschale extra berechnet und ist nicht unbedingt preiswert. Wer keinen Strom benötigt, verzichtet einfach darauf.

Dieser Platz hat keinen Strom

Die **Ausstattung** der Plätze ist sehr unterschiedlich. Einfache Plätze haben normalerweise ein kleines WC-Haus mit Kaltwasser. Die meisten Stellplätze verfügen über ein Sanitärhaus oder Sanitärcontainer mit WC, Dusche und Abwaschbereich. Viele Plätze haben auch eine Waschmaschine, dann üblicherweise mit Trockner. Die Preise sind mit 400-800 Kr. pro Waschgang moderat. Die Ver-/Entsorgung hat sich in den letzten Jahren deutlich verbessert, die meisten größeren Plätze verfügen über eine Entsorgung für Kassettentoiletten. Eine Grauwasser-Entsorgung mit Bodenablass ist noch selten, es ist aber möglich, das Grauwasser (und nur das!) an den vielen Auto-Waschstationen zu entleeren.

Die meisten Campingplätze in Island sind leider **Wiesen**. Camping ist in Island immer noch oft mit Zelten verbunden. Für WOMO-Fahrer ist das ein Fluch, wenn die Wiesen vom Regen durchnässt, von Fahrzeugen aufgewühlt und kaum zu befahren sind. Gerade große, schwere Reisemobile können hier mal stecken bleiben - was wir auch nur zu oft erlebt haben (Aber keine Angst, es gibt genug Allradfahrzeuge, die gerne helfen). Auch Schneeketten können hier helfen. Generell gilt: Bei Regen auf Wiesen nie bergabfahren, auf der rutschigen Fläche ist dann oft kein Heraufkommen mehr. Bei starkem Regen sollten Sie, wenn möglich, auf Schotterflächen stehen bleiben. Zur Not und wenn der Platz es erlaubt auch auf den Zufahrten. Wir stellen aber auch fest, dass immer mehr Plätze besondere Bereiche mit Schotter herrichten. Daher geben wir bei den Beschreibungen die Bodenbeschaffenheit (Asphalt, Schotter, Wiese, befestigte Wiese) mit an.

Achtung bei Regen

Durch den oft sehr starken **Wind** oder gar **Sturm i**st der Windschutz beim Camping nicht zu vernachlässigen. Wir geben bei allen Beschreibungen der Stellplätze an, wie geschützt der Platz ist (offen, Hecken, Büsche, Bäume etc). Während eines Sturms auf einem sehr offenen Platz zu stehen, kann mit Pech Ihren Camper ruinieren. Denn in Island fliegen auch gerne mal kleine Steine umher. Bei einem Sturm (Wind ab 15 m/s) sollten Sie ihr Wohnmobil direkt mit der Nase in den Wind stellen, dann ist es deutlich ruhiger und sicherer.

Gegen Wind reicht schon ein kleiner Wall

Wir geben trotz starker Veränderungen die **Preise** der Plätze mit an. Damit können Sie sich immerhin ein Bild vom unterschiedlichen Preisniveau machen. Die Preise schwanken stark. Der preiswerteste Platz in diesem Buch ist für 1.000 Kr. pP zu haben, der teuerste kostet fast 3.000 Kr. pP. Höherer Preis bedeutet nicht unbedingt bessere Ausstattung, die Lage bestimmt üblicherweise den Preis. In frequentierten Gebieten müssen sie mit höheren Preisen rechnen. Zwischen 2021 und 2022 haben sich die Preise im Durchschnitt um ca. 100 Kr pro Jahr erhöht. Meist sind die Preise pro Person zu zahlen (im Buch mit pP gekennzeichnet). Seltener wird ein Preis pro Platz erhoben (im Buch mit pC gekennzeichnet). Die Tourismussteuer von derzeit 333 Kr pro Stellplatz ist teilweise zusätzlich zu zahlen. Bei manchen Plätzen ist diese aber auch inklusive. Wenn sie mit Kindern über 12 Jahren reisen, achten sie darauf, bis wann die Kinder frei sind. Das variiert von 12-18 Jahren und kann daher einen großen Unterschied machen. Ermäßigungen gibt es auch für Rentner, die Altersgrenze schwankt dabei von 64 bis 67 Jahren. Rabatte gibt es auch bei mehrtägiger Übernachtung auf einem Platz oder bei einem Betreiber.

Mittlerweise können viele Plätze auch online bezahlt werden. Am meisten verbreitet ist die Seite www.parka.is oder die gleichnamige App. Details zur Nutzung finden Sie bei "Auto fahren - Parken".

Die Campingcard (www.campingcard.is) für derzeit 159 € bietet freie Übernachtung auf 40 Plätzen in Island und gilt für 2 Erwachsene und 2 Kinder für 28 Übernachtungen. Wenn Sie die 28 Tage ausnutzen, zahlen Sie also nur ca. 5 EUR für die ganze Familie am Tag. Sie müssen dann natürlich auch genau diese Plätze auswählen, was die Flexibilität ziemlich einschränkt. Diese Plätze sind auch stärker frequentiert, besonders von Einheimischen, die die Campingcard natürlich auch nutzen. Rechnen sie selbst aus, ob es sich für Sie lohnt, die Karte amortisiert sich ab 9 Übernachtungen bei 2 Personen. Wer mit Kindern reist, spart schneller. Die Karte können Sie im Internet kaufen, per Paypal bezahlen, die Lieferung kann bis zu 3 Wochen dauern. Sie ist in Island auch auf den teilnehmenden Campingplätzen oder auf der Fähre nach Island erhältlich. Da die teilnehmenden Plätze sehr stark variieren, informieren Sie sich bitte auf der Internetseite über die aktuelle Platzauswahl. Zusätzlich bekommen sie mit der Karte einen Rabatt für Olis Tankstellen für 12 Kr pro Liter.

Einkaufen / Lebensmittel

Zuerst die preislichen Unterschiede – die sind in Island teilweise erheblich. Am günstigsten in Island ist der Costco Wholesale Markt in der Hauptstadtregion. Hier gibt es aber alles in großen Mengen und es wird eine kostenpflichtige Kundenkarte benötigt (4.800 Kr.), außerdem gibt es nur den einen Markt in ganz Island. Für den Urlaubseinkauf ist diese Variante daher nur für wenige interessant. Preislich knapp darüber ist der Discounter Bónus gefolgt von Krónan, diese Discounter finden sich in allen größeren Orten Islands. Etwas teurer ist der Discounter Nettó. Alles andere liegt dann preislich etwas darüber - wird die Urlaubskasse aber auch nicht völlig leeren. Statistisch gesehen hat Island einen Lebensunterhaltindex von 1,5 zu Deutschland (im Mittel ist alles 1,5 x teurer). Ein paar Preisbeispiele von Discountern (2022):

Dose Leichtbier 500 ml: ....109 Kr (0,79 EUR)
Flasche Wasser mit Kohlensäure,500 ml: ....169 Kr (1,20 EUR)
Flasche Limonade, 500 ml: ....169 Kr (1,20 EUR)
Brot (1 Brot) ....499 Kr (3,60 EUR)
Baguette (1 Stk) ....219 Kr (1,60 EUR)
Marmelade (Blaubeere, 400 g): ....359 Kr (2,00 EUR)
Skyr Milchprodukt, 170 ml: ....222 Kr (1,60 EUR)
Milch, 1 l ....199 Kr (1,45 EUR)
Hafermilch, 1 l: ....339 Kr (2,45 EUR)
Kartoffeln, 1 kg: ....259 Kr (1,90 EUR)
Süßkartoffeln, 1 kg: ....375 Kr (2,70 EUR)
Nudeln (Barilla), 1 kg ....398 Kr (2,90 EUR)
Gurke, isländisch, 1 Stk: ....195 Kr (1,40 EUR)
Paprika, isländisch, 1 Stk: .... 470 Kr (3,40 EUR)
Lammkeule (Lambalæri), 1kg: ....3.800 Kr (28 EUR)
Lachs, frisch (Laxa), 1 kg: ....3.200 Kr (23 EUR)
Hühnchenbrust, 1kg: ....2.800 Kr (20 EUR)
Kaffeepulver, Lavazza, 250 g: ....500 Kr (3,60 EUR)
Schokokugeln, Kropp, 260 g: ....498 Kr (3,60 EUR)
Schoko-Lakritzkugeln, Nóa, 150 g: ....228 Kr (1,70 EUR)
Tüte Chips: ....195 Kr (1,40 EUR)

Zu den Besonderheiten der Küche: Die gibt es kaum. Island hat kein besonderes Nationalgericht oder ein »das muss man unbedingt gegessen haben«, außer Skyr, falls man das noch nicht kennt. Also einfach das Einkaufen, was man mag. Meist gefragt in Island sind Skyr (Milchprodukt), Lamm und Fischgerichte – was man am Supermarkt-Angebot gut ablesen kann.

Fisch- und Lamm sind hier sogar preiswerter als in Deutschland und qualitativ hervorragend. Als Nationalgericht würden wir mal den Hot Dog bezeichnen, den es wirklich überall zu kaufen gibt und was man an den großen Wurst-Abteilungen im Supermarkt gut erkennen kann. Auch Fish and Chips sind sehr beliebt und dank des guten und frischen Kabeljaus auch meist hervorragend und wirklich empfehlenswert. Als Süßigkeit ist in Island Schokolade mit Lakritz sehr beliebt. Verkauft werden sie in Riegel- oder Kugelform von der Firma Nóa oder Freyja. Es gibt sie in verschiedenen Geschmacksrichtungen und sie sind in praktisch allen Supermärkten zu finden. Auch Schokolade mit Keks in Kugelform (Kropp) ist in Island sehr beliebt.

Alkohol ist teuer und auch nur in speziellen Läden zu kaufen (Vínbúðin, dt. Weingeschäft). Sie finden sich in allen größeren Orten Islands, haben aber oft abenteuerliche Öffnungszeiten, ein wenig Planung ist daher vor dem Einkauf erforderlich. Die Preise sind überall identisch und können im Internet (www.vinbudin.is) geprüft werden. Umgangssprachlich werden die Läden ríkið (dt. »der Staat«) genannt. Wenn der Isländer also sagt, »ich gehe jetzt zum Staat« - dann kauft er Schnaps. Und in der Tat ist die Geschichte des Alkohols in Island sehr besonders. 1915 wurde Alkohol komplett verboten. Wein und Spirituosen wurden aber 1935 wieder erlaubt, weil die Spanier auf Weinhandel im Gegenzug zum Fischhandel drangen. Bier blieb aber weiterhin verboten und so kam es zu der einzigartigen Situation, dass Schnaps getrunken werden durfte, Bier (ab 2,25%) aber nicht. Was wiederum dazu führte, dass mit Aufkommen des Alhoholfreien oder Leichtbiers in den Achtzigerjahren die Isländer erst einen Schnaps tranken und dann mit dem Leichtbier nachspülen. Dieses absurde Verhalten führte dann tatsächlich zur Legalisierung des Biers am 1. März 1989. Dieses Datum kennt jeder Isländer genauso gut wie den Nationalfeiertag. Im Supermarkt gibt es nur Lettbjör (Leichtbier) mit 2,25 % Alkohol zu kaufen. Uns wurde erzählt, dass man durch den Kauf des Leichtbiers leicht als Tourist enttarnt wird, denn der Isländer trinkt das nicht. Das ist natürlich Quatsch, denn das Leichtbier ist 10 Mal preiswerter als das normale Bier. Auch Grillen ist in Island sehr beliebt, im Supermarkt gibt es dazu wie bei uns ein vielfältiges Angebot von Grills, Zubehör, Saucen und mariniertem Fleisch. Die bekannten, sogenannten isländischen Gerichte wie fermentierter Hai oder Walfleisch sind mittlerweile eher Touristenattraktionen bzw. werden nur zu speziellen Anlässen gereicht. Getrockneter Fisch hingegen ist in Island ein üblicher Snack. Stilles Wasser brauchen Sie nicht zu kaufen (außer Sie benötigen Flaschen), denn das Wasser aus jedem Wasserhahn oder jeder natürlichen Quelle ist in Island sehr reines Trinkwasser - auch das Wasser aus Flüssen.

Gemüsestand

Gemüse können Sie oft sehr gut bei den Hofläden der vielen Gewächshäuser erstehen. Die Preise sind etwas niedriger als im Supermarkt, es ist sehr frisch und die Atmosphäre ist einzigartig.

Und noch ein (sehr persönlicher und nicht ganz ernst gemeinter) Kommentar zum **Skyr,** dem sicher isländischsten Nahrungsmittel. Es wurde in Island erfunden und ist eine Besonderheit. Bei Wikipedia steht zu Skyr: »isländisches Milchprodukt« und mit Quark oder dickflüssigem Joghurt zu vergleichen. Was unserer Meinung nach nicht ganz korrekt ist, denn es ist mit Quark *und* dickflüssigem Joghurt zu vergleichen. Es ist nämlich in der Tat beides. Also erst mit Lab die Molke ausgefällt, sodass nur das Casein (also das Eiweiß) übrig bleibt. Zusätzlich wird es aber mit Milchsäurebakterien gesäuert, wie beim Joghurt, der ja aber nicht gefällt wird. Das ist weltweit einzigartig. Warum das so ist, konnten wir nicht herausfinden, haben aber 2 eigene Theorien. Die Erste ist eher politisch. In der Wikingerzeit konnte man sich nicht auf die Haltbarmachung der Milch einigen. Beide Methoden (die im Mittelmeerraum bekannte Säuerungs-Methode und die im Norden bekannte Fällmethode). Darüber wurden so einige Morde begangen, bis auf dem Althing der Gesetzessprecher ein Urteil fällte: Es wird einfach beides gemacht - der Streit war beigelegt und es herrschte wieder Frieden. Die Zweite ist weniger komplex und wahrscheinlicher: Da Skyr aus Magermilch gemacht wird, da der Rahm für andere Erzeugnisse (wie Butter) sehr wichtig war, konnte ja nur Magerquark hergestellt werden. Und jeder weiß, wie Magerquark schmeckt. Da nicht mal die Schafe das Zeugs essen wollten, versuchte man zusätzlich Milchsäurebakterien einzusetzen und schon schmeckte es deutlich besser. Skyr war geboren. Fettarm, proteinreich. Die Bevölkerung Islands konnte überleben. Wer eine bessere Theorie hat, schreibt uns bitte.

Rezeptvorschlag

Ein persönliches, One-Pot, Camping geeignetes Island-Rezept geben wir Ihnen gerne mit, es lässt sich in einem einzigen Topf oder besser noch in einer großem Pfanne mit Deckel zubereiten.

Zutaten:

400 g Lambalaeri (Lammkeule) - gibt es meist fertig geschnitten und verpackt in allen Supermärkten

200 g Kartoffeln

200 g Süßkartoffel

150 g Möhren

1 große Gemüsezwiebel

1 Knoblauchzehe, Salz und Pfeffer

150 ml Piparsósa (Pfeffersauce, gibt es fertig in allen Supermärkten)

Kartoffeln schälen, alle Zutaten in ca. 2 x 2 cm große Würfel schneiden. Das Lamm mit dem Knoblauch und der Zwiebel anbraten. Dann die Kartoffeln und die Möhren zugeben, ca. 10 min mit geschlossenem Deckel schmoren. Danach die Süßkartoffel hinzugeben, Salz und Pfeffer zugeben und nochmals ca. 10 min schmoren. Dann die Piparsósa hinzugeben, gut durchrühren und erwärmen. Fertig!

Essen gehen:

Im Vergleich zum Einkauf und der Selbstversorgung ist Essen gehen in Island relativ teuer, selbst ohne Getränke. Rechnen Sie für ein übliches, einfaches Hauptgericht zwischen 3.000 und 4.500 Kr (25 bis 35 €). Ein Bier dazu kostet meist 1.000 Kr (7,50 €). Auf dem Land findet man auch mal etwas preiswertere Gerichte, nach oben gibt es natürlich je nach Qualität viel Luft. Typische, lokale Gerichte sind Tagessuppe (meist Gemüsesuppen), Fischsuppe, Fisch des Tages (oft Kabeljau, Schellfisch oder Saibling), Lammfilets oder andere Lammprodukte. Meist werden Sie aber mittlerweile Fast-Food aller Qualitäten vorfinden, die der Isländer so liebt. Es gibt viele Burger-Variationen, Hot Dog, Pizza und vor allem Fish-and-Chips. Die Preise liegen etwas unter normalen Hauptgerichten.

Fast-Food-Ketten sind trotz großer Beliebtheit solcher Gerichte in Island noch selten vertreten. Gefunden haben wir nur Subway (oft vertreten), KFC (in allen größeren Städten) und Taco-Bell (selten). Viel häufiger gibt es kleine, lokale Fast-Food Restaurants im amerikanischen Diner-Stil mit teilweise sehr guter Qualität. Auch die vielen Food-Trucks (Wagons) sind extrem beliebt und oft sehr gut in der Qualität.

Einreisebestimmungen

Dokumente: Island ist Teil des Schengenraums. Für die Einreise ist der Personalausweis (Schweiz Identitätskarte) ausreichend. Ohne Visum ist ein Aufenthalt bis zu 90 Tagen möglich. Es herrscht Ausweispflicht, der Ausweis muss immer mitgeführt werden.

Zoll: Bitte informieren Sie sich auf der Seite www.tollur.is über die aktuellen Zollbestimmungen. 2022 waren für die zollfreie Einfuhr erlaubt:

bis zu 1 Liter Spirituosen (>21% Alhoholgehalt) und 0,75 Liter Wein und 3 Liter Bier oder

bis zu 3 Liter Wein und 6 Liter Bier oder

bis zu 1 Liter Spirituosen und 6 Liter Bier oder

bis zu 1,5 Liter Wein und 12 Liter Bier oder

bis zu 18 Liter Bier und

200 Zigaretten

Lebensmittel dürfen bis 10 kg pro Person eingeführt werden.

Wenn Sie ihr Wohnmobil verschiffen (unbegleiteter Import) dürfen keinerlei Freimengen im Wohnmobil sein. In diesem Fall können Sie Ihre Freimenge bei der Flugzeuganreise importieren.

Besondere Bedingungen bei der Einreise:

Angelausrüstung muss vorher nachweislich desinfiziert werden (Tauchausrüstung aber nicht).

Reitkleidung (Stiefel, Helme, Handschuhe, etc) müssen vorher nachweislich desinfiziert werden. Reitausrüstung (Sattel, Zaumzeug) ist nur Orginalverpackt und unbenutzt erlaubt.

Lebensmittel: Die Einfuhr von ungekochtem Fleisch - hierzu zählt z. B. auch geräucherter Schinken und Salami - sowie von ungekochter Milch und rohen Eiern ist verboten.

Haustiere: Für die Einfuhr nach Island gelten strenge Regeln. Importgenehmigungen werden nur auf Empfehlung des Leiters des Veterinäramtes und unter bestimmten Voraussetzungen erteilt. Da Tiere bei Einfuhr eine 4-monatige Quarantäne durchmachen müssen, ist eine Mitnahme für einen normalen Urlaub nicht möglich, Genehmigungen werden dann auch nicht erteilt.

Besondere Bedingungen bei der Ausreise

Die Einfuhr von Walfleisch nach Deutschland ist ein Straftatbestand.

Fähren

Folgende Fähren sind in Island von Interesse:

- Hirtshals nach Seyðisfjörður (siehe Anreise)
- Stykkishólmur-Brjánslækur (Westfjorde zur Halbinsel Snæfellsnes)
  www.seatours.is (Tour 8/9)
- Landeyjahöfn-Heimaey (zu den Westmänner Inseln)
  www.seatours.is (Tour 2)
- Dalvík-Grímsey (auf die nördlichste Insel Islands)
  www.samskip.is/innanlandsflutningur/saefari (Tour 7)
- Árskógsströnd - Hrísey (zur Insel Hrísey im Eyjafjörður) (Tour 7)

Die Fähren 1-3 bieten auch Autotransport. In den Sommermonaten ist eine Vorbuchung dringend anzuraten, da die Kapazitäten schnell ausgeschöpft sind. Für die Fahrt auf die Westmänner Inseln, nach Grimsey oder Hrísey ist auch ein Tagesausflug ohne WOMO empfehlenswert. Die Fahrt von den Westfjorden nach Snæfellsnes kann Ihre Reisestrecke deutlich verkürzen, diese Fähre ist dadurch besonders beliebt. Alle Fähren können Sie im Internet buchen. Eine gute Übersicht der Fähren mit links zu den Gesellschaften und Buchungsseiten finden Sie bei www.road.is/travel-info/ferries/.

Fahrräder

Wir haben erstaunlich viele Radfahrer getroffen, die trotz Sturm, Regen, abenteuerlichen Straßen und fehlender Fahrradwege in Island unterwegs sind. Durch die großen Entfernungen und oben genannten Unwirtlichkeiten ist das sicher nur etwas für ganz intensive Radfreunde. Es gibt bei road.is unter »other Travel Info« eine sehr detaillierte Radkarte zum Download. Hier sind alle geeigneten Straßen, Gefahrenstellen, Radwege und Übernachtungsmöglichkeiten eingezeichnet.

Wenn Sie ihr Fahrrad mitnehmen wollen, denken Sie unbedingt an eine Schutzhülle für den Träger, denn auf den Pisten wird sehr viel Schmutz aufgewirbelt.

Flora und Fauna

Moose dominieren die Pflanzenwelt

Leimkraut

Island ist nur spärlich bewachsen, es dominieren Moose, Flechten und Gräser. Einige Moosarten sind auf Island endemisch (kommen also nur dort vor). Oft anzutreffen sind verschiedene Arten des Leimkrautes, welches im Sommer schöne rosa Töne auf die kargen Ebenen zaubert. Auch arktischer Thymian ist im Hochland oft anzutreffen. Große Teile der Insel, vor allem das Hochland und natürlich die Gletscher-Regionen sind völlig ohne Vegetation. Wald ist selten, die Aufforstungen in manchen Regionen zeigen großen Erfolg. Die beiden größten Waldgebiete sind der Hallormsstaðaskógur am See Lagar-

Wald ist selten

fljót (Tour 4) und der Vaglaskógur im Fnjóskadalur (Tour 6). Beide Waldgebiete sind als Naherholungsgebiete bei den Isländern sehr beliebt. Der Waldmangel ist übrigens menschengemacht, der Wald in Island wurde bei der Besiedlung praktisch vollständig abgeholzt. Mittlerweile gibt es aber unzählige Aufforstungsprojekte im Land, um dem Waldmangel entgegenzwirken. Eine Besonderheit unter den Pflanzen ist die Alaska-Lupine, die hier zur Vermeidung der Bodenerosion ausgesetzt wurde. Die Pflanze breitet sich sehr stark auf der ganzen Insel aus und wird teilweise zum Fluch.

Alaska Lupine

Ein junger Kria

Das wilde Tierreich ist vor allem durch viele Vogelarten und Meeresbewohner geprägt, ansonsten ist durch das arktische Klima die Tierwelt nicht besonders artenreich. Es gibt keinerlei gefährliche Tiere, auch keine gefährlichen Reptilien oder Amphibien. Das einzige Raubtier an Land ist der Polarfuchs. Insekten sind außer der ungefährlichen, aber sehr nervigen Zuckmücke auch nicht zu befürchten (zum Thema Zuckmücke siehe Tour 5). Im Gegensatz zu den Säugetieren ist die Vogelwelt sehr vielfältig. Vogelarten gibt es zuhauf, viele Entenarten und Seevögel sind hier beheimatet. Beliebt sind besonders die Papageientaucher, aber auch Alken, Lummen, Basstölpel, Seeschwalben und Möwen gibt es in Massen auf den großen Vogelfelsen. Alle Vögel sind ungefährlich. Die Seeschwalben und auch einige Raubmöwen (die Skuas) greifen in der Brutzeit aber jeden an, der sich den Nestern nähert. Bei Wanderungen durch Vogelgebiete ist das zu beden-

ken. Im Landesinneren leben viele Entenarten, vor allem beim Mývatn. Im Wasser werden Sie neben den Seevögeln häufig Robben begegnen. Das Thema Wale ist in den Touren 5 und 6 ausführlich behandelt. Bei den Haustieren dominieren klar Pferd und Schaf, beide werden Sie hier in Massen sehen. Schafe gibt es übrigens mehr als Einwohner, etwa 400.000 Islandschafe sind hier beheimatet. Die Schafe verbringen den Sommer frei in der Natur. Im Herbst werden die Schafe beim Abtrieb (isl. »Rettir«) zurück zu den Bauernhöfen gebracht.

Fotografieren

Fotografieren in Island ist ein Traum. Es gibt mit Wasserfällen, Stränden, Gletschern, Bergen, Fjorden, Basaltformationen und Eisbergen unzählige Motive. Bei gutem Wetter ist das Licht fantastisch, die goldene Stunde dauert ewig. Die fremde Tierwelt, ob Papageientaucher, Wale oder andere Tierarten erfreuen sich besonderer Beliebtheit bei Fotografen.

Einige **Besonderheiten** für das Fotografieren in Island sind:

Bedenken Sie, dass es an **Wasserfällen** sehr nass werden kann. Sie sollten also eine wasserfeste Kamera mitbringen oder die Kamera gut verpacken. Es regnet auch deutlich häufiger als zu Hause. Tipp: Kamera in eine Plastiktüte stecken und vorne mit einem Gummiband am Objektiv fixieren. Wenn Sie nicht fotografieren, legen sie immer ein Handtuch über die Kamera. Eine Gegenlichtblende hilft auch gegen Wassertropfen auf der Linse.

Island ist der ideale Ort für **Langzeitbelichtungen** an Stränden oder Wasserfällen. Um die lange Belichtungszeit während des Tages zu ermöglichen, sollten Sie an ND-Filter (Neutral Density) denken.

Auch ein **Stativ** ist für längere Belichtungszeiten natürlich Pflicht.

Das Fotografieren in **Schwimmbädern** oder Hotpot´s ist verboten!

Schöne Tipps und Anregungen für das Fotografieren auf Island gibt es im YouTube Vlog von Mads Peter Iversen. In vielen Episoden zeigt er eindrucksvoll die fotografischen Highlights der Insel.

Drohnen: Island ist ideal für Drohnenfotografie bzw. Filme. Es gibt so viele wunderbare Motive, die von oben nochmals besser aussehen. Die Drohnengesetze in Island sind weniger streng, aber ähnlich wie in Deutschland. Drohnen unter 3 kg (bewohnte Gebiete) oder sogar 25 kg (ländliche Gebiete) benötigen keine Lizenz, müssen aber mit Namen gekennzeichnet sein. Die maximale Flughöhe ist 120 m. Fliegen in Nationalparks ist verboten und wird kontrolliert. An den meisten Attraktionen sind mittlerweile Drohnen-Verbots-Schilder angebracht. Trotzdem werden Sie noch viele einsame Stellen finden, in denen sich Drohnen ohne Probleme fliegen lassen. Der häufig starke Wind und angreifende Vögel stellen aber eine besondere Herausforderung an den Drohnenpiloten. (Details siehe www.icetra.is/aviation/drones/)

Achtung vor den Vögeln

Gasversorgung

Die Gasversorgung mit 11 kg oder 5 kg Flaschen ist in Island einfach. Sie können hier die lokalen Leih-Gasflaschen erwerben und vor Ihrer Rückreise wieder abgeben. Wir haben für die gelbe 11 kg-Flasche 5.900 Kr für die Leih-Gasflasche und 9.500 Kr für die Füllung bezahlt, die Preise sind hoch. Die Verschraubungen passen zu den deutschen Schläuchen, lediglich die bei uns in der Flasche integrierte Dichtung ist nicht vorhanden. Nehmen Sie eine solche Dichtung mit. Es handelt sich um eine Teflon-Flachdichtung mit 18 mm Außendurchmesser, 7 mm Innendurchmesser und 2 mm Dicke. Im Gashandel sind solche Dichtungen unter der Bezeichnung »Dichtung für Gasregler / Propan / Teflon 18 x 7 x 2 mm" erhältlich. In Egilsstadir hatte die N1-Tankstelle solche Dichtungen für 150 Kr vorrätig - garantiert ist das aber natürlich nicht. Für die Montage der Dichtungen empfiehlt sich eine Kombizange. Die Gasflaschen haben einen 1 cm größeren Durchmesser als deutsche Gasflaschen, in unseren Pössl Kastenwagen passt die Gasflasche aber ohne Probleme hinein. Es gibt auch GFK-Flaschen mit Innengewinde, für diese benötigen sie einen Skandinavien-Adapter. Tipp: Wenn Sie wissen, dass Sie eh eine Gasflasche in Island kaufen, lassen Sie eine Ihrer Flaschen zu Hause und kaufen Sie dann eine isländische Flasche bei Ankunft. Bei der Rückgabe der Flaschen erhalten Sie das Geld der Leihflasche wieder zurück.

Wenn Sie auch mit Gas heizen, werden Sie in Island viel Gas verbrauchen. Da es nachts auch im Sommer recht kalt ist, werden Sie deutlich mehr Gas verbrauchen als gewohnt. Die übliche Füllmenge von 2x11 kg für ein Wohnmobil reicht für einen 4-Wochen Urlaub eigentlich aus. Wir selbst hatten durch das Heizen (wir mögen es gerne kuschelig), selbst kochen und kaltem Kühlschrank (wegen Fleisch) einen hohen Gasverbrauch - wir sind mit 11 kg knapp 2 Wochen ausgekommen. Wenn Sie nur eine Notlösung brauchen, die blauen Campingaz-Flaschen sind in Island überall erhältlich, wenn auch teuer. Mit einem Adapter (vor Reiseantritt kaufen) können Sie die Campingaz Flaschen an ihr WOMO anschließen.

Füllstationen für fest installierte Gastanks gibt es in Island derzeit nicht!

Geschichte

Dies soll keine vollständige Abhandlung isländischer Geschichte sein, das können Sie anderswo besser nachlesen. Wir möchten aber ein wenig die wichtigen Etappen aufgreifen und in Zusammenhang mit unseren Touren bringen.

Island ist geologisch eine sehr junge Insel und entstand erst vor ca. 18 Mio. Jahren durch Vulkanismus. Island liegt einerseits auf einer sogenannten Mantel-Plume (einem Aufstrom heißer Gesteinsmassen), andererseits mitten auf dem Mittelatlantischen Rücken (da, wo sich die eurasische und amerikanische Kontinentalplatte auseinander bewegen). Heute ist das noch schön in ganz Island zu sehen, z.B. im Nationalpark Þingvellir (Tour 1), beim Mývatn (Tour 6, hier besonders über der Höhle Grjótagjá) und besonders anschaulich an der Brücke Miðlína (Tour 10). Heiße Quellen als Resultat der Island-Plume finden Sie auf der ganzen Insel. Regelmäßige Vulkanausbrüche und Erdbeben zeugen auch heute noch von der vulkanischen Aktivität.

Island hat keinerlei Ureinwohner. Als Entdecker Islands gilt der schwedische Wikinger Gardar Svavarsson, der um 860 in Húsavík (Tour 6) in Nordisland überwinterte und die Insel nach sich selbst Garðarsholmur nannte. Der erste Siedler war der norwegische Entdecker Flóki Vilgerðarson, der ca. im Jahr 870 mit Hilfe dreier Raben Garðarsholmur (Island) wiederfand. Er verbrachte ein Jahr in den Westfjorden (heutiger Ort Flókalundur, Tour 8), musste aber seine Siedlungspläne wegen schlechter Vorbereitungen auf den harten Winter aufgeben. Er nannte das Land wegen der zugefrorenen Fjorde »Eisland«, dem heutigen Namen. Obwohl er Island bei seiner Rückkehr als »nicht brauchbar« bezeichnete, kehrte er später hierher zurück und lebte dort bis zu seinem Tod. Die Besiedlung Islands durch Wikinger (es wird behauptet, die norwegischen Wikinger haben keltische Frauen auf dem Weg »mitgenommen«) begann um die Jahrhundertwende ca. 900, die sogenannte Landnahme. Diverse Museen auf der Insel zeugen von der Wikingerzeit nach der Landnahme (Þjóðveldisbærinn, Tour 2 und Glaumbær, Tour 7). Im Gegensatz zum monarchischen Kontinentaleuropa entwickelte sich in Island ein oligarchisches Gesellschaftssystem. Die Versammlung Althing (Tour 1) fand zum ersten Mal im Jahr 930 statt und hatte gesetzgeberische und rechtsprechende Wirkung, sie gilt als das älteste Europäische Parlament nach den Griechen. Die Zeit überdauerte fast 300 Jahre, der Isländer Snorri Sturluson (Reykholt, Tour 9) war der letzte, sehr einflussreiche Gesetzessprecher Islands. Im Jahre 1000 wurde auf dem Althing die Christianisierung beschlossen, heute zeugen Torfkirchen von dieser Zeit (z.B. Geirsstaðakirkja, Tour 5). Die Freiheit Islands endete mit der Ermordung von Snorri durch den norwegischen König, 1262 kam Island unter norwegische Herrschaft, 1380 unter dänische. Durch Ausbeutung und Handelsmonopole verarmte Island und verlor an Bedeutung. 1552 wurde auf Anordnung des dänischen Königs die Reformation durchgesetzt, der isländische Bischof Jón Arason wurde in Skálholt geköpft (Tour 1). Erst 1918 erlangte Island Souveränität, der dänische König blieb aber Staatsoberhaupt. Erst seit dem 17. Juni 1944 ist Island unabhängig, die Demokratische Republik Island wurde ausgerufen.

Golf

Golf ist in Island eine sehr beliebte Sportart. 10 % aller Isländer spielen Golf, es gibt 65 Golfplätze auf der Insel (15 18-Loch, 50 9-Loch). Golf wird Mitte Mai bis Mitte September gespielt, Mitte Juni bis Mitte Juli ist auch Mitternachtsgolf sehr beliebt. Tee-Time muss üblicherweise nicht vorher gebucht werden, am Wochenende ist aber eine Vorausbuchung von einem Tag sinnvoll - besonders in der Region um die Hauptstadt. Es gibt einige sehr spektakuläre Plätze inmitten von Lava-Landschaften, einzigartig in Europa. Viele Golfplätze haben Campingplätze in der Nähe, einige sogar genau nebenan. Diese haben wir im Buch unter »Hinweis« vermerkt.

Hochtemperaturgebiete

Eine Besonderheit der Insel sind die vielen Hochtemperaturgebiete, in denen Sie heiße Quellen (Thermalquellen), Fumarole (Dampfaustritte), Solfatare (Dampfaustritte mit Schwefel), Springquellen (Geysire), Schlammquellen und viele andere vulkanische Besonderheiten entdecken können. Einige Gebiete sind erschlossen und mit Wegen markiert oder Holzwegen befestigt. Andere sind frei zugänglich oder nur leicht abgesperrt. Verlassen Sie nie die Wege! Übersteigen Sie keine Absperrungen! Der Boden um heiße Quellen ist locker und dünn. Wenn Sie in eine solche Quelle fallen oder auch nur hineintreten, können Sie sich das Ergebnis selbst sicher gut vorstellen. Die größten und beliebtesten Hochtemperaturgebiete sind:

Haukadalur (mit dem Geysir Strokkur): Tour 1
Hveraholmi (in Flúðir): Tour 1
Leirhnjúkur (im Krafla Gebiet): Tour 6
Hveraröndn (östlich des Mývatn): Tour 6
Hveravellir (im Hochland): Tour 7
Deildartunguhver (bei Reykholt): Tour 9
Reykjadalur (bei Hveragerði): Tour 10
Seltún (auch Krýsuvík genannt): Tour 10
Gunnuver Hot Springs: Tour 10

Alle heißen Quellen, deren Namen und Besonderheiten, eine Auflistung aller Geysire und Beschreibungen der Quellen finden Sie unter www.volcanic-springs.com.

Krankheit / Arzt

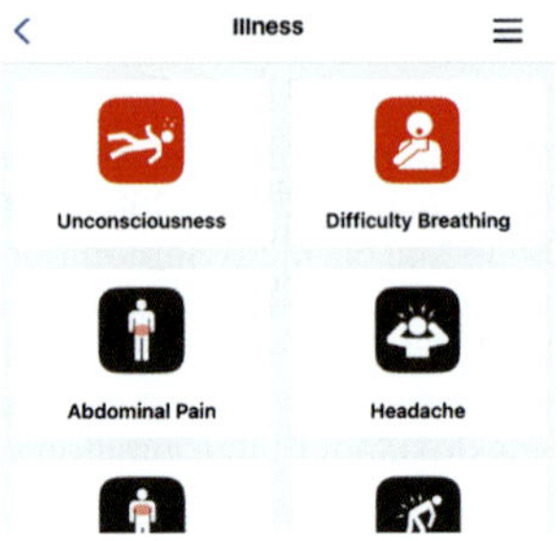

Die medizinische Versorgung in Island ist gut, wegen der spärlichen Besiedlung aber oft schwer zu erreichen. Außerhalb der Städte Reykjavík und Akureyri ist eine umfassende notfallmedizinische Versorgung aufgrund der geringen Bevölkerungsdichte nicht immer sichergestellt. In den Sommermonaten herrscht wegen des Tourismusbooms ein Mangel an ärztlicher Versorgung, was zu langen Wartezeiten führen kann. Bei jedem Arztbesuch wird ein vom Aufwand abhängiger Eigenanteil von mindestens 1.000 Kr. (ca. 7,00 €) sofort fällig, diesen können Sie auch per Kreditkarte zahlen. Bei akuter Erkrankung oder Unfällen wendet man sich an die Unfallstation (slysadeild) eines Krankenhauses (sjúkrahús) oder an einen Arzt (læknir). Im Notfall rufen Sie die 112 an oder nutzen die App 112 Neyðarlín. Hier können Sie sogar die Art des Notfalls in englischer Sprache beschreiben (siehe Bild).

Literatur / Bücher / Karten

Kartenmaterial können Sie einfach vor Ort an jeder Tankstelle oder in Buchläden kaufen, in Touristengebieten oft auch im Supermarkt. Da Island nicht riesig groß ist, reicht eine normale Karte im Maßstab 1:500.000 für eine detaillierte Navigation vollständig aus. Wir empfehlen eine Karte, auf der Sie Schotter von Asphalt gut unterscheiden können.

Wenn Sie detaillierte Karten und zusätzlich Infos zu der Umgebung mit Geschichte und sehr umfangreicher Information möchten, dann empfehlen wir den Island-Auto-Atlas (IDNU-Verlag, isl. »Ìslenska Vegahandbókin«), den es in einer deutschen Ausgabe gibt. Er ist in Deutschland erhältlich, in Island aber preiswerter.

Details über Islands Menschen und Kultur gibt es im Buch »Gebrauchsanweisung für Island« von Kristof Magnusson. Zugegeben, es gibt mittlerweile sehr viele ähnliche Bücher (z. B. »Wo Elfen noch helfen« von Andrea Walter oder »Alles ganz Isi« von Alva Gehrmann), das Buch von Kristof Magnusson hat uns aber am besten gefallen. Hier beschreibt ein Deutscher mit isländischen Wurzeln mit viel Humor, aber sehr realistisch allerlei Eigenarten seiner Landsleute.

Sehr empfehlenswert und touristisch schön aufbereitet sind die Bücher von Alda Sigmundsdottir (»The little book of…«). Es gibt Ausgaben über das Leben der Wikinger, das Leben der modernen Isländer und besonders empfehlen können wir »The Little Book of Tourists in Iceland«, wo wir als Touristen in netter Form unser Fett wegkriegen. Die Bücher sind üblicherweise in Tourist-Shops in Island erhältlich, mittlerweile sogar teilweise auf Deutsch und als Kindle-Ausgabe.

Wer auf unserer Tour 9 unterwegs ist, sollte den Roman "Reise zum Mittelpunkt der Erde" von Jules Verne lesen. Die urheberrechtsfreie Ausgabe im Orginal ist kostenlos. Die Beschreibungen von Island und der Reise zum Snæfellsjökull aus dem 19 Jahrhundert sind ein besonderes Erlebnis. Wir haben das Hörbuch bei unseren Fahrten auf der Halbinsel gehört und fühlten uns in die Zeit des Romanautors versetzt.

Wer von Literatur in Island spricht und Isländer verstehen möchte, der kommt an den **Island-Sagas** nicht vorbei. Die Sagas sind wertvolle Teile des nationalen Kulturerbes Islands und haben in der Bevölkerung auch heute noch eine hohe Bedeutung. Saga bedeutet »Geschichte« und hat wie im Deutschen genau diese 2 Bedeutungen. Also Historie und Erzählung. Viele Redewendungen und Sprichwörter in Island beruhen auf Zitaten der Sagas. Die Sagas wurden aus wörtlichen Überlieferungen im 12. Jh. in Prosa niedergeschrieben. Sie befassen sich oft mit der gesellschaftlichen Entwicklung, persönlichen Erlebnissen oder regionalen Ereignissen nach der Landnahme im 9. Jh. Einfacher gesagt: Sie befassen sich mit Blutrache, Familienfehden, Vergewaltigung und Verbannung. Das hat einen geschichtlichen Hintergrund. Denn auf dem Althing wurden zwar richterliche Sprüche und Gesetze gesprochen, eine Exekutive kannte das damalige Island aber nicht. So musste jeder sein Gerichtsurteil selbst vollstrecken, was zu sehr rustikalen Ergebnissen in der Bevölkerung führte. Nicht zu verwechseln ist Saga mit der »Sage«, da die Sagas auf tatsächlichen Gegebenheiten fußen. Sie mögen nicht als Biografie taugen oder oft überzogen wirken, aber durch die realistische Erzählweise und vielschichtigen Charakteren sind sie ein wahres Quell für isländische Historie und gehören zweifelsohne zur Weltliteratur. Wer Island und Isländer verstehen möchte, muss die Sagas lesen. Ein Tipp: Kaufen Sie sich einige Isländersagas als Hörbuch und hören Sie diese im Auto. Wundern Sie sich dann nicht, wenn Grettir, ein Saga-Held, vor Ihnen mit Schwert und Schild auftaucht. Die beliebtesten Sagas sind die Grettir-Saga (Grettir der Starke), die Sie in Nordisland und den Westfjorden hören sollten, Saga von Njáll und die Egils Saga.

Naturkatastrophen

Islands Gletscher liegen auf Vulkanen, das kann gefährlich werden.

In Island ist die Gefahr eines Vulkanausbruchs, eines Gletscherlaufs (Flutwelle durch Vulkanausbruch unter einem Gletscher), eines Erdbebens oder Erdrutsches sehr viel höher als anderswo. Auch Stürme sind in Island extrem. Die daraus resultierenden Ereignisse können verheerend sein. Durch die geringe Anzahl der Straßen ist man auch bei kleineren Naturereignissen schnell eingeschlossen oder kommt nicht weiter. 2018 war im Spätsommer die Ringstraße 1 im Süden durch einen Gletscherlauf des Flusses Skóga unpassierbar, eine Ausweichstrecke erst Tage später eingerichtet. Das sollten Sie sich immer klar machen. Wir empfehlen: Laden Sie sich die App vedur.is herunter. Sie bekommen dann per Push-Nachricht Warnmeldungen über Wetter oder Naturkatastrophen. Wir empfehlen mindestens täglich den Besuch der Webseite https://safetravel.is. Dort werden alle Warnungen auf der Karte dargestellt. Die Webseite ist auch in englischer Sprache verfügbar. Wenn Sie eine längere Wanderung planen, sollten Sie Ihren Reiseplan und eine Mobilnummer bei safetravel.is (unter travel plan) hinterlegen. Sie werden dann per sms über Warnungen informiert. Im Falle eines Notfalls erleichtert es der Rettungsmannschaft die Suche.

safetravel.is

Reisezeit / Tourismus

Die Hauptreisezeit in Island ist Anfang Juni bis Ende August. Die Campingplätze haben dann alle geöffnet. Teilweise sind die Campingplätze bereits ab Mai offen und schließen manchmal erst Ende September. Bitte beachten: Die Angaben sind mit Vorbehalt zu verstehen, je nach Wetter können

sich die Zeiten gerne einmal ändern. Außerhalb der Hauptsaison müssen Sie auch damit rechnen, dass Museen, Cafés und Restaurants geschlossen sind. Auch die Öffnungszeiten anderer Einrichtungen (z. B. Schwimmbäder) sind in den Wintermonaten sehr unterschiedlich. In der Hauptreisezeit im Sommer ist es praktisch immer hell, was für den Besuch der Hauptattraktionen ein großer Vorteil ist. In den Sommermonaten ist Island touristisch gut besucht. Was bedeutet, dass Sie bei den großen Highlights (Geysir, die großen Wasserfälle, Jökulsarlon, Gletscher) teilweise keinen Parkplatz finden. Besuchen Sie diese Attraktionen in der Nacht. Die Besucherzahlen sind sehr unterschiedlich regional verteilt. Besonders voll ist es am Golden Circle (Tour 1) und an der Südküste bis zum Jökulsarlon (Tour 2 und 3). Im Norden wird der Tourismus stark durch Touren zum Mývatn, Dettifoss und Godafoss (Tour 6) geprägt, wobei vor allem die Kreuzfahrer in Akureyri hier die Touristenzahlen steigen lassen. Im Osten und Nordosten, in den Westfjorden und im Hochland ist es dagegen deutlich leerer.

An den Highlights ist es voll

Für die Vorsaison April - Juni müssen Sie mit vielen geschlossenen Straßen rechnen. Das Hochland und auch andere Pistenstrecken sind dann noch nicht befahrbar. Bedenken Sie das bei Ihrer Reiseplanung. Der September und Oktober sind hierfür weniger anfällig. Die Nachsaison ist besonders beliebt, wenn Sie ohne viele andere Besucher Island erleben möchten und (ab Oktober) auch nachts Polarlichter sehen wollen. Der Winter ist für Wohnmobilurlauber wegen des Wetters, der Dunkelheit und der vielen geschlossenen Straßen nicht besonders geeignet, für abenteuerliche Urlauber aber eventuell ein Reiz. Gefrorene Wasserfälle, Hot-Pots im Tiefschnee und Baden im heißen Wasser bei Polarlichtern haben einen besonderen Charme. Bitte beachten Sie, dass nur wenige Campingplätze geöffnet haben, was ein wenig Planung erfordert. Die Gefahren im Winter sind vielseitig, ihr Wohnmobil kann in Minutenschnelle im Schnee verweht werden. Orkanartige Stürme sind nicht unüblich, Straßensperrungen die Regel. Planen Sie einen Winterurlaub in dieser unwirtlichen Gegend mit Bedacht.

Zeit und Tageslicht: Grob gilt: Im Sommer ist es immer hell, im Winter fast immer dunkel. Zur Hauptreisezeit im Juni-Juli ist es immer hell, auch wenn die Sonne mal einige Stunden untergeht. Im Winter anders herum. Über diese Situation sollte man sich im Klaren sein. Polarlichter gibt es im Sommer also nicht zu sehen. Mitte März und Mitte September ist es wie überall auf der Welt gleich lange hell und dunkel.

Mitternachtssonne

Nordlichter: Wenn Sie Nordlichter sehen wollen, scheidet die Hauptreisezeit im Sommer aus. Dann ist es viel zu hell. Nordlichter kommen in Island zwar zu jeder Jahreszeit vor, sichtbar sind sie aber nur, wenn es wirklich dunkel ist. Also Mitte September bis Mitte März. Ideal sind hier die Wintermonate, dann ist es sehr lange dunkel und die Chance steigt. Nur wegen der Nordlichter werden Sie aber sicher keinen WOMO-Urlaub planen. Wir empfehlen für eine Nordlichter-Reise eher ein paar Tage im Winter ohne WOMO wiederzukommen.

Schwimmen / Baden

Trotz der traumhaften **Strände** und glasklaren **Seen** ist Baden im Meer und in den Seen wegen der Temperatur nicht üblich. Ausnahmen sind der Strand von Nautholsvik in Reykjavík und einige Strände mit Hot-Pots daneben (sind hier im Buch erwähnt). Dann können Sie sich gleich nach dem Bad im Meer im Hot-Pot aufwärmen. Ideale Badestellen am Meer oder See sind in Hauganes (Tour 5), am Grettislaug (Tour 5), in Drangsnes (Tour 8), am Hellulaug (Tour 8), der Laugarvatn (Tour 1) und der Urriðavatn (Tour 5). Schwimmen an exponierten Stränden ist aufgrund von Strömungen und starkem Wellengang lebensgefährlich, wie hier am Hvalnes-Strand.

Hot Pot Guðrúnarlaug

Hot-Pots (isländisch »heitur pottur« - auf Deutsch »heißer Topf«) werden alle warmen Becken bezeichnet, die entweder durch natürliche Quellen, durch Geothermie oder anderweitig erwärmt werden. Viele Hot-Pots liegen mitten in der Natur (wie oben erwähnt teilweise auch am Meer oder See) und bieten ein einzigartiges Badegefühl. Auch jedes Schwimmbad ist mit mindestens einem Hot-Pot ausgestattet.

Schwimmbäder gehören zutiefst zur isländischen Kultur. Bereits im 13. Jh. gab es private Bäder, das Bekannteste ist das Snorralaug von Snorri Sturluson. So richtig in Fahrt kam die Sache Anfang des 20. Jh. mit dem Beginn der Badekultur auf Island. In den zwanziger Jahren wurde ein Gesetz verabschiedet, welches Schwimmunterricht der Fischereination zum Pflichtfach machte (was auch heute noch so ist, jedes isländische Schulkind kann in der 1. Klasse schwimmen). Es wurden Bäder gebaut, was das Zeug hält. Denn die Bäder bereicherten die Kultur des Landes. Plötzlich hatte man immer etwas zu tun, im Winter oder wenn es regnete - so nahmen die Bäder eine zentrale Rolle im Leben ein. Seitdem brach ein regelrechter Wettstreit der Gemeinden aus, wer denn das fortschrittlichste Bad baut und die Kunst des Betonierens zeigte. Heute gibt es 169 Bäder auf der Insel. Und jedes Bad ist fast identisch, außer die Länge des Schwimmbeckens. Die variieren zwischen 16,67 m (kleines Bad), 25 m (normales Bad) und 50 m (besonderes Bad). Dazu gibt es immer mindestens einen Hot-Pot, meistens aber zwei oder mehr. Wenn ein Hot-Pot, dann 39°C. Wenn zwei, dann 39°C und 41°C. Wenn mehr, dann auch mal 42°C. Die Hot Pots dienen als Kommunikationszentrale im Ort und sind der soziale Treffpunkt für die Isländer. Die Kinderbecken haben alle genau 37°C und die Sportbecken genau 28,4°C (wir haben nachgefragt). Dazu meist eine Rutsche. Oft ist auch noch eine Sauna und/oder ein Dampfbad mit dabei.

Schwimmbad im Nirgendwo

Wichtig sind die **Regeln im Schwimmbad**, die überall in Island gleich sind und wirklich gelebt werden. Jedes Kleinkind kennt sich aus:

Noch im Kassenraum, meist direkt hinter der Tür, werden die Schuhe ausgezogen. Dazu stehen überall Schuhregale. Dann geht es in die Umkleiden, die sehr unterschiedlich ausfallen. Größere Bäder in der Stadt haben abschließbare Schränke, oftmals aber kommt die Bekleidung einfach in bereitgestellte Körbe. Für Wertsachen gibt es dann kleine Fächer oder man gibt sie an der Kasse ab.

Dann - ganz wichtig: Handtuch und Badeutensilien mitnehmen (sonst bekommt man später ein Problem) und in Fächer bei den Duschen legen.

Noch wichtiger: Ohne Badekleidung abseifen und gut waschen. Seife und Shampoo gibt es in allen Schwimmbädern bei der Dusche. Für Ausländer hängen dazu Schilder mit der Abseif-Anleitung in 5 Sprachen.

Dann Badekleidung an und ab ins Schwimmbad (auch in der Sauna wird Badekleidung getragen).

Für Sportschwimmer sind immer ganze Becken oder ein Bereich abgetrennt. Wer da nicht schwimmt, sondern sich unterhält, wird angesprochen und auf die Hot-Pots oder Kinderpools (in denen auch Erwachsene gerne liegen) verwiesen.

Abtrocknen immer im Duschbereich. Dafür haben Sie ihr Handtuch in den dafür angebrachten Fächern hinterlegt. Niemals nass in den Umkleidebereich!

Sprache

Isländisch ist die Amtssprache. Die isländische Sprache ist indogermanischen Ursprungs, verwandt mit anderen skandinavischen Sprachen und daher in Schriftform für Kenner dieser Sprachen deutlich erkennbar. Als Tourist werden Sie Isländisch kaum brauchen, denn jeder spricht hier englisch. Uns ist auf unseren Reisen niemand begegnet, der kein ausreichend gutes Englisch spricht. Ob auf dem Campingplatz, an der Supermarktkasse, im Restaurant oder im Museum, überall kommen Sie mit Englisch weiter.

Es gibt aber 3 spezielle isländische Schriftzeichen, die Sie häufig zu Gesicht bekommen, daher erwähnen wir sie hier, damit Sie Straßen- oder Ortsnamen richtig aussprechen können:

»Eth« (groß: Ð, klein ð), ausgesprochen wie edh (weiches th). In Transkriptionen wird er üblicherweise durch dh oder ein einfaches d ersetzt.

»Thorn« (groß: Þ, klein: þ), ausgesprochen wie das englische, harte th. In Transkriptionen wird es auch durch th ersetzt.

»A-E Ligatur« (groß: Æ, klein: æ), in Island ausgesprochen wie ai (anders als in anderen nordischen Sprachen, wo es eher dem deutschen Umlaut ä ähnelt).

Die Buchstaben C, W, Q und Z werden Sie in Island übrigens vermissen, sie kommen in Wörtern nicht vor.

Tanken

Das **Tankstellennetz** ist in Island sehr dicht und die Versorgung mit Benzin oder Diesel überhaupt kein Problem. Nur im Hochland gibt es keine Tankstellen, diese Touren sollten Sie also mit vollem Tank starten. Die Zapfsäulen werden fast ausschließlich als Automatenservice angeboten, d. h. Sie benötigen eine Kreditkarte mit PIN, mit der Sie vor dem Zapfvorgang die Zahlung autorisieren (EC-Karten funktionieren nicht immer). Die meisten Automaten bieten mehrsprachige Menüführung an, meist auch auf Deutsch. Die größeren Tankstellen in den Städten ermöglichen auch Zahlung an der Kasse, hier müssen Sie vorher die Zapfsäule freischalten lassen, das funktioniert auch oft auf dem Bildschirm an der Zapfsäule. Die Preise sind in Island hoch, 2022 lagen die Kosten für Diesel oder Benzin (ähnliche Kosten) bei 345 Kr. pro Liter. Das entspricht 2,50 EUR.

AdBlue ist an Tankstellen mit Shop erhältlich, an großen Tankstellen auch zum Zapfen.

Stromladestationen sind auf Island wegen des hohen Anteils an E-Fahrzeugen häufig anzutreffen. Der größte Anbieter ist ON und findet sich an den meisten Tankstellen. Empfehlenswert ist die ON-App, die auch für die Freischaltung der Ladesäulen benötigt wird. Die Preise (2022) betragen 25 Kr / kWH (18 ct) plus 0,5 Kr pro Minute an kleineren Ladestationen (22 -38 KW) und 50 Kr / kWH (36 ct) für 50 KW und mehr.

An fast jeder Tankstelle können Sie ihr Fahrzeug **waschen** oder **Wasser tanken**. Die Waschplätze sowie das Wasser sind kostenlos. Wagen waschen mag sich für den Urlaub ein wenig eigenartig anhören, in Island ist das aber durchaus erforderlich. Durch die vielen Pisten ist das WOMO doch sehr oft extrem verschmutzt. Eine kleine Wäsche ist dann eine schöne Sache. Außerdem ist Auto waschen in Island sehr beliebt und gehört zum Alltag, Sie werden an den Waschstationen regelmäßig Isländer treffen.

Telefonieren / Mobiles Internet

Island verfügt über ein hervorragendes Mobilfunknetz und selbst im Hochland haben Sie teilweise Empfang. Da Island zur EU-Roaming Zone gehört, können Sie Ihren deutschen Vertrag hier ohne Aufpreis für den Datenverkehr und Anrufe in EU-Länder nutzen. Eine lokale SIM-Karte ist dadurch nicht mehr nötig. Achten Sie einfach darauf, dass Ihnen für den Urlaub genug Datenvolumen übrig bleibt. Die 3 Anbieter in Island sind Siminn, Vodafone und Nova, auf den jeweiligen Internetseiten finden Sie auch Karten mit der Abdeckung.

Wichtige Telefonnummern und Adressen

Die zentrale Notrufnummer in Island ist **112** für Unfälle, Feuer, Verbrechen, Such- und Rettungsaktionen und Naturkatastrophen. Auch wenn Sie ein Tier anfahren, eine Panne haben oder in sonstige Notfälle verwickelt sind, sollten Sie die 112 kontaktieren. Dies ist auch über die App 112 Neyðarlín möglich. Die Übersendung per App ist empfohlen, da hier auch gleich Ihre GPS-Position mit übermittelt wird. Außerdem können sie mit der App auf Englisch kommunizieren, was Sprachbarrieren vermeidet. Zusätzlich können Sie in der App bei längeren Wanderungen Ihre Position vorsorglich übermitteln (Location Pin). Sie bekommen dann im Gefahrenfall (siehe Naturkatastrophen) eine SMS.

Botschaft der Bundesrepublik Deutschland
Laufásvegur 31
101 Reykjavík
Tel: +354 530 11 00
Mail: info@Reykjavík.diplo.de

Konsulat der Schweiz
Laugavegur 13
101 Reykjavík
Iceland
Telefon +354 551 71 72
mail: Reykjavík@honrep.ch

Konsulat von Österreich
Austrian Consulate General in Reykjavík, Iceland Orrahelar 5 111 Reykjavík
Telefon: +354 557 5464

Ver- / Entsorgung

Wie bereits unter »Camping« beschrieben, ist die Versorgungssituation auf den Plätzen sehr unterschiedlich. Es gibt sehr einfache Plätze, die lediglich mit kaltem Wasser ausgestattet sind bis hin zu voll ausgestatteten Plätzen mit Waschmaschine, Trockner, Küche, Aufenthaltsraum.

Die Versorgung mit Wasser ist in Island überhaupt kein Problem. Wasser fließt überall und das bekommen Sie immer kostenlos, auch bei den meisten Tankstellen. Jeder Campingplatz, mag er noch so einfach sein, bietet Wasser in Hülle und Fülle. Sie werden auch genügend Bäche finden, wo Sie sich Wasser abfüllen können. Oder einfach irgendwo an einem Wasserhahn die Flasche füllen. Wer in Island Wasser in Flaschen in größeren Mengen kauft, wird übrigens sofort als Tourist erkannt. Tipp: Kaufen Sie sich ein paar Flaschen und füllen diese dann unterwegs nach, auch in klaren Flussläufen oder Bächen. Das Wasser ist herrlich.

Die Entsorgung ist auch nicht viel schwieriger, viele Plätze haben mittlerweile einen Ausguss für Chemieklo-Kassetten. Auch bei vielen Tankstellen gibt es teilweise Entsorgungsstellen und manche Orte bieten extra Camper-Entsorgungssationen an. Grauwasser-Entsorgung ist auf Campingplätzen etwas schwieriger, weil Bodenauslässe noch nicht überall zu finden sind. Das Entsorgungsnetz in Island ist noch nicht so dicht wie in anderen europäischen Ländern. Achten Sie bei der Auswahl des Platzes auf eine Entsorgung, wenn Sie die benötigten. Die Plätze mit Entsorgungsmöglichkeit haben wir beschrieben. So schade es ist - wir mussten schon unsere Stellplatzplanung umstellen, weil wir dringend entsorgen mussten. Denn gerade die schönen, ruhigen, naturnahen Plätze bieten oft keine Entsorgung an. Dann muss man leider auf den vielleicht volleren oder nicht so schön gelegenen Nachbarplatz ausweichen.

Walfang

Den Walfang sollten Sie als Diskussionsthema mit Isländern ausklammern, denn hier verhalten sich die Isländer in unseren Augen irrational. Isländer haben ein besonderes Verhältnis zum Walfang, der jahrhundertelang ihre Existenz sicherte. Zum Nachdenken: Das isländische Wort für Glückstreffer/Jackpot heißt »Hvalreki«, was auch »gestrandeter Wal« heißt. 2006 wurde nach (oder wegen?) Protesten aus dem Ausland der kommerzielle Walfang wieder aufgenommen, mit Quoten von derzeit etwa 200 Finnwalen und 217 Zwergwalen, auch Minkwale genannt. Auch wenn isländische Tourismusexperten immer wieder klar machen, dass die touristische Bedeutung der Wale mit Beobachtungs-Touren viel einträglicher sei als der Walfang, bleibt das Thema hoch emotional besetzt. Derzeit ist geplant, den Walfang ab 2024 wegen geringer Nachfrage komplett einzustellen. Wer sich selbst einen Überblick verschaffen möchte, der geht zum Hafen in Reykjavík in die Nähe der Mýrargata, von hier blickt man auf die schwarzen Walfangboote (Hvalur) und gleich daneben auf die vielen Touristenschiffe mit Whale-Watching-Touren. Auch Walfleisch gibt es in Island zu kaufen (hrefnukjöt/kvalkjöt) und wir übersetzen das hier nur, damit Sie nicht versehentlich Walfleisch essen. Überhaupt wird das meiste Walfleisch in Restaurants von Touristen verspeist, wir haben es also alle selbst in der Hand. Wichtig: Die Einfuhr von abgepacktem Walfleisch nach Deutschland ist ein Straftatbestand.

Wandern

Island ist ein Wanderparadies. Die atemberaubende Natur lädt generell zu wunderschönen Wanderungen ein. Die Wanderwege sind meist hervorragend gekennzeichnet, üblicherweise mit Holzpflöcken mit farbigen Markierungen. Die Markierungen sind meist gelb, falls mehrere Wanderwege im gleichen Gebiet liegen auch mehrfarbig. Wanderkarten liegen normalerweise in der Tourist-Info der Region und oft auch bei den Campingplätzen aus. Es gibt kurze, sehr einfache Touren bis hin zu mehrtägigen alpinen Wanderungen. Wenn Sie sich auf längere Wanderungen begeben, nutzen Sie die Möglichkeit, Ihre geplante Route bei safetravel.is oder 112 zu hinterlegen. Bei Gefahr ist eine Rettungsaktion so deutlich einfacher. Unsere Wandertipps sind generell kürzere, eher einfache und familientaugliche Touren in Campingplatznähe und dienen als Anregung. Sollten Sie ausgedehnte Wanderungen unternehmen wollen empfehlen wir spezielle Wanderliteratur.

Wetter / Klima

Das Wetter ist in Island grundsätzlich wechselhaft. Das Islandtief heißt nicht von ungefähr so. Das Wetter kann sehr schnell wechseln und der übliche Spruch ist: »Wenn dir das isländische Wetter nicht gefällt, warte einfach 15 Minuten«. Das kann aber auch andersherum gehen. Man sollte also auf alles vorbereitet sein. Im Sommer steigt das Thermometer selten über 15 Grad, bei Sonnenschein kann sich das durchaus wärmer anfühlen. Es kann aber auch kalt werden, auch Nachtfrost ist im Sommer möglich. Üblicherweise liegen die Temperaturen in der Nacht bei 5-10 °C. Im Winter wird es durch die mittelatlantische Lage selten extrem kalt, es bleibt bei Temperaturen um den Gefrierpunkt. Wechselhaft ist das Wetter aber grundsätzlich. Der Westen und Südwesten ist etwas regnerischer als der Norden und Osten, da die Hauptwindrichtung und Zugrichtung der Tiefdruckgebiete von Westen kommt. An den hohen Bergen regnen sich die Wolken oftmals ab und in der Abdeckung der Berge ist es oftmals etwas schöner. Extrem - im Winter mehr als im Sommer - können die Stürme auf Island ausfallen. In Island ist die Angabe in m/s üblich. Bis 15 m/s ist »normal«, das ist dann aber auch schon Windstärke 7. Bei mehr Wind sollten Sie die Fahrt mit dem Wohnmobil einstellen. 25 m/s sind keine Seltenheit (Windstärke 9) und darüber kann es dann schon extrem gefährlich werden. Die Windstärken sind auch auf Anzeigetafeln an den Straßen (große LED-Anzeigen) oder im Internet auf road.is abzulesen.

Die isländische Wettervorhersage finden Sie unter www.vedur.is/ oder mit der gleichnamigen App.

Zahlungsmittel/Währung

Die Währung ist die isländische Krone. In Touristengebieten kann auch mit € oder US$ gezahlt werden. Münzen gibt es in 1, 5, 10, 50 und 100 Krónas. Die Banknoten sind 500, 1.000, 2.000, 5.000 und 10.000 Krónas. Viel üblicher ist aber die Bezahlung mit Debit- /Kreditkarte, die hier auch für kleinere Beträge genutzt wird. Die Verwendung von Bargeld zieht auch gerne mal merkwürdige Blicke auf sich, da dann davon ausgegangen wird, Ihre Kreditkarte sei gesperrt oder das Volumen aufgebraucht. Als Camper benötigen Sie teilweise Bargeld, einerseits zum Bezahlen der einfacheren Campingplätze, wo das Geld in einem Umschlag deponiert wird, andererseits in Münzenform (50 oder 100 Kr Münzen) für Duschen oder Waschmaschine. Eine Kreditkarte ist für Island notwendig, da an vielen Tankstellen nur per Automat mit Kreditkarte bezahlt werden kann (Debitkarten funktionieren nicht immer). Bargeld können Sie an den vielen ATM-Stationen mit einer deutschen Debit- oder Kreditkarte abheben.

Zum Schluss

Was die Isländer nicht mögen:

- Reisende, die überall ihre **Notdurft** verrichten. Das ist in Island ein größeres Problem, als manche denken, denn die Verwesungsprozesse sind bei der Kälte sehr langsam. Leider ist Camping ohne Bordtoilette aus Preisgründen oft Standard, was dann zu diesem Problem führt. Die Anzahl der Schilder dazu sprechen Bände.
- **Vandalismus** gegenüber der Natur. Zertretene Moosflächen, fahren abseits der Pisten, zerstörte Vegetation. Das schlimmste Vergehen in dieser Natur. Das Moos braucht Hunderte Jahre, um zu wachsen.
- **Campinggebühr** prellen: In Island wird noch sehr viel auf Vertrauen gesetzt. Wer absichtlich spät auf den Campingplatz kommt und früh ohne Zahlung wieder abreist, wird die schlechte Stimmung Campern gegenüber nicht verbessern.
- **Pferde** streicheln: Noch schlimmer ist das Füttern der Tiere. Die Isländer machen sich große Sorgen um ihre einzigartige Pferderasse, daher auch die drakonischen Zollvorschriften für diese Sportart. Daher ist es nicht gern gesehen, wenn die Pferde gestreichelt oder sogar gefüttert werden.
- Pferde als Ponys bezeichnen: Auch wenn das Islandpferd wegen seiner Höhe technisch zu den Ponys gehören sollte - nennen Sie es nicht so. Das Tier hat einen großen Anteil an der isländischen Kultur, es ist stark und kräftig. Daher spricht man in der ganzen Welt vom Island-Pferd.

- **Steinmännchen** bauen: Auch wenn viele historische Steinkegel zur Wegfindung in Island zu sehen sind, die kleinen Steinmännchen auf Wanderwegen oder Stränden nennt der Isländer „Touristenmännchen“ und wird diese regelmäßig zerstören.
- Im **Schwimmbad** mit Badekleidung duschen. Ein großes Vergehen und einer der größten Abneigungen der Isländer vor Ausländern.
- **Camping** an unpassenden Orten. Und dazu zählen in Island alle Orte außer Campingplätze.

Halten Sie sich an die **Regeln**. Die isländische Tourismusbehörde hat auf ihrer Website www.inspiredbyiceland.com einen Schwur veröffentlicht, den jeder Besucher leisten sollte:

ICH SCHWÖRE,
EIN VERANTWORTUNGSVOLLER TOURIST ZU SEIN.

WENN ICH NEUE ORTE ERKUNDE, HINTERLASSE ICH SIE SO, WIE ICH SIE VORGEFUNDEN HABE.

ICH WERDE ZUM STERBEN SCHÖNE FOTOS MACHEN, OHNE DAFÜR ZU STERBEN.

ICH WERDE DER STRASSE INS UNBEKANNTE FOLGEN ABER NIEMALS VON DER STRASSE ABWEICHEN

UND ICH WERDE NUR DORT PARKEN, WO ES ERLAUBT IST.

WENN ICH UNTER DEM STERNENZELT SCHLAFE, BLEIBE ICH AUF DEM CAMPINGPLATZ.

UND WENN MICH DER RUF DER NATUR EREILT, BEANTWORTE ICH IHN NICHT IN DER NATUR.

ICH WERDE AUF ALLE WITTERUNGEN, MÖGLICHKEITEN UND ABENTEUER VORBEREITET SEIN.

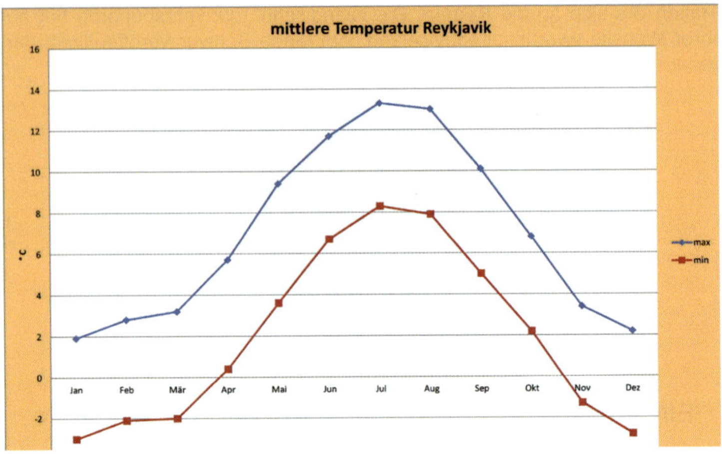
mittlere Temperatur Reykjavik
16
14
12
10
8
6
4
2
0
-2
°C
Jan
Feb
Mär
Apr
Mai
Jun
Jul
Aug
Sep
Okt
Nov
Dez
max
min

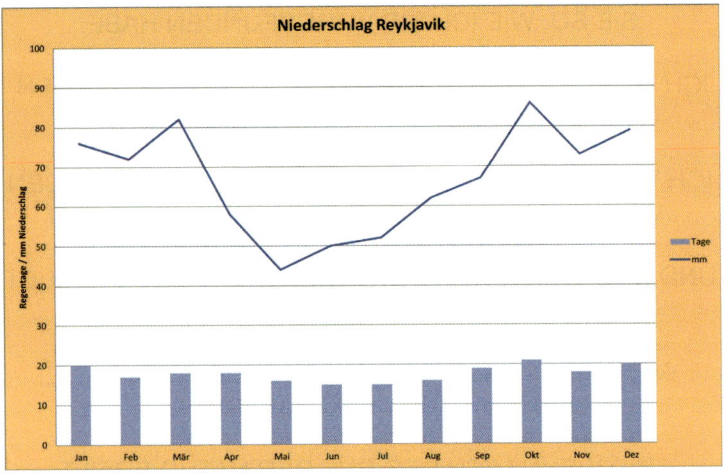
Niederschlag Reykjavik
100
90
80
70
60
50
40
30
20
10
0
Regentage / mm Niederschlag
Jan
Feb
Mär
Apr
Mai
Jun
Jul
Aug
Sep
Okt
Nov
Dez
Tage
mm

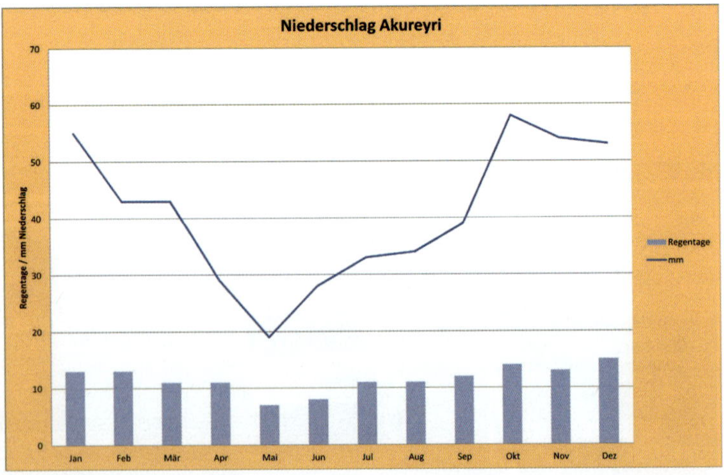
Niederschlag Akureyri
70
60
50
40
30
20
10
0
Regentage / mm Niederschlag
Jan
Feb
Mär
Apr
Mai
Jun
Jul
Aug
Sep
Okt
Nov
Dez
Regentage
mm

In eigener Sache / Danksagung

Unser Wohnmobil ist ein Pössl 2Win, also ein ganz handelsüblicher Kastenwagen auf Ducato-Basis. Wir haben an dem Fahrzeug keinerlei spezielle Umbauten vorgenommen, wir haben lediglich unsere eigenen Hiweise unter Anreise / Reisevorbereitung beachtet. Alle Straßen, die hier in dem Buch beschrieben sind, haben wir selbst genutzt. Wenn es ungemütlich oder schwierig wird, ist das im Text immer erwähnt. Auch alle Übernachtungsplätze haben wir selbst genutzt oder begutachtet. Die GPS-Daten sind mehrfach überprüft. Übrigens: Alle GPS-Daten bekommen Sie kostenlos auf der website womo.de zum Download, somit können Sie sich das lästige Tippen der Koordinaten in ihr GPS-Gerät sparen. Die fett gedruckten Ortsangaben finden Sie auf der Karte jeder Tour, so können Sie immer gut den Überblick behalten. Im Text finden sie auch die Nummern der Stell- und Campingplätze fett gedruckt, so können sie sich auf unseren Karten besser orientieren, gerade bei den für uns schwierigen isländischen Ortsnamen. Die Tourkarten sind nicht als vollständige und detaillierte Navigationsinfo zu verstehen, sondern sollen einen Überblick verschaffen.

Unser Wohnmobil

Da in diesem Buch nicht jeder Platz mit einem Foto bedacht werden kann, finden Sie in unserem Blog (www.island-womo.de) alle Plätze mit weiteren Infos (Bilder, Videos, links) nach Touren sortiert. Wir haben alle Details umfangreich recherchiert, die Angaben beziehen sich auf unsere Fahrten im Winter und Sommer 2017,2018,2019 und 2022. Bitte bedenken Sie, dass natürlich im Laufe der Zeit Veränderungen auftreten und manche Angaben veraltet sind. Vor allem hier in Island boomt der Tourismus, es entstehen überall neue Campingplätze, Straßen werden verbessert oder verschlechtern sich, es wird viel gebaut. Wir möchten jeden Leser bitten, uns gerne über Veränderungen, Kommentare oder jeden Hinweis zu informieren. Nutzen Sie dazu die Mail-Adresse ramin@womo.de.

Ein großes Dankeschön geht an all die namenlosen Helfer, Campingplatzbetreiber und Bewohner Islands, die uns auf unseren Reisen wertvolle Informationen, Tipps und Erfahrungen mitgeteilt haben. Ein großer Dank gilt Torben Andersen für die Unterstützung bei der Fehlersuche.

Wenn Sie mehr über uns erfahren möchten dann können Sie unserem Reiseblog »Going Places« unter http://ramin-urlaub.blogspot.com/ oder unserem YouTube Kanal »Alexander Ramin« folgen. Weitere Informationen zu diesem Buch finden Sie unter http://island-womo.de/. Per E-Mail erreichen Sie uns unter ramin@womo.de. Wir versuchen Fragen nach bestem Wissen und Gewissen schnell zu beantworten.

Bildnachweise:
S. 23 Mitte © Sky Lagoon by Pursuit
S. 30 oben © Laugarvatn Fontana
S. 35 oben, S. 66 unten © Simon Husung
S. 101 unten © Torben Andersen
S. 104 oben © Vök Bath
S. 126 © GeoSea
S. 249 Mitte © Michael Fritscher
alle anderen Fotos von den Autoren © Jutta und Alexander Ramin

Der WOMO® Online-Service

Nutzen Sie auch das Angebot unseres Online-Shops!
Unter **www.womo.de** finden Sie nicht nur alle Reiseführer, sondern weitere wertvolle Anregungen und Zusatzinformationen – von der Gesamtübersicht aller Touren eines WOMO-Reiseführers bis zu weiterführendem Material.
Dazu gehören:

- die **besten Autokarten**, die garantiert die komplette Reiseroute abdecken
- und die **passenden Rother-Wanderführer** mit den schönsten Wanderregionen Ihres Reiselandes.

Einfach sicher unterwegs.

Sichern Sie Ihr Wohnmobil ab: mit unserer **exklusiven**, universellen und **sofort sichtbaren** Einbruchssperre. Sie wird **ganz einfach** in die beiden Tür-Armlehnen eingehängt, zusammengeschoben und abgeschlossen.

Der WOMO® Knackerschreck

- Passend für Ducato, Peugeot, Renault Master, MB Sprinter bis 2018 und VW (alle Typen)
- Krallen aus **10 mm massivem**, einbrennlackiertem, also nahezu unverwüstlichem Stahl

und nur bei **www.womo.de**

Alle WOMO® Reiseführer auf einen Blick

Albanien, Ulrike und Frank Staub
Allgäu, Heiner Newe
Andalusien, Christina und Christian Winkler
Auvergne, Esther Vergenz
Baden-Württemberg, Heiner Newe
Baltikum, Stefanie Holtkamp und Andrea Bergmann
Bayern Der Nordosten, Heiner Newe
Bayern Der Südosten, Christina und Christian Winkler
Bayern Der Nordwesten, Heiner Newe
Belgien/Luxemburg, Ulrike und Frank Staub
Bretagne, Anette Scharla-Dey und Franz Peter Tschauner Neu 2023
Burgund, Ralf Gréus
Dänemark, Anke Globi
Elsass, Ralf Gréus
England Der Süden, Christina und Christian Winkler
England Der Norden, Christina und Christian Winkler
Finnland, Uwe und Annegret Rohland
Französische Alpen, Heiner Newe Neu 2023
Französische Atlantikküste Der Norden, Esther Vergenz
Französischer Jura, Heiner Newe
Griechenland, Waltraud Roth-Schulz und Reinhard Schulz Neu 2023
Harz, Heiner Newe
Hessen Der Norden, Anette Scharla-Dey und Franz Peter Tschauner
Hessen Mitte und Süden, Anette Scharla-Dey und Franz Peter Tschauner
Hunsrück/Mosel/Eifel, Anette Scharla-Dey und Franz Peter Tschauner
Irland, Uwe und Annegret Rohland
Island, Jutta und Alexander Ramin Neu 2023
Korsika, Waltraud Roth-Schulz und Reinhard Schulz
Kroatien, Silvia Sussmann und Peter Simm
Languedoc-Roussillon, Ralf Gréus
Ligurien, Ralf Gréus Neu 2023
Lothringen, Friedrich Riehl
Lüneburger Heide, Heiner Newe
Marokko, Ulrike und Frank Staub
Mecklenburg-Vorpommern Teil 1, Stefanie Holtkamp und Andrea Bergmann
Mecklenburg-Vorpommern Teil 2, Stefanie Holtkamp und Andrea Bergmann
Mittel-Italien, Friedrich Riehl
Münsterland, Regina Stockmann
Namibia, Ute Nast-Linke und Frank Linke
Neuseeland Der Norden, Andrea Lossen und Dieter Giesen
Neuseeland Der Süden, Andrea Lossen und Dieter Giesen
Niederlande, Friedrich Riehl
Normandie, Anette Scharla-Dey und Franz Peter Tschauner
Norwegen Der Süden, Waltraud Roth-Schulz und Reinhard Schulz
Norwegen Der Norden, Waltraud Roth-Schulz und Reinhard Schulz
Österreich Der Osten, Christina und Christian Winkler
Österreich Der Westen, Christina und Christian Winkler

Ostfriesland, Heiner Newe
Pfalz, Ralf Gréus
Piemont und Aostatal, Ralf Gréus
Peloponnes, Waltraud Roth-Schulz und Reinhard Schulz
Polen Der Norden, Nicola Kluftinger
Portugal Der Norden, Stephanie Seufert
Portugal Der Süden, Stephanie Seufert
Provence Der Westen, Ralf Gréus
Provence Der Osten, Ralf Gréus
Pyrenäen, Stefanie Holtkamp und Andrea Bergmann Neu 2023
Rumänien, Christina und Christian Winkler
Sachsen, Anette Scharla-Dey und Franz Peter Tschauner
Sardinien, Waltraud Roth-Schulz und Reinhard Schulz
Schleswig-Holstein und Hamburg, Heiner Newe
Schottland, Uwe und Annegret Rohland
Schwarzwald, Ralf Gréus
Schweden Der Norden, Uwe und Annegret Rohland Neu 2023
Schweden Der Süden, Waltraud Roth-Schulz und Reinhard Schulz
Schweiz Der Osten, Stefanie Holtkamp und Andrea Bergmann
Schweiz Der Westen, Stefanie Holtkamp und Andrea Bergmann
Sizilien, Christina und Christian Winkler
Slowakei, Ulrike und Frank Staub
Slowenien, Silvia Sussmann und Peter Simm
Spanien Der Norden, Waltraud Roth-Schulz und Reinhard Schulz Neu 2023
Spanien Der Osten, Waltraud Roth-Schulz und Reinhard Schulz
Süditalien Der Osten, Waltraud Roth-Schulz und Reinhard Schulz
Süditalien Der Westen, Waltraud Roth-Schulz und Reinhard Schulz
Südafrika Krügernationalpark, Ute Nast-Linke und Frank Linke
Südwestfrankreich, Stefanie Holtkamp und Andrea Bergmann
Südtirol, Waltraud Roth-Schulz und Reinhard Schulz
Tal der Loire und Paris, Anette Scharla-Dey und Franz Peter Tschauner Neu 2023
Thüringen, Katja Eisenschmidt
Toskana und Elba, Ralf Gréus Neu 2023
Trentino, Silvia Sussmann und Peter Simm
Tschechien, Eva und Steffen Peuker
Umbrien und Marken, Ralf Gréus Neu 2023
Ungarn, Silvia Sussmann und Peter Simm
Venetien und Friaul, Christina und Christian Winkler Neu 2023
Wales, Christina und Christian Winkler
Zentralspanien Der Osten, Ulrike und Frank Staub Neu 2023
Zentralspanien Der Westen, Ulrike und Frank Staub Neu 2023

Außerdem im Programm:

Die gordische Lüge – Reiseroman, Ralf Gréus
Allgemeines Wohnmobil Handbuch, Reinhard Schulz
Allgemeines Wohnmobil Kochbuch, Waltraud Roth-Schulz
Heitere Wohnmobil Geschichten, Silvia Sussmann und Peter Simm

Ihr WOMO® Stellplatz-Dienst

Wir führen Sie zu den **schönsten Orten**, die unsere erfahrenen Autoren **selbst besucht und getestet** haben. Die GPS-Daten ihrer Stell- und Campingplatz-Empfehlungen finden Sie im Online-Shop unter **www.womo.de**

Mehr erfahren. Mehr erleben.

womo.de ist der **Spezialist** für Ihren entspannten **Erlebnisurlaub auf vier Rädern**. Profitieren Sie für Ihre Reisevorbereitung und -planung von unserer **jahrzehntelangen Erfahrung**.
Seit 2022 arbeiten wir daran, Bewährtes noch besser zu machen: Dazu gehört die **moderne Optik** unserer neu gestalteten und **neu aufgelegten** Reiseführer.

Selbstverständlich werden unsere WOMO-Reiseführer permanent auf einen **aktuellen inhaltlichen Stand** gebracht. Jeder einzelne bietet eine Fülle an Ideen, Inspiration und Information **für Ihren Erlebnisurlaub**.

Wenn Sie persönliche Anregungen oder **konkrete Fragen zu Ihrer Reiseplanung haben**, dann schreiben Sie uns gern unter: **verlag@womo.de**

Den kostenlosen Download-Link für die **GPS-Daten** zu diesem WOMO-Reiseführer finden Sie im Shop unter: **www.womo.de**
Ihr Passwort lautet:
Is7epK

WOMO®
Der Wohnmobil-Verlag
An der Liethe 4
36452 Kaltennordheim
Telefon: 036946 20691
www.womo.de